ちくま新書

千家尊福と出雲信仰

岡本雅享
Okamoto Masataka

1452

千家尊福と出雲信仰【目次】

はじめに

明治四二（一九〇九）年に雑誌『太陽』（一五巻六号）が、全国読者の一〇万人を超える投票結果により発表した「宗教界の泰斗」。そこで大谷光瑞（三万八一〇票）や内村鑑三（一万二四二票）を大きく引き離す四万七八三八票で一位に選ばれたのが千家《せんげ》尊福《たかとみ》だ。この時「文芸界の泰斗」一位の夏目漱石が一万四五三九票、「政党首領適任者」一位の犬養毅が一万七五二五票だったことからも、尊福の人気がとび抜けて高かったことが分かる。

弘化二（一八四五）年生まれの尊福は、幕末から明治・大正前期を生きた第八〇代出雲国造《こくそう》である。古代王の末裔とみられる出雲国造は延暦《えんりやく》一七（七九八）年に政治的権力を失い、杵築大社《きづきのおおやしろ》（一八七一年から出雲大社が公称）の祭祀《さいし》に専念してきた。古代から出雲臣《おみ》を姓としてきたが、一四世紀半ばに千家・北島両家に分かれて大社の宮司を分担し、幕末に至る。その出雲国造は明治初期の日本において、天皇と並ぶもう一人の生き神で、天皇に匹敵する宗教的権威をもっていたと、原武史放送大学教授はいう（『〈出雲〉という思想』）。明治二三（一八九〇）年、第八一代尊紀《たかのり》国造に謁見したラフカディオ・ハーンも、ダライ・ラマに比肩する生き神であると、世界に発信している（『Glimpses of Unfamiliar Japan』）。

王政復古・祭政一致を大義名分として徳川幕府を倒した明治政権は、当初神道国教（宗教）化路線をとった。明治五年、二七歳の尊福が、その国民教化を担う全国教導職の最高位・大教正と、全国を二分する神道西部管長となり、近代日本宗教界の第一線に躍り出る。彼は同時に、列島各地に広がる出雲講など信者団体を結集し、近代的な教会を設立。歴代国造の中で初めて、自ら列島各地を幅広く巡教した。生き神視された尊福の説く教えは、各地で熱狂的に迎えられた。出雲大社教会（のち大社教）は大きく発展し、明治末には教徒数四三三万人、すなわち全人口の一割近くが大社教の信者という教勢に至る。

明治一〇年代には東京の神道事務局神殿で大社の祭神・大国主大神を祭るか否かをめぐり、全国神道界を二分する祭神論争が勃発した。拒む伊勢神宮の田中頼庸《よりつね》大宮司らが伊勢派、尊福の支持者たちが出雲派と呼ばれ、一三万人以上を巻き込む対立に発展。収束を図るべく介入した政府が「神道は宗教に非ず」との国家神道路線へ舵を切る契機ともなった。

この祭神論争で、教法の信念を捻じ曲げる政治の力を知った尊福は、自ら教道の守護者たらんとして、政界入りを決意する。そして大社教で培った組織力・指導力で、貴族院内会派を率いる一方、埼玉・静岡県知事、東京府知事を歴任し、数々の功績を残した。明治末には西園寺公望内閣の司法相、転じて東京鉄道株式会社の社長に就き、政財界の重鎮となる。晩年は大社教に総裁として復帰し、生涯をかけて列島各地を巡教した。

　これほどの人物であるのに、今年に至るまで、その生涯をまとめた伝記が存在しなかった。本書の執筆動機と意義を一言でいえば、それに尽きる。祭神論争関係では多くの文献がある。拙稿「二人の現津《あきつ》神《かみ》――出雲からみた天皇制」（二〇〇九年論文、二〇一四年刊行の拙著『民族の創出』に所収）も、その線上にあった。当初は天津《あまつ》神《かみ》＝天神《てんじん》と国津《くにつ》神《かみ》＝地祇《ちぎ》（一〇三頁）を代表する伊勢・出雲を二大支柱として神道国教化を図った政府。それが神道の非宗教化へと転換し、伊勢・靖国を柱とする国家神道へ向かう岐路となった事件に、人々が注目するのは当然だ。だが尊福という人物で見るべき点は、祭神論争だけではない。

　民衆に安心立命を与える宗教としての神道を真摯に追求した尊福の試みは、自分は無宗教だと思う人が多い、現代日本人の精神的拠り所を考え直す契機となろう。彼が唱えた「徳義による治」は欧米型の民主主義とは違うが、倫理崩壊が甚だしい昨今の政治を目の当たりにする時、新鮮で頷ける点も多い。生き神と崇められた宗教的カリスマ、今も歌い継がれる名歌を残した歌人、卓越した組織力をもつ指導者。埼玉・静岡県民、東京都民にとっては、近代の県政・府政で評価が高かった首長という点で、興味深いのではないか。

　大社教が急速に発展し得た要因として、尊福のもとに結集した優れた人材群も見逃せない。本居宣長の曾孫・豊穎《とよかい》など、それぞれが千万を数える人々のトップに立ち得る逸材が、尊福のもとで大社教を支えた。彼らを惹き寄せた尊福の人的魅力は何だったのか。そして彼らの能力を存分に発揮させながら、巨大な組織をかじ取りした手腕など、組織の指導者や経営者には、興味深い点であろう。尊福がもつ多面的な魅力のいずれに注目するかは、読者各位の関心にお任せしたい。

なお近代における大社教興隆の背景には、古代から近世にわたり、列島各地に息づいてきた出雲信仰の広がりという基盤もあった。筆者は前作『出雲を原郷とする人たち』で列島各地の出雲系古社を巡り歩いた時、百年以上前の尊福の足跡にたびたび出会った。尊福らは、その古からの縁に、新たな縁を加えていったともいえる。中近世には、今も多くの参拝者を惹きつける福の神・だいこく様、神無月の神集いや縁結び信仰が庶民の間で広がった。明治維新当時、二三歳だった尊福が、わずか数年で全国宗教界の最上部に浮上し得たのは、大社から列島各地に派遣され、これらの民衆信仰を広めた御師《おし》（布教者）などを通じて諸国の動向を把握し、時代の変化に素早く対応できたからでもあろう。

列島各地に散在する古代の出雲系神社、その後中近世にかけて民衆の間に根付いた出雲信仰。本書では、これら尊福登場の基盤にも目を配りながら、尊福の生涯と近代出雲信仰の広がり、それを支えた人々との繋がりをまとめてみたい。

I　出雲国造の世界
――近世までの大社信仰

第80代出雲国造千家尊福（出雲大社提供）

第1章　出雲国造

千家尊福《せんげたかとみ》の生涯をみる上では、まず彼が生を受けた出雲国造《こくそう》（家）について語らねばならない。古代から連綿と続き、民衆から生き神視される特別な家柄が、尊福の人生を大きく規定していくからだ。それは、ほとんど何も伝わっていない幼少・少年期を彼がどのように過ごしたかを、窺い知ることにもなろう。

†古代王の末裔

出雲国造は古代においてヤマト政権に服属した出雲王の末裔とみられている。国造は一般に「くにのみやつこ」と読むが、第八二代出雲国造・千家尊統《たかむね》（一八八五〜一九六八年）によれば、出雲では昔から音読み、清音で「こくそう」と呼んでいる。尊統は著書『出雲大社』で、国造は大化前代において、その国の土地を領し人民を治め、祭政の一切を司り、その機能を世襲する地方君主であったとも述べている。

歴史学者の故門脇禎二氏は、古代の列島にはツクシ、キビ、イヅモ、ヤマト、ケヌなど独自の王権、支配領域、統治組織、外交等の条件を備えた地域王国が複数並存していたが、互いの交渉や競合の中でヤマト王国が台頭し、他の王国を統合していったとする。国造は一般に、倭《やまと》勢力に服属した各地の豪族を地方官に任命したものとされるが、瀧音能之《たきおとよしゆき》著『古代の出雲事典』などが倭政権から「半独立状態ともいえる権力をもつ者もいた」とするのは、豪族レベルを超えた地域王国の王が国造に転じたとみられる例があるからだ。その最たるものが、一国一国造を維持し続けた出雲国造だといわれる。

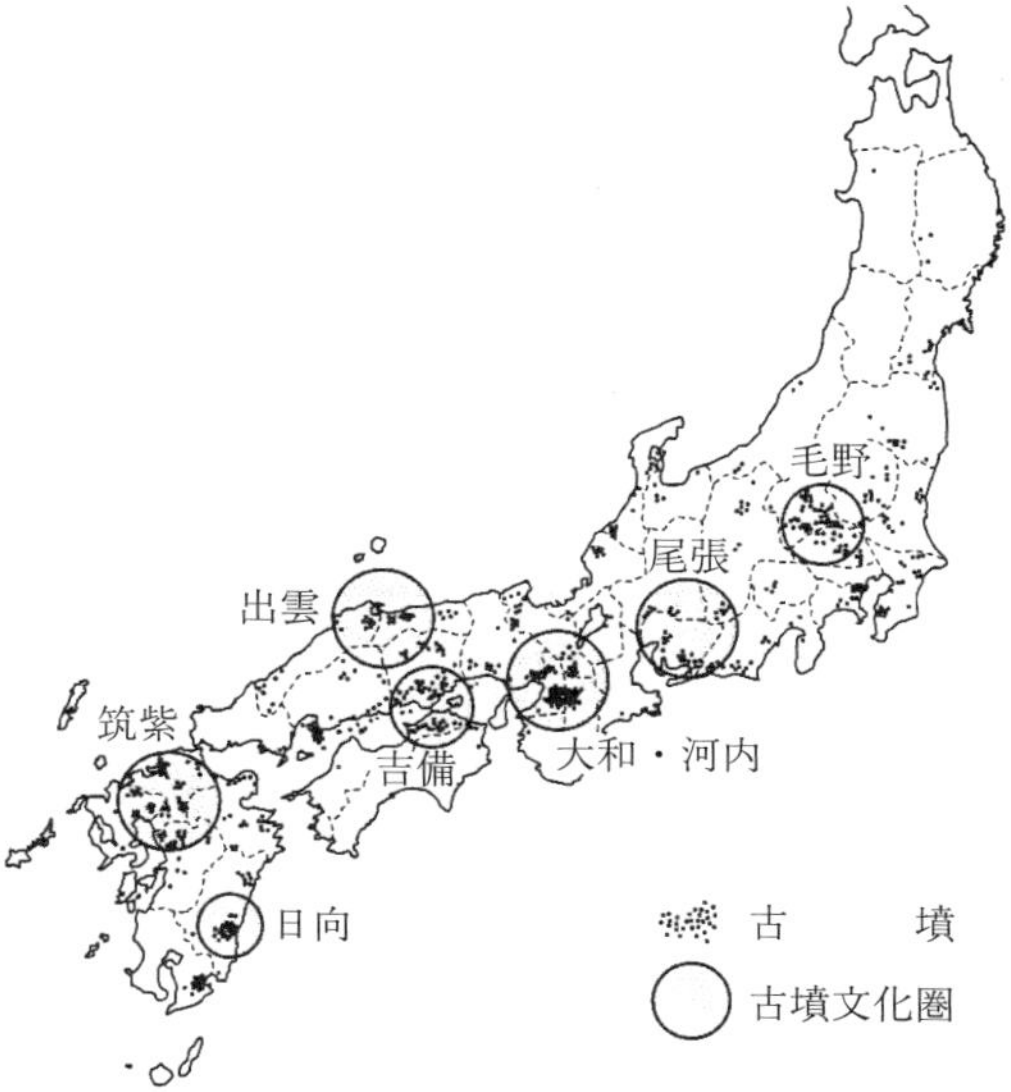

近年の歴史教科書が描く４～５世紀の日本。いくつかの地域王国が並存していた様を表す。

統一を目指す倭政権は律令制の導入に伴い国造を廃止し、畿内から諸国へ国司を派遣するようになり、国造は一般に統治権を失ったとされる。しかし出雲国造は律令制下でもその称号を維持し、出雲国意宇《おう》郡の大領となり、一族の出雲臣《おみ》が楯縫《たてぬい》郡の大領、仁多《にた》郡・飯石《いいし》郡の少領になるなどして統治権を維持し、その影響力は根強く残った。

『続日本紀』の文武天皇二（六九八）年三月九日条には、出雲国意宇と筑前国宗像《むなかた》だけは、郡司に他では禁じた三親等以上の連任を認める特例を詔で出したとある。現存する風土記中、ほぼ唯一完本で残る出雲国風土記（七三三年）も、国司ではなく第二五代出雲国造、出雲臣広嶋が編纂し、オミヅヌ神の国引き神話や「天《あめ》の下造《つく》らしし大神《おおかみ》」（大穴持命《おおなもちのみこと》）の巡行など、独自の出雲神話を綴る。そこでこの出雲大神が、自らが造り治めてきた国を皇孫に譲る一方、出雲の国だけは自らが鎮座する国として、青垣山を巡らし、治め続けると表明している（意宇郡母理《もり》郷）のも、当時の政治状況の反映だろう。

出雲国造神賀詞《かんよごと》も、他に例を見ない儀礼だ。出雲国造は八世紀を中心に、就任にあたり朝廷に出向いて任命を受け、いったん出雲へ帰って一年間潔斎した後、再び入朝して神賀詞を奏上。また出雲に戻り、さらに一年の潔斎をした後入朝し、二度目の神賀詞を奏上していた。神護景雲二（七六八）年の出雲臣益方《ますかた》の奏上では、位と禄を賜わった随行の祝部《はふりべ》が男女一五九人と記録されるなど、出雲から毎回大規模な訪問団を派遣していた。延長五

（九二七）年成立の『延喜式《えんぎ》』祝詞《のりと》に収まるこの神賀詞の中で、出雲国造は天皇《すめらみこと》の御世を賀しつつ、祖神天穂日命《あめのほひのみこと》が国譲りに貢献し、また大和王権揺籃の地に座す三輪《みわ》山に大穴持命が自らの和魂《にぎたま》を鎮めたと語る。

出雲国造が政治権力を失い、出雲国内諸社の祭祀のみに携わることになるのは、朝廷が延暦《えんりやく》一七（七九八）年三月二九日付けの太政官符で、出雲国造の意宇郡大領（郡司の長官）兼務を禁止してからだ。その後、出雲国造は居所を意宇郡から出雲郡へ移し、「杵築大社《きづきのおおやしろ》」（一八七一年以降「出雲大社」と改称）の宮司としてその職を世襲し続け、一四世紀半ばに千家家と北島家に分かれ、以来、両家で祭祀を分担し、幕末に至る。

出雲国造が江戸時代も独自の立場を維持していたことは、徳川幕府が寛文五（一六六五）年、諸国の神社に対し、神職の叙位・装束についてはすべて吉田家の指図を受けるよう布告した際、独自の立場を主張して、大社・出雲国造はその支配を受ける必要はなく、出雲国では万事国造の処理に従うようにとの取扱いを受けている（寛文七年、永宣旨《ようせんじ》）ことからも窺える。こうした特異性から、原武史（放送大学教授）は『〈出雲〉という思想』で「出雲国造は、国造制が消えたはるか後の近代以降の日本でも、全国でただ一つ国造を名乗っており、天皇と並ぶもう一人の「生き神」だったのであり、天皇に匹敵する宗教的な権威をもっていた」と述べるのだ。

民俗学者の柳田国男は『故郷七十年』で、一三歳まで過ごした播磨の辻川（兵庫県神東郡田原村＝現神崎郡福崎町）時代の思い出として、こう綴る。

「出雲から但馬《たじま》路を経てこの村を通過した国造家を迎えたことがあった。生き神様のお通りだというので、村民一同よそ行きの衣装を着て道傍に並んだ。若い国造様が五、六名のお伴を従えて、烏帽子《えぼし》に青い直垂《ひたたれ》姿で馬で過ぎていった時、子ども心に、その人の着物にふれでもすれば霊験が伝わってくるかのような敬虔な気になったようである。その国造様の姿が今もくっきりと瞼に浮かんでくる」。柳田は明治八（一八七五）年生まれだから、同一九年春に第八〇代出雲国造の千家尊福が岡山・兵庫を三カ月かけて巡教した時のこととみられる。

いっぽう明治九年一〇月一八日付『東京曙新聞』は、愛媛で民衆が尊福を熱烈に迎えた様子を、こう伝えている。「伊予国松山なる大社教会所開業式執行の為、千家尊福大教正が出雲国より立越されし途中、同県下野間郡浜村に一泊せられし時、近郷近在の農民等が国造様の御来臨と聞伝えて、旅宿に群集せし老幼男女数百人にて、大教正の神拝されるため一寸座られる新薦《こも》を、群集の者ども打寄って摑み合って持行くもあれば、又這入《はいい》られし

少年柳田国男の目に映った、播磨の街道を行く千家尊福国造（中央）と従者たち
絵・川崎日香浬

風呂の湯は、銘々徳利《とっくり》に入れて一滴も残さぬ程なり」と。

いずれも、生前から神として崇められた貴人が接した物には聖なる力が宿るという生き神信仰に基づくものだ。それが出雲国造に対し、中国・四国の幅広い地域で存在していたことが窺える。弘化二（一八四五）年八月六日生まれの尊福は明治五（一八七二）年一一月に第八〇代出雲国造となるが、同一五年三月、国造職を弟の尊紀《たかのり》に譲り、大社教を創始し初代管長となった。そのため尊福が国造だったのは正確には一〇年足らずだが、生涯にわたる列島各地の巡教の中で、生き神・出雲国造として迎えられ続けた。

出雲大社教の今西憲大教正（一九〇〇〜九一年）は、千家尊有《たかもち》第三代管長にお供し岡山県美甘《みかも》村を訪れた時「里人が径《みち》の両側に土下座し、人力車でお通りになる管長閣下に賽銭をなげ、拍手《かしわで》を打って拝んでいる姿に接した」としつつ「大殿（尊福）の御巡教の時にも、このような情景が数限りなくあったと先輩から聞き及んでいる」（『幽顕』七七一号）と回顧している。

明治二三（一八九〇）年、第八一代国造尊紀に謁見したラフカディオ・ハーン（小泉八雲）は「杵築――日本最古の神社」で「ひと昔前まで、国造の宗教的権威は、この神々の国一円に広がっていた。……遠方の田舎にいる素朴な信者からすれば、今でも神様、もしくはそれに準じる存在であり、神代の時代から受け継がれてきた国造という呼び方が変わりなく使われている」と記す。そして「日本以外であれば、チベットのダライ・ラマを除いて、これほど崇拝され、民衆の信望を一身に集めてきた人は、ほかに見当たらない」と評した。

明治一九年一二月一日付『郵便報知新聞』は、出雲大社宮司の千家氏ほど「その家系の正しき名族はあらざるべし」として、出雲国造家が天皇と並ぶ名家であるばかりか、天皇家以上に男系の系統を維持していることへの驚愕を表している。だがその宗教的権威は、単に家柄によるものではない。石原廣吉大社教大輔教（一八九〇〜一九六九年）は「尊福様が東京へ出られるまで、国造様は毎朝お火所で潔斎をして常に神火によって食事をなさる。また一生土を踏むことを許されない。……こういった一般人とは異なる厳重な御生活の神性さから、生神様として拝まれたのだ」（『幽顕』五二一号）と語っている。

†霊威を受け継ぐ火継神事

『日本書紀』敏達《びだつ》天皇十年閏二月の条に「盟に違《たが》わば天地諸神及び天皇霊《すめらみことのみたま》、臣が種（族）を絶滅《たや》さむ」というくだりがある。古代王権を樹立した天皇には、これほど強い威霊が付着しており、それを代々継承してきたのが生き神としての天皇だと、宮田登著『生き神信仰』はいう。霊魂の付着現象は一般人にもあるが、万世一系の王権を維持してきた天皇霊は、個々人が付着させる霊魂の中で、とりわけ強力である。それを入れ得る唯一の存在が今上天皇であり、霊威を受け継ぐため行われるのが大嘗祭だとする。大嘗祭で身につけた天皇霊は毎年冬になると衰弱する。それを神人共食の神事で蘇生・復活させるのが新嘗《にいなめ》祭という意義付けになる。

出雲国造も古来、祖霊を継承する火継《ひつぎ》の神事や、毎年の新穀を神と共食する（古伝）新《しん》

新国造となるための神火を鑽り出す舞台となる熊野大社鑽火殿
(松江市八雲町熊野)

嘗《じょう》祭などを連綿と続けてきた。そこに「神の憑坐《よりまし》」(神霊が取り付く人)を表す御《み》杖代《つえしろ》と呼ばれる所以がある。出雲大神の祭祀を専修する国造は、その身に大神が依りかかることから御杖代と呼ばれ、大神と神慮一体の生き神様と敬われているのだ(出雲大社教『出雲さん物語』)。神祭では榊《さかき》に玉などを着けて神聖な神籬《ひもろぎ》とし、神を招き迎える憑り代とするが、国造もまた出雲大神が憑りつく神籬としてある。そのため国造には、いつ大神に憑かれても支障がないよう、厳しい潔斎が求められてきた。

　村上重良著『日本宗教事典』は、御杖代が「神の意志が拠りとどまる人間」を示すことからも、出雲国造はかつて、出雲人の神を体現する生き神として国を治めていた王であり、その王権の霊統を受け継ぐ儀式が「火《ひ》嗣《つぎ》の神事」だったのではないかという。

　火継の神事では、国造が没すると、その嗣子《しし》は忌に服することなく、古代から伝わる燧《ひきり》臼《うす》、燧杵《ひきりぎね》を携え、直ちに意宇の熊野大社に赴き、鑽火《さんか》殿で神火を鑽《き》り出し、その火で調理した斎食を食べることで新しい国造となる。火はタマシヒの霊《ひ》、神火は祖霊の霊魂の象徴であり、国造は火（霊）継式で祖霊を身にうけ、その霊魂を継承することで、祖霊と同一の霊能を得るのだ。国造自ら鑽り出した火は在世中、国造館のお火所で灯し続け、国造は終生その神火で作った斎食のみとる定めも、近代に至るまで続いた。

それを裏付ける記述が、林鵞峰《はやしがほう》（一六一八～八〇年）が上野忍岡《しのぶがおか》の編纂所で綴った日記『国史館日録』の中にある。林は幕府の命を受け、寛文一〇（一六七〇）年に国史『本朝通鑑』全三一〇巻をまとめた儒者だ。同日記の寛文七年六月一二日の条は、幕府への国造の使者、北島国造方の上官、佐草自清《さくさよりきよ》を迎えた際の「出雲大社の神人来たりて談ず」というくだりで、出雲国造の代替わりをこう綴る。「国造は天穂日命より以来、血脈相承《う》け絶ゆること無し。系図分明《ぶんめい》なり。両国造の下に社家十六人あり。共に是れ出雲氏なり。その嫡《ちゃく》国造となる。国造 古《いにしえ》は唯だ一流なり、二百年来、千家・北島の二流となる。毎世の国造疾《や》みて則ち未だ死せざる時、家督《かとく》出でて別社にあり、神火を鑽る。而して父死す、子代わりて国造となる。その族、前の国造を哭《こく》せず。唯だ新国造を賀するのみ。子父の葬《そう》に会せず、一日の潔斎も無し。自ずと日を相ひ続く。魚を喫すること常の如し。蓋《けだ》し六十余代の国造は天穂日命に擬し、永く存して死せざるを以てするなり」と。

千家尊福も明治三七（一九〇四）年「出雲国造葬祭に関する取調書」で「国造には古来服忌《ぶっき》なし、是れ神事を尊び其の職を重んずるが故なり」と述べている。出雲国造は永生にして不死だとみる。こうした継承の仕方は、儒教や仏教伝来以前の霊魂観・生命観を表すものだと、千家尊統は著書『出雲大社』で述べている。その昔、国造は永生だから墓はないとして、死去した前国造の遺体を赤い牛にのせ、杵築大社の東南にある菱根の池で水葬にする慣わしもあったと言い伝える。

斎食の禁忌などは近代以降に撤廃されたが、火継神事は連綿と現代に受け継がれている。二〇〇二年春に第八三代千家尊祀《たかとし》国造が薨去《こうきょ》した際も、後継の尊祐《たかまさ》氏が、古代から伝わる燧臼、燧杵を携えて直ちに意宇の熊野大社に赴き、鑽火殿で神火を鑽り出し、その火で調理した斎食を食べることで第八四代国造となった。

今も毎年晩秋、出雲大社で行われる古伝新嘗祭で、国造は神火・神水で調理された新穀の御飯と醴酒《ひとよざけ》を天地四方の神々に供し、自らも食する。冬の訪れとともに減退する出雲国造の霊力を、神人共食の相嘗《あいなめ》によって蘇らせるための儀式だ。その後、国造は神歌に合わせて「百番の舞」を奉納する。国造が両手に持った榊の小枝を、円を描くように三度回して横の神職に渡し、また新しい榊を持って舞う。これを百回繰り返すのだ。この「百番の舞」は、五穀豊穣への感謝と共に、神人合一の姿を体現したものだともいわれる。

†出雲大神の依代

宮田登著『生き神信仰』は、天皇霊を付着させた天皇が天津神《あまつかみ》の言葉を伝える時、天皇は神と一体になるという。神祭りの天皇は神の来臨を請う祭主だが、一般民衆には神を祭る祭主が神そのものに見えると。いっぽう千家尊統も『出雲大社』で「大国主神に奉祀する出雲国造は、祭儀の上では大国主神それ自身として振舞う」「出雲国造は、古伝新嘗祭では大国主神となり、大国主神が祭っていた神々の祭りをとり行う」と記す。神祭りで神と交わる祭主が「神の依代」となり、民衆から生き神として崇められる所以だ。

安永五（一七七六）年頃の津村淙庵《そうあん》『譚海《たんかい》』は、「出雲の国造は其《その》国人尊敬する事神霊の如し。氷《ひ》の川上と云ふに別社ありて、神事に国造の館より出向ふ時、其際の道筋へ悉《ことごと》く藁《わら》を地に敷みちて、土民左右の地にふし、手に此《この》藁を握りて俯しをる。国造藁を踏んで行過る足を引ざる内に、みなみな藁をひき取り家に持帰り、神符《しんぷ》の如く収め置なり」と記している。

千家尊福国造の時代にも、同じ光景が続いていた。島根県那賀郡今福村（現浜田市）出身の故櫻井勝之進・元皇学館大学理事長（二〇〇五年没）が、明治四二（一九〇九）年に生まれる前の話というから、明治後半頃だろうか。父が奉仕する久佐八幡宮の御年祭に尊福国

出雲大社の涼殿祭で御幣を奉持した国造が
真菰の上を歩く真菰神事（出雲大社提供）

造を迎えた時、駕《が》に乗って神社へ着いた国造が、拝殿に布かれた真新しい薦《こも》の上を通ると、拝殿を埋めた参詣人が争って薦の藁を抜き取り、跡形もなくなったという。式年祭の賑わいも、専ら国造様が拝めるためだったと、両親からくり返し聞いた櫻井氏は、出雲大神の御神威をその身一つに負い奉る国造がただ人のはずはなく、明治の頃でも石見《いわみ》の郷里の人々は尊福国造を生き神様と心得ていたのだと語っている（『幽顕』五四九号）。

今も出雲大社の真菰《まこも》神事では、神職が敷いた真菰の上を、御幣《ごへい》を奉持した国造が歩くと、参列者たちが一斉に真菰を競ってもらい受ける。それを風呂に入れれば無病息災、田畑に埋めれば五穀豊穣のお蔭があると、言い伝えられてきた。

明治三八年に出雲大社の小使を務め始めた故石原廣吉氏は、尊福国造を回顧する中で

「殿様、姫君様、お姫様、御殿さんなどという言葉は今も使われていますが、国造家は十万石位の大名の格式があった」と語っている（『幽顕』五二一号）。ラフカディオ・ハーンも、国造の実権は、出雲の大名にも劣らぬものがあり、将軍も友好関係を築いた方が得策と考えるほど大きかったという（『杵築――日本最古の神社』）。古代に政治上の権力を奪われた出雲国造のそれは、宗教的権威に他ならない。

明治一五年に出雲大社美作《みまさか》分院を開く美甘政和《みかもまさとも》（一八三五〜一九一八年）の伝記『旭香《きよくこう》美甘政和翁』（一九二五年）には、明治七年八月、尊福国造が上京の途中で美作（岡山県）に立寄り、国中の神職を召して旅館で講演した時の情景が、こう綴られている。「千家国造は上段の間深く着席せられ、遥か下りて其入口に旧藩御年寄役にて、宮司となられし黒田氏着席せられ、列席神職一同は次の間に並び、此室より上段の間の境に見台ありき」。そして「出雲の国造様と云えば、人にして神なりの時代で、その尊厳とても今代《こんだい》人の想像も及ばぬものであった」という。近世における出雲国造の権威の余韻が窺える逸話だ。

†神霊が宿るモノへの信仰

出雲大社の真菰神事と同様の情景が、明治天皇の巡幸でも見られた。明治一三（一八八〇）年六月、信州松本で巡幸を見た作家木下尚江は、行列が過ぎ去ると、両側から多くの男女が我先にと駆け出し、突き合い押し合い、着物を汚しながら、泥塗《まみ》れの砂利《じゃり》を争い始めたと回想している。「天子様がお通りになった砂利を持っていれば、家内安全五穀豊穣」だとの信仰が広くあったからだという(『懺悔』)。

明治一四年秋の東北・北海道巡幸に随行した山口正定侍従長は、山形県酒田に行在所《あんざい》を新築し天皇を迎えた富豪の談話を、同年一二月一九日の日記に書いている。それによれば、天皇が去った後、越後や秋田、最上《もがみ》辺りからも続々と人が訪ね来て、行在所となった座敷をぜひ見たいというので、一〇日ほど縦覧を許したら、老若男女が湧き出るようにやってきて、玉座となった敷物を摩《さす》った手で我が身を摩り、これで一生無病だと喜び、女性は柱隠しを摩った手で我が身を摩り、これで安産になると有り難がったりしたという。

天皇が滞在・宿泊した家では、天子《てんし》が触れた用具などに神霊がこもると信じて神祭りを始めた例もある。当時の生き神信仰上の天子は「神霊を付着した器」で、その天子を間近に見ることに霊験はあるが、天子が踏んだ砂利や触れた物に移った神霊を持ち帰り、祭ったり御守りにする方が重要だった。当の天皇が死んでも、部屋や砂利に移った神霊は消えないため神祭りは続く。神霊がもたらすご利益を求めるこの生き神信仰は、天皇のため命も捧げるという近代国家神道の現人神《あらひとがみ》観とは全く異質な、近世以来の民間信仰だった。

そこでは生き神視された人が自ら筆をとった書に、強い神霊が宿るとみるのが理だ。希代の文人でもあった千家尊福は、人々の求めに応じ、各地で多くの書を残している。中でも無数の人々が接してきたのが、道後温泉の湯釜だろう。

明治二五（一八九二）年から道後温泉の養生湯で使われた湯釜には、本体を覆う蓋に尊福が詠み、揮毫《きごう》した和歌「無嘉志與理《むかしより》 多延努奈我麗母《たえぬながれも》 佐良耳麻太《さらにまた》 和幾伊豆留《わきいずる》 湯迺《ゆの》 志留志乎叙淤母布《しるしをぞおもふ》」（昔より絶えぬ流れもさらにまた沸き出る湯の験《しるし》をぞ思ふ）が万葉仮名で刻まれ、前後に大国主と少彦《すくなひこ》名《な》の神像が彫られている。明治二四年二月、道後湯之町議会で老朽化した温泉建物の全面改築が決まり、湯釜も取り換える話がでた時、町民の間で神罰が当たり、湯が出なくなるとの心配や反対が広がった。そこで使われてきた湯釜は、奈良時代中期の製造と言われ、最上部の宝珠に正応元（一二八八）年、一遍上人による

千家尊福揮毫による和歌と道後温泉誌を刻む道後温泉旧養生湯の湯釜（愛媛県松山市）。現在は駅前広場「放生園」の足湯となっている。

という「南無阿弥陀仏」の六字名号が刻まれ、中層円柱部には享禄四（一五三一）年に彫られた薬師像があった。今は道後公園内に湯釜薬師として安置される、千年以上も湯を注ぎ続けてきたという湯釜は、庶民の信仰対象でもあった。

そこで伊佐庭如矢《いさにわゆきや》町長は、新たに造る湯釜に尊福の題字を願い出た。出雲国造の揮毫による和歌を湯釜の蓋に刻むことで、湯釜を鎮め、町民の不安を取り除こうとしたのだ。最上部の宝珠には「憫民夭折始製温泉之術」（伊豆国風土記逸文「温泉」の「玄古《むかし》……大己貴《おおなむち》（大国主）と少彦名……民の夭折を憫《あはれ》み、始めて禁薬《くすり》と湯泉《ゆあみ》の術《みち》を制《さだ》む」の一部）を刻み、中層円柱部には二神の神像とともに尊福が記した「道後温泉誌」（二八〇頁）を彫りこんだ。こうして尊福の揮毫を刻んだ新しい湯釜が「湯釜薬師」に比肩する霊験をもつ湯釜として置かれ、客はこぞって養生湯に入ったという。この湯釜は一九七三年、道後温泉駅前広場「放生園」に移され、今も滾々と湯を流しだし、無料で憩える足湯として人々に親しまれている。

第2章　列島各地にある出雲国造ゆかりの神社

日本列島の各地に、出雲神を祭る神社が数多くある。その中には古代の氏族移動に関わるとされる、出雲国造《こくそう》ゆかりの神社群もある。旧暦十月、諸国の神々が出雲へ集うという伝承の源流には、そうした古《いにしえ》の縁があるのではないか。千家尊福が埼玉県・東京府の知事になるのも、武蔵国造《くにのみやつこ》との縁に思えてならない。出雲信仰の古層をなす、国造ゆかりの神社群をみておこう。

†埼玉・東京の氷川・久伊豆・鷲宮神社群

武蔵国（埼玉県・東京都北部）には出雲神を祭る古い神社が多い。

平安期の国造本紀《ほんぎ》（先代旧事《くじ》本紀の第十巻）をみると、天穂日命《あめのほひのみこと》の一一世の孫、宇迦都久《うかつく》怒命《ぬのみこと》を出雲国造に定め、また出雲臣の祖の十世の孫、兄多毛比命《えたもひのみこと》を无邪志《むさし》国造に定めたとある。つまり武蔵の国造は出雲国造の流れということになる。それが古代の神社の祭神に

さいたま市大宮区の氷川神社

反映しているのだ。

文化七（一八一〇）年「東都道中分間絵図」に「武州一ノ宮氷川《ひかわ》大明神」の鎮座地と記された大宮。その大宮に鎮座する氷川神社の境内案内版に書かれた由緒には、出雲族の兄多毛比命が武蔵国造となって氷川神社を奉斎したとある。同社について、文政一一（一八二八）年の『新編武蔵風土記稿』は「出雲国氷の川上に鎮座せる杵築大社《きづきのおおやしろ》をうつし祀りし故、氷川神社の神号を賜れり」と記す。「氷の川」は古事記で「肥河《ひのかは》」、日本書紀で「簸川」とも書かれた出雲の斐伊川《ひいかわ》で、それが氷川神社の社名由来だという。『埼玉県の神社』は、この氷川神社は「无邪志国造任命以前から、この地に来住した出雲民族によって祭られた」社とも説く。同社の世襲宮司だった角井《つのい》家の末裔で民俗学者の西角井正慶《まさよし》（元国学院大学教授）は『古代祭祀と文学』で、武蔵は出雲民族系統の首長が奉じる神の力で鎮めた国で、氷川の神は出雲族が祭った神だとする。角井家の始祖は出雲国造と同じ流れで、当主の多くが出雲守を称し、出雲国造家と同じ紋所を用いるなど「出雲の一族のごとく自任してきた」とも記している。

この大宮の社を本社とする氷川神社は、荒川や芝川流域の主に台地上の古い集落に多い。それに対し、元荒川流域の低地部に分布する久伊豆《ひさいず》神社も出雲系で、各社とも大己貴命《おおなむちのみこと》を主祭神とする。その中でも古いとされるのが近世、久伊豆大明神と呼ばれていた騎西《きさい》の玉敷神社（埼玉県加須市）で、武蔵国造になった兄毛多比命が出雲大神を祀ったのが始まりともいう。

また元荒川と利根川に挟まれた旧埼玉郡の北東部に半数が集まる鷲宮《わしのみや》神社も出雲系だ。その本社とされる埼玉県久喜市鷲宮の社は「出雲族の草創に係る武蔵国最古の大社」を称し、「太古天穂日宮……部族等を率ひて此の地に……大己貴命を奉祀し給ふに始まり、次て天穂日宮の御霊徳を崇め別宮を建て奉祀せる是草創なり」とその『由緒記』で伝える。

埼玉県神社庁の高橋寛司学芸員の集計によれば、これら武蔵国の東部に分布する氷川神社は二八四社（埼玉県二〇四社、東京都七七社、神奈川県三社）、久伊豆神社は五四社（全て埼玉県内）、鷲宮神社は一〇〇社（埼玉県六〇社、東京都四〇社）にのぼる。

さらに武蔵国東部には、これら氷川・久伊豆・鷲宮神社群よりさらに古い出雲神社が、関東平野の西端を南北に走る（八王子と高崎を結ぶ）八高線に沿う埼玉県の寄居《よりい》、毛呂山《もろやま》、入間《いるま》に分布している。北から南へと並ぶ出雲乃伊波比《いわい》神社（大里郡寄居町赤浜）、出雲伊波比神社（入間郡毛呂山町岩井西）、出雲祝神社（入間市宮寺）だ。

†延喜式神名帳にのる武蔵の出雲神社

古代の神社を知る手がかりに延喜式《えんぎしき》神名《じんみょう》帳がある。延長五（九二七）年に成立した法典集、延喜式全五〇巻のうち、祭祀を司る神祇官《じんぎかん》（祭政一致の古代律令制で太政官と並ぶ重要な官庁）が把握する各国の官社を集成した九・一〇巻が神名帳である。官社とは朝廷が幣帛《へいはく》（神に捧げる供物）を奉献していた神社で、そこに収録された二八六一社が式内《しきない》社と呼ばれる。前述した大宮の氷川神社は武蔵国足立郡の、騎西の玉敷神社は同国埼玉郡の式内社だ。これら式内社は延喜式が成る一〇世紀初めより、もっと早い時代に創建された古代の有力神社とみられる。古事記、日本書紀、出雲国風土記の神代巻や神話に登場する杵築（出雲大社）などは、有史以前に遡る。有史以降であっても、例えば太政官の天平勝宝七（七五五）年一一月二日の符に「武蔵国幣帛に預る社四処……入間郡出雲伊波比社」とあり、八世紀半ば、すでに朝廷から幣帛を受ける官社として、武蔵国入間郡に出雲伊波比社があったことが分かる。

この旧入間郡内に今あるのが、毛呂山の出雲伊波比神社と入間の出雲祝神社だ。式内社の中には中世・近世をへて社名を変えたり、由緒不詳になった社も多い。そこで式内社（を引き継ぐ社）と断定はできないが、その可能性の高い神社が式内比定社、また比定社が複数あって、いずれか判別し難い場合、各々が式内論社と呼ばれている。前記の二社は入間郡の出雲伊波比神社の比定社（式内論社）だ。両社はいずれも式内出雲伊波比神社に相応しい祭神と由緒をもつ。

出雲伊波比神社（埼玉県入間郡毛呂山町岩井西）

臥龍山《がりゅうざん》に鎮座する毛呂山の社は、大名《おおな》牟《む》遅《ち》神（出雲大神）と出雲国造が祖神とする天穂日命を主祭神とし、出雲臣武蔵国造の兄多毛比命が祭祀したと伝える。この地に移住して開拓を進めた出雲系の豪族集団が、出雲の祖神を祭祀した社（さきたま文庫六五）、また「出雲の神を斎《いわ》う」社（『埼玉の神社』）などとも言われる。

いっぽう狭山丘陵の西北麓にある入間の社は、天穂日命とその御子神（天夷鳥命《あめのひなどり》）及び兄多毛比命を主祭神とする。明治九年の『狭山のしおり』は同社について、社名の「伊波比」は出雲氏族がいわいまつる神、氏神を意

尊福が明治７年11月、出雲祝神社を訪れた際に揮毫・奉納した扁額（埼玉県入間市宮寺）

味するとし、『宮寺小史』（一九七五年）も「この社は……出雲系民の総社で出雲大社の分家の如きもの」だと記す。実際、寄木宮とも呼ばれてきた同社の縁起は、出雲との深い関わりを示している。「天仁三（一一一〇）年七月四日、大木百支海上より稲佐浦《いなさのうら》に寄る」（国日記）で始まる杵築大社の「寄木の造営」（五五頁参照）を思わせる寄木の社名は、同社の社叢が、アメノホヒ（の子孫）が武蔵へ来た時、出雲から携えてきた樹種を蒔いてできた寄木森だとの伝承に由来する。同社の御神体は、アメノホヒが上半分を杵築大社に残し置き、下半分を持参した石捧（剣）だという社伝や、出雲大社と同じ神紋（二重亀甲に剣花角）を使う点にも、出雲がルーツとの意識が窺える。

千家尊福は早くから、この武蔵と出雲の縁を認識していた。明治七年一一月には入間の出雲祝神社を訪れ、直筆の扁額を奉納している。尊福は明治一四年四月にも同社を訪れ、三一七人の賛助者と共に「牟佐志《むさし》国造御社」と刻まれた石碑を建立した。「牟佐志国造之御社、国中さだかならず、若くは出雲祝神社なるやと。出雲国祖へ上申したり」で始まる碑文「国祖千家尊福書」も全文が『式内出雲伊波比（祝）神社記』に転載・保存されている。その出雲臣直系の尊福が、千数百年の時を経た明治後半期、埼玉県知事、東京府知事として、この武蔵国を治めることになる。当時「難治の県」と言われた埼玉を尊福がうまく治め、また東京府知事を十年という異例の長期にわたって務め得たのは、人々がその正統性に納得していたからでもあろう。

†四国・近畿・中部にもある式内出雲神社

埼玉県大里郡寄居町赤浜に鎮座する出雲乃伊波比神社は、武蔵国男衾《おぶすま》郡の式内社、出雲乃伊波比神社の比定社である。延喜式神名帳には、この武蔵国の二社を含め、出雲を冠する神社が、出雲国以外の七ヵ国で九社載っている。周防《すおう》国佐波《さば》郡の出雲神社（現山口県）、伊予国温泉郡の出雲崗《おか》神社（現愛媛県）、丹波国桑田郡の出雲神社、山城国愛宕《おたぎ》郡の出雲井於《いのへの》神社と出雲高野神社（現京都府）、大和国山辺郡の出雲建雄《たけお》神社（現奈良県）、

尊福が賛助者317人とともに明治14年4月に建立した石碑「牟佐志国造御社」（出雲祝神社境内）

長野市豊野町の式内社・伊豆毛神社

信濃国水内郡《みのち》の伊豆毛《いづも》神社（現長野県）である。

石塚尊俊《たかとし》『出雲信仰』は、延喜式神名帳で同じ系統の神社が、これほど列島の広範囲にわたり、何社も見られるのは出雲神社だけだとする。勧請型神社の先駆けとされる八幡や日吉《ひえ》の諸社が、神人の布教で列島各地に信仰圏を広げるのは平安末期以降で、白山、伊勢、祇園などはさらに後世だ。式内の日吉神社は近江一国内を出ず、八幡宮も豊《ぶ》前《ぜん》と筑前にしかない。そのため、これら式内出雲神社の存在・分布は、布教や勧請によるものではなく、日本書紀や古事記よりもっと古い時代における出雲を本拠とする大きな氏族移動の結果と考える他ないと、石塚氏はいう。

実際、周防国佐波郡（現・山口市徳地）の出雲神社では、世襲の金子正尚宮司が「祖父や父から、この神社は、出雲から移ってきた豪族が建てたもので、金子家の祖先はその連れ人だった」と聞かされてきたという。信濃国水内郡の伊豆毛神社の場合、「出雲系の氏族が祭った式内社」（長野県『信州の神社百選』）、「出雲民族集団が祭った神社」（信州郷土史研究会『寺と神社』）などと諸文献が紹介している。

式内出雲神社が鎮座する地域では、出雲からの人やモノの移動を物語る遺跡や出土物も見つかっている。関東山地の麓地域には、古墳時代後期の出雲系横穴墓とされる吉見《よしみ》の百《ひゃく》穴《あな》（埼玉県比企郡）や、山陰特有の鼓形器台《つづみがたきだい》が出土した五領《ごりょう》遺跡（同県東松山市）などがある。四国でも、出雲崗神社（現在、湯神社の相殿）が鎮座する松山市で、宮前川北斎院《さや》遺跡群から古墳時代初めの山陰系土器が大量に出土した。その中には出土地域や制作・使用期間が限られる特殊な甑形《こしきがた》土器も含まれている。

京都市左京区の下鴨神社境内にある式内社・出雲井於神社の比定社・比良木社

さらに文献史料で出雲氏族との関わりが分かるのが、山城国の二社だ。出雲井於神社の比定社は京都市左京区下鴨の賀茂御祖《かもみおや》神社（下鴨神社）の境内にあり（通称・比良木《ひらき》社）、出

丹波国一宮・出雲大神宮（京都府亀岡市千歳町出雲）

雲高野神社は同区上高野の崇道《すどう》神社境内にある。両社は古代・中世に実在した愛宕郡出雲郷《いずものごう》の鎮守だ。神亀三（七二六）年の愛宕郡出雲郷計帳（正倉院文書）には、二百数十の出雲姓の人名が連なり、戸主はほとんど出雲臣である。この出雲郷は、平城京に出仕する官人が多い特異な郷だった。八世紀、神賀詞《かんよごと》奏上のため六〇年間で一五回という頻度で大和入りしていた出雲国造たちは、途上にあるこの出雲郷に立ち寄り、藤原・平城京で官人として働く出雲臣たちから畿内政権の動向などを聞いていたのだろう。出雲国造の意向で作られた、出雲人の一大拠点だったとも考えられる。

『京都市の地名』など諸文献は、山城国の愛宕郡出雲郷を、山陰道を（丹波の亀岡盆地をへて）移動してきた出雲出身者が定住・形成した郷だと説いている。そのルート上にある丹波国旧桑田郡に鎮座するのが、同国の一宮・出雲大神宮《いずもおおかみのみや》（京都府亀岡市千歳町《ちとせ》）だ。同じ桑田郡に大己貴神を祭る式内社、鍬山神社（亀岡市上矢田町）もあり、太古の昔、当地に来た出雲大神が保津峡《ほづ》を切り拓いて湖水を流し出し、肥沃な里を開いたと伝える。この神話は「出雲の神々を奉斎する出雲系の人々が丹波を開拓した偉業を語り伝えるものに他ならない」と『出雲大神宮史』はいう。

いっぽう大和国山辺郡の出雲建雄神社の論社である葛《くず》神社（奈良市藺生《いう》町）と雄神《おが》神社（同市都祁白石町）は、出雲大神の和魂《にぎたま》が鎮まるという大和国三輪《みわ》山の南麓を流れる初瀬《はせ》川の源流域、都祁《つげ》高原にある。出雲建雄神は出雲の勇者・英雄を意味する出雲建《たける》（『古事記』景行天皇段）と同義の神名で、出雲人が祖先神として祭り始めた神とみられる。その初瀬川の流域にある奈良県桜井市出雲の集落は、今一つの出雲系神社群である野見宿禰《のみのすくね》や土師《はじ》氏に連なる伝承のある地だ。

†野見宿禰と土師・菅原氏ゆかりの社

野見宿禰は日本書紀の垂仁天皇七年七月の条に、角力（相撲）の元祖として登場する。側近から当麻蹶速《たぎまのけはや》という勇士がおり、力が強く、自分に並ぶ者はないと豪語していると聞いた天皇が「この天下の力士に敵う者はないか」と公卿たちに尋ねた。するとある者が、出雲国に野見宿禰という勇士がいると聞くので、これを蹶速に当たらせてはどうかと進言する。そこで天皇は出雲国から野見宿禰を呼び寄せ、蹶速と角力をさせた。死闘の末、蹶速に勝った野見宿禰に、天皇は蹶速の土地を与え、野見宿禰は当地に留まって仕えたという。

歴代出雲国造の略歴をまとめた『出雲国造千家家伝統略』は、第一三代の襲髄命《かねすねのみこと》の別称が、この野見宿禰だとする。大社が長らく神楽殿北側の国造家鎮守社で野見宿禰命を祭ってきた所以だ（二〇一三年一〇月、境内の相撲場近くに摂社・野見宿禰神社が創建され、遷座）。

野見宿禰は日本書紀垂仁天皇三二年七月の条に、再び埴輪の考案者として登場する。皇后の送葬にあたり殉死（近習の生き埋め）に代わる方法を望んだ天皇に対し、野見宿禰が出雲国の土部《はじべ》（土器作りの職人）百人を呼びよせて埴土《はにつち》で人や馬などを作り、陵墓に供えることを提案。天皇は喜んで宿禰の案を採用し、功賞として鍛地《かたしところ》（陶器を成熟させる地）を授け、土師の職《つかさ》に任じた。宿禰は土師臣《はじのおみ》に改姓し、土師連《はじのむらじ》の始祖になったという。この時、出雲から来た土部たちが住み着いた地が今の桜井市出雲だと、『奈良県磯城《しき》郡誌』（大正四年）などはいう。

さらに延暦一六（七九七）年に成立した続日本紀は、天応元（七八一）年六月二五日の条で、大和国菅原郷に住む土師宿弥古人《ふるひと》らが菅原への改姓を申し出たこと、その際、古人らが土師氏の先祖は天穂日命で、その一四世の孫が野見宿禰だと述べことを伝える。古人の曾孫が菅原道真だから、道真も元来、土師氏になる。平安時代に菅原道真の三男（道武）が旅の途中、祖神アメノホヒを祀る武蔵国入間郡の出雲祝神社に二人の子（道英、道利）を連れて参拝し、道真公の像を収めたという逸話は、道真の子らにも、出雲国造と同祖との意識があったことを物語る。

　埴輪制作集団だった土部の足跡は列島各地にあり、土師氏が祭った神社も所々に鎮座する。平安中期（一〇世紀前半）の和名《わみょう》（類聚《るいじゅ》）抄《しょう》をみると、上野《かみつけ》国緑野《みどの》郡に土師《はにし》郷があった。当地にあたる群馬県藤岡市本郷には、野見宿禰を祭る土師《どし》神社があり、その二〇〇メートルほど北に本郷埴輪窯跡（国指定史跡）もある。野見宿禰はその部族を諸国に分けて埴輪を作らせたという。その土師部が当地にも置かれたと『群馬県多野郡誌』（一九二七年）はみる。窯跡発見の翌（明治四〇）年、傍らに建てられた石碑の題字「埴輪製造之竈趾」は千家尊福の書だ。本郷の土師神社にも、尊福揮毫の扁額が掛かっている。

群馬県藤岡市本郷の土師神社に掛かる「従三位尊福書」の扁額

　和名抄は筑前国穂波郡にも土師郷を記す。江戸時代後期の『筑前国続風土記拾遺《しゅうい》』は、穂波郡土師村の地名由来として「往昔《おうせき》出雲国より、

兵庫県たつの市揖西町の土師神社に掛かる「正三位尊福敬書」の扁額

土師部の人来りて、初めは隣村平塚村に居住し（今その所を出雲という）、後ここに移住して近村を掌《つかさど》りし故、村の名を土師という」との伝承を記している。福岡県嘉穂郡桂川《けいせん》町土師にある老《おい》松《まつ》神社の宮司・高森家が筑前の土師氏の末裔だ。老松神社は元来「土師宮《はじのみや》」と称し、大己貴神（＝出雲大神）一神を祀っていた。古代の土師郷を含む一帯が中世にかけて、菅原道真の廟所・安楽寺（現・太宰府天満宮）の荘園になってから、菅公を相殿に祭り、道真ゆかりの老松大明神にちなむ社名に変えたとされる。ここでも出雲と土師と菅原（道真）が結びつく。

続日本後紀は承和七（八四〇）年一二月の条で、武蔵国加美郡（現神川町周辺）の由加麻呂は土師氏と同祖と記すから、当地にも土師氏の末裔がいた。すでに見た関東の鷲宮は土師宮に由来するとも言われ、野見宿禰の子孫が土師部として武蔵国に来住して祀った神社だという伝承もある（『埼玉県の神社』）。さいたま市岩槻区の久伊豆神社は古代、東国に移動した出雲族土師氏が出雲国から勧請したのが始まりとも伝える。

野見宿禰に話を戻すと、宿禰には出雲と大和を往来中、播磨《はりま》で没したとの伝承がある。

播磨国風土記は、古代の美作《みまさか》道と山陽道が通っていた揖保《いぼ》郡の日下部《くさかべ》の里（たつの市龍野町あたり）で、立野《たつの》の地名由来をこう伝える。「昔、土師《はにし》弩《の》美宿禰《みのすくね》、出雲国に往来し、日下部の野に宿り、乃ち病を得て死す。その時に出雲国人来到り、人衆を連ね立て、川礫《いし》を運び伝え上げ、墓山を作る。故に立野と号《なづ》く。其の墓屋を号けて出雲の墓屋となす」。この伝説に基づく野見宿禰神社が、兵庫県たつの市龍野町の揖保川西岸の的場山（台山）中腹にある。明治一五年、千家尊福が「出雲の墓屋」調査に人を派遣したのが同社創建の端緒で、鳥居には出雲国造家の紋章が刻まれている。たつの市揖西町の土師《はぜ》神社にも、「従三位尊福敬書」と刻まれた扁額が掛かっている。

本郷各地の土師神社がその扁額に尊福の揮毫を欲したのは、野見宿禰と出雲国造の関係を知っていたからだ。尊福もまた明治期、各地との温故をはかり、また東京両国《りょうごく》の野見宿禰神社（墨田区亀沢）の創建にも尽力している。

†出雲国造が斎く熊野大神

出雲国風土記が数多の神々の中で大神《おおかみ》と称えるのは、天の下造らしし大神と熊野大神、佐太《さた》大神、野城《のぎ》大神の四神で、かつ出雲国内三九九の神社中、大社《おおやしろ》と呼ぶのは杵築と熊野の二社だけだ。さらに室町時代の半ば頃まで出雲国一宮と言えば、風土記意宇《おう》郡「出雲の

出雲国一宮・熊野大社（島根県松江市八雲町熊野）

神戸《かんべ》」に登場する熊野大社（松江市八雲町熊野）を指していたことも知られている。それは、出雲東部の意宇地方が拠点だった出雲国造の祖先がもともと祭っていたのが熊野大神だったからだと、瀧音能之駒沢大学教授はみる（『古代出雲の世界』）。その意宇の王が出雲全土を統治し、西部に拠点を移してから、全域の神として祀り始めたのが杵築（出雲）大社の天の下造らしし大神だという。天長一〇（八三三）年の令義解《りょうのぎげ》が「出雲国造が斎《いつ》く（祭る）神」と記す、この熊野大神＝熊野加武呂命《かむろのみこと》は、出雲国造神賀詞《かんよごと》では櫛《くし》御気野命《みけぬのみこと》と呼ばれ、やはり列島各地に幅広く分布している。

北陸をみれば、富山市婦中町友坂に熊野加武呂命を祭る熊野神社がある。その境内に立つ石碑「延喜式内熊野神社御由緒記」は「太古の北陸一帯は出雲族によって開拓されたもので、当神社は出雲族の氏神様である出雲の国幣大社熊野神社の系統」だと刻む。越中国婦負《ねい》郡の式内熊野神社には論社が四社あるが、うち三社が集まる婦中町の『婦中町史』（一九六八年）は、これらは紀州の熊野神社ではなく、それより一段古い出雲の熊野神社で、同社を奉じて移住して来た出雲系の人達が祭ったものだと記す。紀州の熊野三山信仰は平安時代の終わり頃（一二世紀）から盛んになり、御師《おし》（宣教師）の布教と勧請で中世各地に広がる。ならば一〇世紀初めの延喜式の時代すでに存在していた越中熊野神社は、それ以前の出雲の熊野神社の系統で、出雲人たちが祭った古代の神社のはずだというのだ。

佐渡市畑野の熊野神社

そして『熊野郷土史』が「出雲の熊野神を信仰した人々が、対馬海流に乗って日本海沿岸に発展し、各地に熊野神社を祭った」とみるように、これら熊野神社は出雲以東の日本海沿岸を中心に分布している。出雲と富山の間にある若狭湾には、由良《ゆら》川の河口西岸に古代、出雲国意宇郡の熊野神社から遷したと伝わる櫛御気野命を祭る社がある（京都府宮津市）。明治二一（一八八八）年に京都から八幡宮を勧請・合祀し、由良神社と改称するまで、社名も熊野神社だった。

富山の東方、新潟県には櫛御気野命を主祭神とする熊野神社が二四社ある。そのうち七社が集まる佐渡島で、最も古いとみられる畑野熊野社は、霊亀二(七一六)年に創建された「出雲国八束《やつか》郡熊野村なる熊野大神の分霊」だと社伝にある。また新潟市江南区城所の熊野神社について、大正期の『中蒲原《かんばら》郡誌』は「奇気野命《くしみけぬのみこと》、明治初年の書上には祭神熊野加武呂神と見ゆ」と記す。この出雲国風土記上の神名が、創建の古さを匂わせる。

かつて水野祐《ゆう》(早稲田大学名誉教授)は、新羅から日本海をへて出雲に入った文化が、海路で能登《のと》から越《こし》へ伝播し、信州・北関東へ南下していると説いた。その通り、出雲系熊野神社は北関東に至っている。明治一二年の上野《こうずけ》国神社明細帳をみると、クシミケヌを祭る神社が三三社あった。群馬県安中市の熊野神社は、永禄二(一五五九)年に安中城を築く際、越後国新発田《しばた》から櫛御気野命を勧請し、鬼門の守護神として祭ったものだという。文政・天保年間(一八一八〜四四年)に編まれた『安中志』は、その祭神は「出雲国造神賀詞に戴たる……熊野大神櫛御気野命と称まつれる神にて……出雲国意宇の郡熊野宮に鎮座」する御霊《みたま》だと明記している。北関東のクシミケヌ信仰は越後から入ってきたものだろう。

第3章　中近世の出雲信仰と大社の御師

近代出雲信仰の興隆は、にわかに生じたものではない。中近世にわたる福の神や神集い、縁結び信仰の民衆への広がり、それを浸透させ、列島各地で信者や協力者たちとのネットワークを築いた大社の御師（神官の布教者）の活動が、幅広く、層の厚い基盤を作り上げていたのだ。千家尊福は明治期、その基盤を巧みに活かしながら出雲信仰を大きく発展させたのである。

†天下無双の大廈・国中第一の霊神

出雲国風土記（七三三年）は出雲郡杵築《きづき》郷の地名由来で、八束水臣津野命《やつかみずおみづぬのみこと》による国引きの後、多くの神々が集まり、天《あめ》の下造《つく》らしし大神《おおかみ》の宮を築いたと語る。出雲大社は古来一般に、この風土記や延喜《えんぎ》式神名《じんみょう》帳が記す杵築大社《きづきのおおやしろ》の名で呼ばれてきた。公称が出雲大社に変わったのは明治四（一八七一）年である。

出雲大社本殿（出雲大社提供）

戦後日本では「大社」と称する神社が増えたが、大社《おおやしろ》は本来、巨大な神殿を意味し、延喜式神名帳が全二八六一社中「大社」と記すのは杵築大社だけだった。古来、大社は出雲、そして神宮は伊勢の称号と見なされてきた所以である。本書でも以下、単に「大社」「神宮」という時は、出雲大社、伊勢神宮を指すものとしたい。

古事記（七一二年）や日本書紀（七二〇年）の神話にも登場する大社の創建は、有史以前に遡る。二〇〇〇年に境内荒垣内の発掘調査で勾玉、臼玉や手づくね土器など四世紀代の祭祀遺物が出土し、今の境内地で太古から祭祀が行われていたことが裏付けられた。今に至る神社建築は、ほとんどが仏教伝来後の寺院建築の影響を受けて発達した神仏習合の産物の形だが、出雲の大社造りと伊勢の唯一神明造りは、仏教が伝来する前の原始神道の段階で成立した形式とされる。特に大社造りは、神と人が同床共殿する古式豪族の住居形式で、神と人が同じ住居の中で生活する姿を、現代に伝えるものだという(『日本宗教事典』)。

天禄元(九七〇)年に源為憲《ためのり》が著した幼学書『口遊《くちずさみ》』は「雲太、和二、京三」——出雲の大社が一番高く、次が大和の東大寺大仏殿(四五メートル)で、三番目が平安京の大極殿——と唱えて、その大きさを伝えている。康治二(一一四三)年三月一九日の官宣旨《かんせんじ》(太政官の弁官局から諸国や寺社への下達文)が「天下無双の大廈《たいか》」「国中第一の霊神」と称える言葉を記した大社。建久元(一一九〇)年、大社に参詣した寂蓮法師(新古今和歌集の撰者の一人)は「天雲《あまくも》たなびく山の中ばまで、片削ぎ(千木の先端)の見え」る神殿を仰ぎ見て「やはらぐる光や空にみつぬらむ　雲に分けいる千木の片そぎ」と詠んだ(藤原長清撰『夫木《ふぼく》和歌抄』所収)。

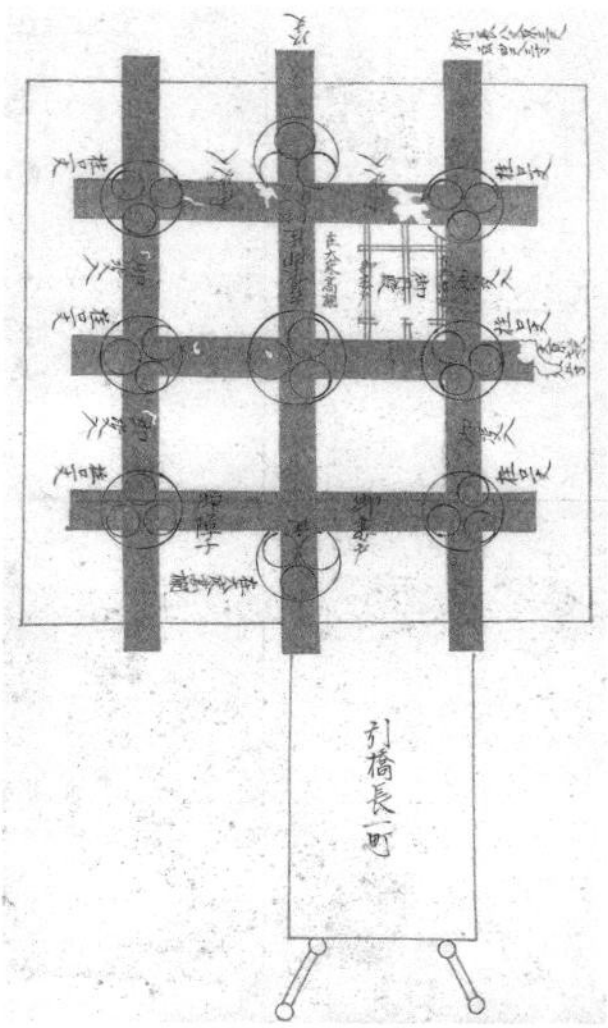

千家国造家に伝わる金輪御造営差図(模本)下部に「引橋(階段)長さ一町(109 m)」とある(出雲大社提供)

寂蓮が「この世の事とはおぼへざりける」と感嘆した大社の

出雲大社境内遺跡から出土した本殿の心御柱（出雲大社提供）

本殿は中世、今の二倍の一六丈（四八メートル）あったと言い伝えられ、千家国造家には三本の巨木を束ねて、一本の柱建てとする模様を描いた「金輪《かなわ》御造営差図《さしず》」も存在していた。それらを疑問視する声もあったが、二〇〇〇年に出雲大社境内から、巨柱三本を組み合わせた直径三メートルの鎌倉時代の巨大な柱が出土し、信憑性が一段と高まった。今では、青森市の三内丸山遺跡の大型掘立柱《ほったてばしら》建物（縄文中期）、鳥取県米子市の角田《すみた》遺跡出土の壺（弥生中期）に描かれた高層建造物、さらには諏訪《すわ》の御柱《おんばしら》祭なども合わせ、古代の日本海沿岸には、太平洋沿岸には見られない、巨大な柱を建てる文化があったと説かれるようになっている。

いっぽう神宮には、高さへのこだわりはみられない。これは伊勢が太陽信仰、出雲が水神信仰と関係が深いことによると思われる。太陽神・天照大神を祭る神宮の本殿神座が南向きであるのに対し、大社の本殿神座は西を向いている。次田真幸《つぎたまさち》は『古事記』全訳注の解説で、出雲神話では神霊の世界が海の彼方にあると考え、神は海原を渡って寄り来たり、海の彼方へ去ると考えられたというが、大社の西には、旧暦十月に諸国の神々が上がってくるという稲佐《いなさ》の浜がある。千家和比古《よしひこ》権宮司に尋ねると、平成の大遷宮で本殿を覆う修造工事用の素屋根《すやね》に上った時、窓から海が見渡せたという。今の倍あったという中世の本殿では、海を見渡しながら神祭りができただろう。逆に見れば、高く聳《そび》える神殿は海上から識別しやすく、そこで焚《た》くかがり火は、灯台のなかった時代、夜の航海の目印にもなっただろう。

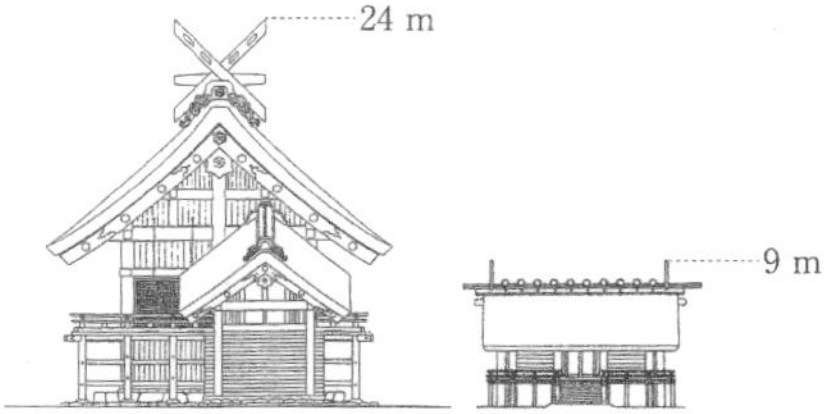

出雲大社と伊勢神宮の本殿

「天仁三（一一一〇）年七月四日、大木百支（本）海上より稲佐浦に寄る」で始まる「寄木《よりき》の造営」も、そうした大社と海との深いつながりを象徴する伝説だ。海岸に流れ着いた巨木の群れは、諸国の神々が受け持つ大社の造営のため、因幡《いなば》の神が送ったもので、それらを使って永久三（一一一五）年の大社の遷宮・造営を行ったという。延享元（一七四四）年に造営された今の本殿は国宝で、文化・明治・昭和・平成年間と四度の修造遷宮（社殿の傷んだ部分を取り替えるなどの修復をして遷御）をへて今に至っている。

後の祭神論争で「天下無双の大廈」「国中第一の霊神」と唱えた尊福の言葉には、その大社の祭祀を担い続けてきた出雲国造家の誇りが現れている。

†福の神・だいこく様

出雲大社は明治以降、その祭神を大国主大神としている。この神には異称が多い。最も偉大な呼び名は、出雲国風土記の「天の下造らしし大神大穴《おおな》持《もち》命」だ。「天の下造らしし大神」は、その名のとおり地上界創造神を意味する。いっぽう近世まで神職や学者たちの間で最も一般的だったのは、日本書紀による大己貴《おおなむち》神だった。オオ（大）ナ（地）ムチ（貴人）も、それが転化したとされるオオ（大）クニ（国）ヌシ（主）も、広大な土地の支配者を意味する。さらに日本書紀は、大己貴・大国主には、他にも大物主《おおものぬし》神、葦原志許《あしはらのしこ》乎《お》、八《や》千矛神《ちほこのかみ》など五つの別名があるという（巻一の第八段）。出雲国造神賀《かんよ》詞《ごと》に現れる大物主は、大和国三《み》輪《わ》山に鎮まる大穴持命の和魂《にぎたま》とされ、播磨《はりま》国風土記に記載の多い葦原志許乎は葦原（地上界）のシコ（頑丈で強い）オ（男）＝強い男を、古事記が高志《こし》国の沼川比売《ぬなかわひめ》への妻問い（求婚）で記す八千矛（数多の矛）も、強さを象徴する神名だ。

本書では、教会や神社に関する記述では各々の公称に従いつつ、総称として、千家尊福の大著の書名でもある出雲大神を用いたい。この大神は古事記や日本書紀、播磨国風土記で、少彦名命《すくなひこなのみこと》と協力しながら国作りを行った神として語られている。伊予国風土記逸文（湯郡）では、速吸瀬戸《はやすいのせと》（豊予《ほうよ》海峡）の底に下樋を通し、別府の湯を松山へ引くという、壮大な道後温泉の創造譚が綴られる。日本書紀には、人民と家畜の病を治す方法、また鳥獣や害虫の災いを除去する方法を定め、人民はその恵みを受けているとある。大己貴と少彦名が「民の夭折《ようせつ》を憫《あはれ》み、始めて禁薬《くすり》と湯泉《ゆあみ》の術《みち》を制《さだ》めた」という伊豆国風土記逸文から、医薬の神とも見なされている。また「五《い》百《お》津《つ》鉏《すき》鉏（数多の鋤）猶《なお》取り取らして天の下造らしし大穴持命」という出雲国風土記（意宇《おう》郡出雲神戸《かんべ》の条）などの記述から、農耕神としても信仰されてきた。風土記や古事記では、本拠地出雲はもとより、西は筑紫（北九州）の夕ギリヒメ（宗像《むなかた》三女神の長女神）、東は越《こし》（上越）のヌナカワヒメまで、様々な女神と結ばれ、列島各地に多くの御子神たちを生み出している。縁結びにも相応しい神といえよう。

神道は本来、自然への畏怖と祖先崇拝からなり、氏神や産土神《うぶすながみ》は子孫を守る祖先神、地域（共同体）を守る土地の神だった。古典で前記のような神話が語られていても、出雲大神を崇拝した古代の人々は、あくまで氏族や共同体の守護神として祭っていたのである。古代の日本には、神徳を求めて勧請した神社が存在しなかった所以だ。

中世になると、商工業の発展、貨幣経済の広がりに伴い、現世利益を求める福の神信仰が生じ、さらに神仏が習合していく。出雲大神は大黒天、日本書紀がその父神だとする素《す》戔嗚尊《さのおのみこと》は牛頭天皇、御子神とする事代主《ことしろぬし》神は恵比寿《えびす》様として、信仰の対象となる。牛頭天皇は疫病を鎮める魔除けの神。いっぽう大黒天は福徳の神、恵比寿は市場の守護神・大漁をもたらす神として、七福神をなす二神ともされ、福の神の代表的存在として人気を博した。そして各々の神の機能（神徳）と、それがもたらすご利益を求めて、神社を勧請する慣行が広がるのである。

大国主神像・出雲宿弥千家清足（出雲文化伝承館提供）　千家清足（1770～1851年）は75代俊勝国造の次男で、兄の俊信と共に本居宣長に師事し、和歌や画にも秀でた。

　大黒天はヒンドゥー教の戦闘神マハーカーラに由来するが、マハー（偉大な）カーラ（黒）を大黒天と意訳した中国を介して日本へ入ると、まず穀物を司る神として、寺院の厨房などで祭られるようになった。そこから福徳神、財福神的な性格へと発展していく。そして大国主の音読みがダイコクに通じるため、大国主＝大黒天という認識が生まれたとみられている。室町時代には「福の神」と題する狂言に「いつも大歳には出雲の大社へ参る……富貴になりたい事じゃ」と出てくるように、大社といえば福の神という意識が、庶民の間に広がっていた。

近世になると、今でもおなじみの、米俵に乗り、福袋と打出《うちで》の小槌《こづち》を持って微笑む長者姿の神像が普及する。だいこくの「こく」は穀物の「こく」にもつながり、農村でも信者が増大したとみられる。享保一〇（一七二五）年には大社自らが布教のために記した「御縁起」で「万民の家々に仰ぎ奉る大こく神と申して福神と尊ぶも、この神（大己貴命）の御事なり」と広報している。明治になると「大きな袋を肩にかけ、だいこく様が来かかると、ここに因幡の白うさぎ、皮をむかれて赤裸」で始まる文部省唱歌「大黒様《だいこく》」が作られた（明治三八＝一九〇五年）。古事記の神話「因幡の白兎」を読み込んだこの唱歌は、その四番で「だいこく様は誰だろう、大国主命とて、国をひらきて世の人を、助けなされた神さまよ」と歌う。この福の神は、今や最も多くの人々を惹きつける大社の代名詞、縁結びの神としても信奉されるようになる。

†神集いと縁結び

一二世紀前半の藤原清輔の歌学書『奥義抄《おうぎしょう》』に、十月は「天下《あめのした》のもろもろの神、出雲国に行きて、こと国に神なきゆへに神なし月（神無月《かんなづき》）といふ」（本居豊穎《とよかい》監修『歌学文庫』第一巻）とある。このように、旧暦十月は諸国の神々が鎮座地を離れ、出雲に集うという伝承

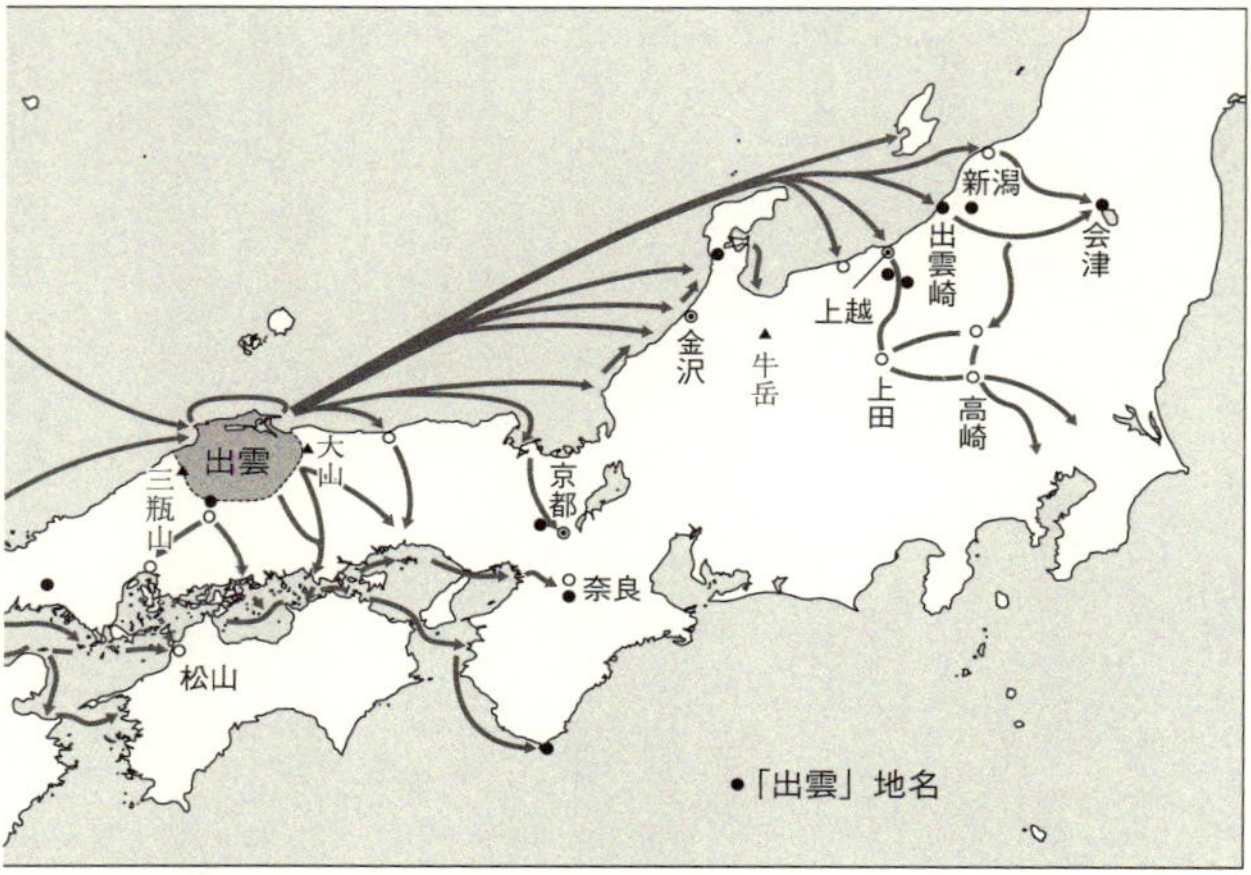

出雲からの人の移動、文化・信仰伝播の軌跡
「八雲の空―岡本雅享の出雲学」（http://izumo-studies.info/）より転載

は古くからあった。いっぽう神々が集う「出雲国は神有《かみあり》（在）月《づき》と云ふ」と、文安元（一四四四）年成立の古辞書『下《か》学《がく》集』は記している。

民俗学者の故石塚尊俊《たかとし》氏は、この「神集い伝承の背景」として、式内出雲神社の広範な分布（七カ国、九社）に注目し、古代も出雲・出雲人・出雲大神という知識が広く行き渡っていたことが関係していると考えた（『出雲信仰』）。出雲神を祭る古社は、石塚氏が注目した式内出雲神社だけではない。筆者は前作『出雲を原郷とする人たち』で、列島各地の〝出雲〟地名や出雲神社、山陰系土器の出土遺跡などを巡ったが、その旅は福井、石川、富山、新潟、福島、長野、埼玉、群馬、愛媛、香川、広島、福岡、長

崎、山口、奈良、京都、兵庫の各府県に及んだ。そこから見えてきた、出雲からの人の移動、文化・信仰伝播の軌跡は、海流の道に沿った一定の方向へ、顕著に伸びている。大和文化が畿内を中心とし、放射線状に拡がったと言われてきたのと比べれば、それは政治的統合による大和世界の広がりよりも古くからある、出雲を原郷とする人たちの移住がもたらしたものとみられる。そうした潜往的なルーツへの記憶が、今も多くの人々を出雲に惹きつけるのではないか。この列島の各地に、数多の出雲を原郷とする神々が鎮座している。神集いは、そうした神々のルーツへの回帰、里帰りでもあるのではないか。

この出雲への神集いは、中世には謡曲の演目になるほど、庶民に知られていた。観世《かんぜ》弥次郎（一四八八〜一五四一年）作の謡曲「大社」は「さても出雲の国に於いて、今月は神有月とて諸神影向《ようごう》（姿を現す）なり」で始まり、出雲に集った神々が「四海安全に国治まり、五穀成就、福寿円満に、いよいよ君を護るべし」と言いながら去っていくところで終わる。

近世に至ると、その目的が神議《かみはか》りをして（主に男女の）縁を結ぶことにあるとの認識が広

嘉永４（1851）年の歌川豊国「大社縁結図」（出雲古代歴史博物館提供）

まった。貞享三（一六八六）年の井原西鶴《さいかく》「好色五人女」では「よき男を持して下さい」と祈った女に対し「出雲の大社に頼め」と答える場面があり、元禄五（一六九二）年の「世間胸算用」でも、出雲は「仲人の神」として出てくる。そして江戸中期になると、大社自らも縁結びの神徳を宣伝し始めた。

安永二（一七七三）年に大社の社家、佐々誠正が著した『大社幽冥誌』に、出雲大神は「夫婦の縁を結び給う大神なり、即ち十月神集いに縁を結び」云々とある（巻三）。その理由として、出雲大神は顕露《あらわに》（目に見える世界＝現世）を治める務めを皇孫に授ける一方で、自ら率いる八百万《やおよろず》の神々を年毎の神在月に集め、諸国における定めや幽事《かくれのこと》（目に見えない世界——神事）を掌り、男女の縁を結んで家名を永く子孫に伝えるのだという（巻一）。

これは、日本書紀神代巻の国譲りをめぐる交渉で、天《あまつ》神《かみ》の高皇産霊《たかみむすび》命が「それ汝が治《しら》す顕露《あらわ》の事は、これ吾孫《すめみま》治すべし。汝は以て神事《かみのこと》を治すべし」と言い、大己貴神が「吾が治す顕露の事は、皇孫《すめみま》まさに治め給ふべし。吾は退《さ》りて幽事《かくれたること》を治めむ」と応じたという一書《あるふみ》（別伝）の二に基づく見解だ。国譲りによって幽冥界（目に見えず、人の力の及ばない世界＝神々の世界）の統治者となった出雲大神のもとへ、諸国の神々が集まって様々な議り事を行う。その中には人の運命や禍福、縁組みの相談も含まれるというのだ。明治になって、こうした観念を精錬・昇華させつつ、大社教の教義「幽顕二分論」を確立したのが千家尊福である。

その尊福が生まれる少し前の江戸後期にもなると、縁結び信仰は列島各地に浸透していた。文化一四（一八一七）年に長岡藩儒・秋山朋信がまとめた越後国長岡領風俗問状答は「十月は神々、出雲の大社につどひ給ひて男女の縁を結び給ふ」とし、各家庭で神送りや神迎えのお祭りをして、縁を祈る風習があったと記す。嘉永四（一八五一）年の歌川豊国「大社縁結図」など、浮世絵師たちが描いた神集いや縁結びの絵は、幕末の庶民の間で、この伝説・信仰がどれだけポピュラーだったかを物語る。

†龍蛇さま

神集いと深く関わる今一つの出雲固有の信仰が、龍蛇《りゅうじゃ》さまだ。旧暦十月、諸国の神々が参集する出雲では、一週間に及ぶ神在祭《かみありさい》が行われる。神在祭は稲佐浜にかがり火を焚き、

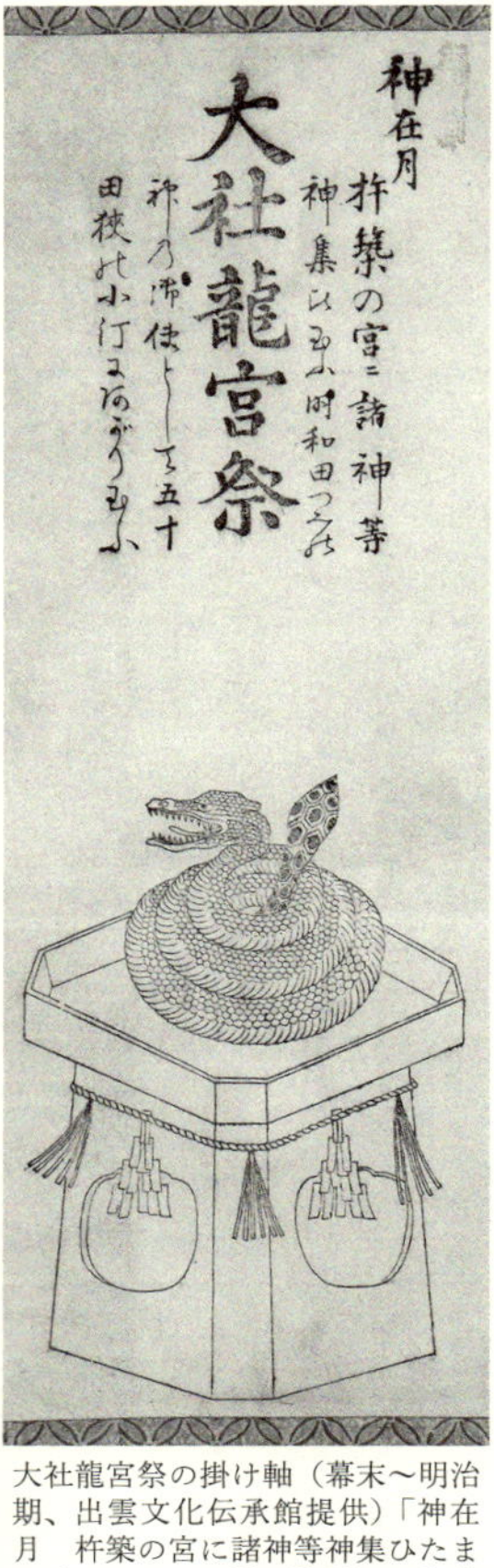

大社龍宮祭の掛け軸（幕末〜明治期、出雲文化伝承館提供）「神在月　杵築の宮に諸神等神集ひたまふ時わだつみの神（海神）の御使として五十田狭の小汀にあがりたまふ」とある

海上から寄りくる八百万の神々を迎える神迎神事で始まる。その時、神々の先導役を果たすとされるのが龍蛇さまだ。その実体は背が黒く、腹部が黄色い熱帯に棲む海蛇で、黒潮にのって北上し、出雲の沖でこの時期、西北から吹く季節風（アナジ）によって浜へ打ち寄せられる。その姿を夜に見ると、月明かりなどに照らされた腹部が光り輝き、金色の火の玉のようにも映るという。龍宮の使いとも崇められ、沖から寄り来た龍蛇を神前に奉納することから、神在祭は始まる。龍神は水神であり、これも出雲の海人文化の現れといえる。水神である龍蛇さまは、火伏せや水難除けの神として信仰され、古くから独自の龍蛇神講も組まれてきた。

この龍蛇信仰は、黒潮の道で日本海沿岸へも伝播している。石川県金沢市に鎮座する金澤神社は江戸時代、加賀藩主・前田家が兼六園竹沢御殿の鎮守として創建した社だが、主祭神として、前田家が先祖とする菅原道真公（天神）と並び、白蛇龍神を祀っている。その御神体二体は、いずれも日御《ひのみ》碕《さき》神社の龍蛇神で、同社にはその縁起を記した「出雲国日御碕大神宮龍蛇神徳略記」も残る。加賀藩では金龍院の諡号《しごう》をもつ一二代藩主・前田斉広《なりなが》と妻隆子（諡号は真龍院）が龍神を篤く信仰し、一体はその子斉泰（一三代藩主）が弘化三（一八四六）年、竹沢御殿鎮守に合祀させたものだ。もう一体は城中で代々藩主の妻が祀り、一五代利嗣の妻・朗子《さえこ》の逝去に伴って一九四九年、金澤神社に納められた。藩政時代は毎年一〇月一日、白蛇龍神の姿を映した神札を百体作って頒布していたという。その伝統を受け継ぎ、金澤神社では今も毎月一日に、白蛇龍神祭を行っている。菅原氏は道真の曾祖父の代まで土師《はじ》氏で、その土師《はじの》連《むらじ》の先祖が出雲国の野見宿禰《のみのすくね》だとされるから、道真を先祖とする前田家も、出雲人の末裔となる。出雲の龍蛇信仰を受け入れた加賀藩主には、その自意識もあったと思われる。

白蛇龍神の神札（明治期）金澤神社所蔵、筆者撮影

大社龍蛇神御守護（幕末〜明治期、出雲文化伝承館提供）

江戸時代から明治半ばまで活躍した北《きた》前船《まえぶね》は、本州北岸域の主要港を結ぶ物流の幹線航路であった。船主たちは（馬一〇〇〇頭以上分の荷を運ぶ）千石船などを駆使し、諸国間にまたがる貿易で富を得た。この北前船によって、幕末から明治の日本海沿岸では「酒を造らば出雲酒……寿命が長くて末広い」（佐渡相川町）や「出雲で名高い境の港……伝馬いらずの上港」（北海道江差）といった出雲節も流行していた。境港で流行ったさんこ節が長編化しつつ、北前船の船乗りにより各港に広まったものといわれる。

弘化三（一八四六）年頃、千家国造付の御師・平垣鈴平が作った太々《だいだい》千人講は、この北前船で繋がる港々で信者を集め、その講中は近江、越後、津軽から松前、箱館、江差にも及んでいた。北前船の船主や船員をはじめ、港の商人、廻船業関係者も含まれ、その数は七九六人にのぼったという。そこでは水神である龍蛇神が「水難の神なる故に風火水難除《よけ》、安産の守護神」であり、「故に海上を渡る人は別而《べつして》（とりわけ）船の守護神と仰ぎ奉れば、必ず災いに会はずして、幸いを得たる者いと多し」として、廻船業に関わる人々はもちろん、廻船がもたらす物資に関わる商人の間でも、篤く信仰された。

†御師が説いた大社の神徳

近世における出雲信仰は、大社の御師《おし》（御祈禱師）たちの精力的な活動で広まった側面が大きい。大社では中世末頃から、社家のうち主に中官（中級神職）が各地への布教を担う御師となり、活動し始めた。中世一二郷七浦、五四五〇石の社領を持っていた大社は、天正一九（一五九一）年、豊臣秀吉の朝鮮侵攻への協力（食料・陣夫《じんぷ》の供出）を拒んだため、社領の大半（七郷五浦、三三二〇石）を没収されて経済的に窮迫し、御師の活動が本格化した。江戸時代になると、出雲国守となった松平直政（徳川家康の孫）が大社の神威を畏れて篤く崇拝し、松江藩の寄進で社領をかなり回復したが、幕末時点で三六〇〇石である。

御師は毎年同じ頃、祈禱された玉串（神札）や護符を持って檀所（檀場）と呼ばれる各自の布教地域を回り、神符《しんぷ》の授布や祈禱を行って帰国する。檀所では出雲講や甲子講《きのえね》など信者の講社ができ、信者の出雲参りの際は屋敷（宿）に泊めて、参拝案内や祈禱の取次ぎをした。「出雲さん」や「（出雲の）大夫さん」と呼ばれた彼らは千家、北島両国造家を合わせて約五〇人（家）、その主な活動地域は一般に、明治初頭の段階で関東以西の二七ヵ国と大阪・江戸と言われるが、陸奥（東北）や箱館・江差にも及んでいた。

牛馬の安全を祈禱した大社の護符（幕末〜明治期、出雲文化伝承館提供）

大社御師の活動を一段と促進したのが、近世半ばの「大社造営日本勧化《かんげ》」とされる。寛文七（一六六七）年の遷宮に続く大社の造営にあたり、時あたかも享保の改革の最中、倹約で造営費が支援できない幕府は、享保一〇（一七二五）年八月、寺社奉行名で「大社造営日本勧化」すなわち資金集めのための宣教を、大社に許可した。その範囲は東国筋（三〇ヵ国）及び五畿内と西国筋（三八ヵ国）、すなわち全六八ヵ国に及ぶ。大社は幕府寺社奉行連印付きの「勧化之状」と、社家が大社の神徳を記した「御縁起」を木版印刷して、諸国への勧化（勧進）に乗り出す。「勧化之状」には寺社奉行名で（諸国の役人に対し）大社は特異な神社で、その造営にあたり、各信者は分相応の寄進をすべき旨、国々を巡って諸人にふれ聞かすよう書かれ、幕府は伝馬利用の証文も発行して、布教の便宜を図った。大社は翌享保一一年の正月から江戸の大名屋敷、旗本衆、江戸町中を巡り、千家・北島両国造付き一六名の上官たちを諸国へ派遣する。

この全国勧化は大社の神徳を一段と知れ渡らせ、また大社の神官たちが広域にわたる、様々な人を対象とした布教体制を整える契機となる。「それ出雲の国大社は、大己貴命の御鎮座なり」で始まる「御縁起」は、日本書紀が同神の父神とする素戔嗚尊は、八岐大蛇《やまたのおろち》を退治して稲田姫と夫婦となり、〝八雲立つ〟の神詠みをした「和歌の祖神」「夫婦縁結びの神」だとの点から説き始める。そして国作りの神・大己貴命は、国々の悪神を広矛で平定した八千矛神（軍神）であり、国譲りの後は大社に鎮まり「日本の守護」神となったという。同時に万民の病を癒し、牛馬を守る術を授けた「日本医術の祖神」、田畑を荒らす毒虫を祓《はら》い除く神でもあるから、この国に生きとし生ける者で、同神の御神恩を蒙らない者はなく、武運・農業・病災に至るまで、この神に祈れば、必ず霊験があると説く。さらに前述のごとく、だいこく神＝大己貴命＝福の神だと明記し、神無月には万民を恵み養うべく八百万の神が大社に集うのだと説き、その出雲における神在月には「海中より錦の龍蛇、藻草《もぐさ》にのり浮かび来れり」と、龍蛇さまの神徳も紹介している。

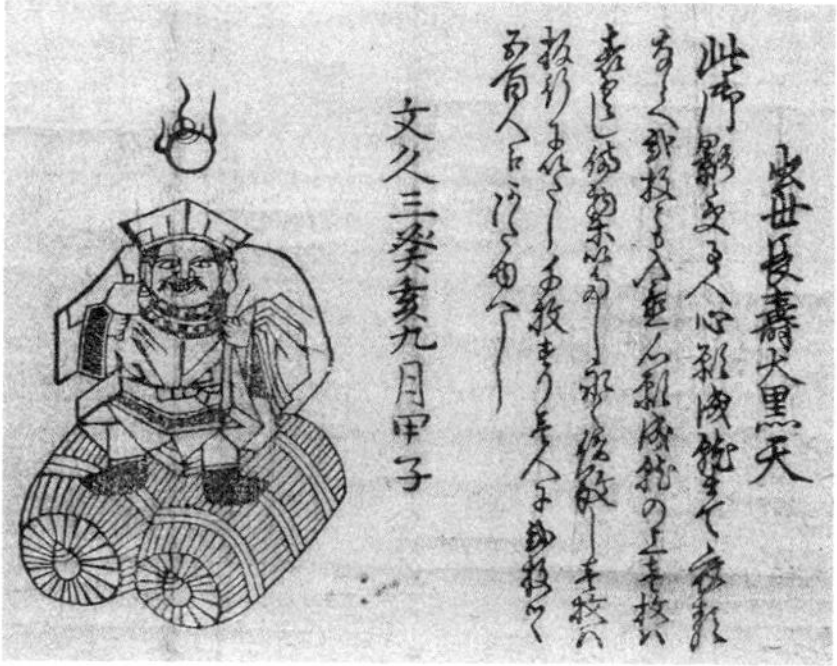

出世長寿大黒天の護符（文久3＝1863年、出雲文化伝承館提供）

大社の御師たちは、この日本勧化の経験で培った人脈やノウハウをその後も活かして、幅広い布教を展開し続けた。それから半世紀後の安永二（一七七三）年に、豊後・筑後を檀所とする千家国造付の御師・佐々誠正が、大社の神徳を広めるために著したのが、前述の『大社幽冥誌』だ。佐々は出雲大神の異称は、それぞれ異なる大神の神徳を表すものだとし、大地主神、湯山主神、顕国玉神《うつしくにたま》などの神名ごとに神徳を説く。神集いは出雲大神の幽冥統治によるとし、そこで行われる縁結びの意義なども記した。

布教においては、出雲大神が武士、町人、農民、漁民など様々な人に関わる神であることを伝え、人々を納得させることが肝心だ。「御縁起」と「大社幽冥誌」には、より多くの人々を出雲信仰に惹きつけるために、時世に応じた神徳を伝わりやすく説こうと知恵を絞った、御師たちの苦心が窺える。

†出雲大社分院長の先祖たち——讃岐の西村右大夫と筑前の廣瀬右仲

現在各地にある出雲大社分院・教会の中には、近世その地を檀所としていた御師（の子孫）が明治以降に移り住んで開教した所もある。複数の世紀にまたがり育んできた長きにわたる縁が、地域とのつながりを強固なものにしている。大社教を立ち上げる際、尊福が心強く思い、頼りにした存在でもあったろう。

明治一〇年に開教した愛媛県の松山教会所（現松山分祠）は、伊予国を檀所としてきた御師・加藤家の七代目当主・加藤昌純（一八四七〜一九〇一年）が初代教会所長として就任した。出雲大社土居教会（愛媛県四国中央市）には、文久二（一八六二）年二月に出雲舎を建立した際の棟札《むなふだ》「八雲立（つ）出雲舎一軒」（文久二年一月一三日）が残っているが、出雲舎建立に寄進した二九ヵ村の代表者（庄屋）名を列記したその棟札の表面中央下に「祭主・天《あめの》日隅宮《ひすみのみや》神官正禰宜《ねぎ》加藤庫之進昌晨《まさあきら》名代」云々と書かれている。天日隅宮は杵築（出雲）大社を指す。その神官で禰宜の加藤庫之進昌晨（文久三（一八六三）年没）は、大社の御師《おし》・加藤家の六代目庫之進である。寛政一二（一八〇〇）年、松山の大森乙右衛門ら四人が杵築大社参りをした時の旅行記『出雲大社伯耆《ほうき》大山《だいせん》行程記』は、杵築に着いた一行が、毎年伊予国へ檀所回りに来ている加藤庫之進の邸宅で二泊したと記している。寛政一二年は四代目庫之進・加藤正雄（文政三（一八二〇）年没）の時代だ。文政三年大社に参拝し、霊夢により八雲琴（二弦琴）を創案したという伊予国宇摩郡天満村の中山琴主《ことぬし》（一八〇三〜八〇）が、加藤庫之

「八雲立つ出雲舎」と書かれた文久年間の棟札、祭主として加藤庫之助の名が記されている。

進昌晨の次男（昌純の弟）、多利穂《たりほ》を養子にするなど、加藤家は伊予の人々と深く関係していた。

いっぽう大社には、鎌倉時代の初め頃から出雲国造家に仕えてきたという社家・西村家があるが、そこから寛永三（一六二六）年に分家した中西村家の第一五代目・西村槙之助昌澄が明治一四年に設立したのが比地大《ひじだい》教会、今の出雲大社讃岐《さぬき》分院（香川県三豊中市豊中町比地大）だ。同『分院記録』によれば、西村家は千家・北島両国造家に仕え、備前・備中・備後《びんご》・阿波《あわ》・讃岐の五カ国を檀所としていたが、後に前四者を手放したという。讃岐は当初（中世末期）から西村家の檀所で、毎年七、八月になると、歴代右大夫《うだゆう》が家扶二、三名を連れて出雲を発ち、讃岐へ向かった。神札の他、ワカメやお茶など出雲の特産を両掛挟箱《はさみばこ》に入れて背負い、中国山地を越え、瀬戸内海を渡る七〜一〇日の旅だったという。

金刀比羅宮《ことひら》（香川県仲多度郡琴平町、祭神は大物主神）には「天保一二（一八四一）年九月一八日、出雲大社西村右大夫登山」「天保一三（一八四二）年九月二一日、出雲大社の西村右大夫、例の通り配札に来着」などの記録が残っている（「金刀比羅宮の社史」）。西村右大夫が讃岐入りする際、当地で有力な金刀比羅宮に挨拶に行っていたことが窺える。出雲大社讃岐分院の拝殿には、第一四代西村右大夫光安《みつやす》（明治七（一八七四）年に三九歳で没）が明治五年、天領金刀比羅で撮った写真が飾られている。

檀所へ着くと、村の庄家や旧家に立ち寄り逗留しながら神札を授布し、村人の病気祈禱や出雲屋敷（土地屋敷のお祓い）の求めに応じ、終われば次の村へ行く。一月末になると、大社への参拝希望者を連れて出雲へ帰り、参拝者は西村家の屋敷（宿）に数日泊まり、大社に参拝したり、名所見物をしたりした。一行が去ると次の一行が来て泊まるという具合に、出雲詣での客足は八月頃まで続く。そうした慣行が、明治四年の（神宮）御師廃止令が全国に浸透する明治一〇年頃まで、三〇〇～四〇〇年間続いたという。

御師・西村光佞（明治５年、天領金刀比羅〔現琴平町〕の写真館で撮影。讃岐分院所蔵）

出雲大社福岡分院（福岡市西区今宿町）も千家国造付の社家で近世、筑前国を檀所とする出雲御師、廣瀬家の第一七代玄鋹《はるなが》が開いたものである。「大社教福岡分院録事」（明治三六年一月『福岡図書館報』第二号）や「出雲大社神主廣瀬家由緒書」（文化一五＝一八一八年二月五日、九州大学附属図書館・吉田家文書）などを

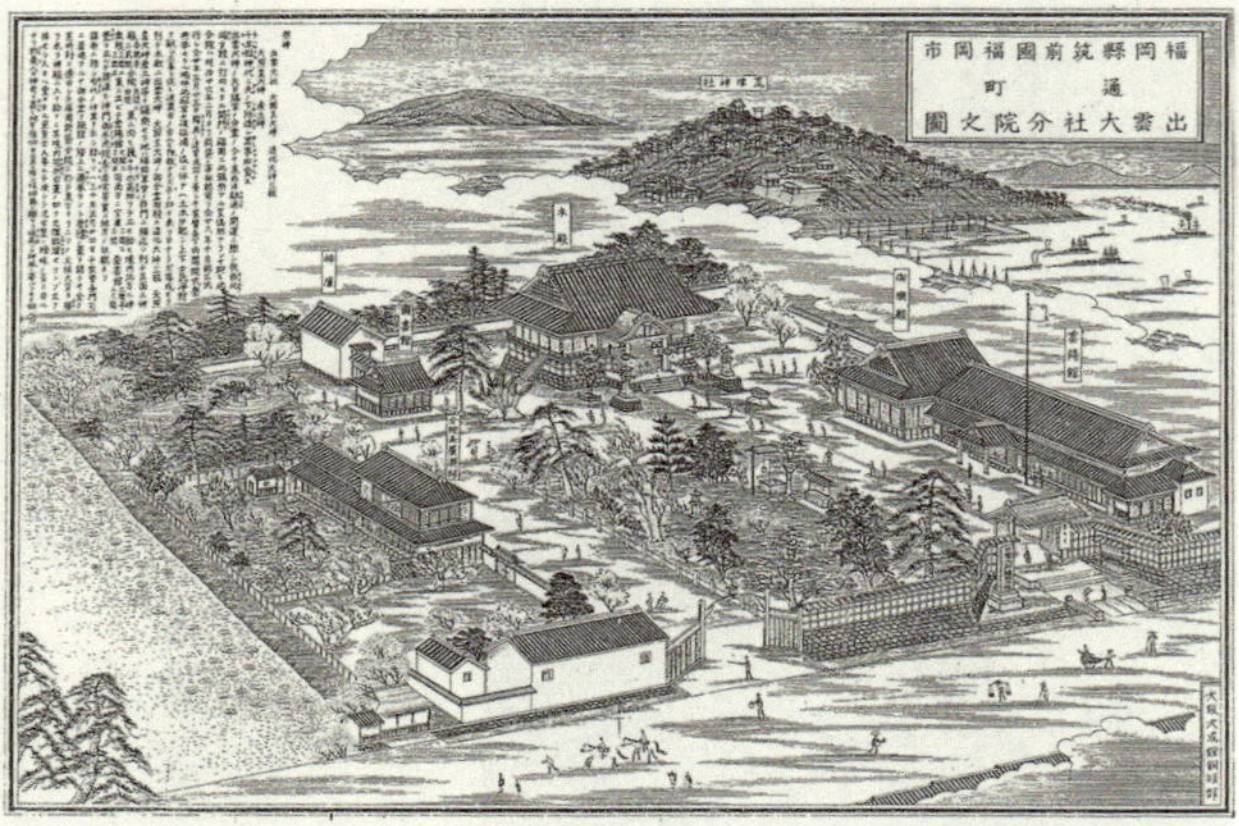

明治31年刊行『大日本名所図録 福岡県之部』（大阪大成館編）掲載の「福岡県筑前国福岡市出雲大社分院之図」

みると、廣瀬家が福岡藩の吉田家との縁を通じて、筑前で幅広く出雲信仰を広めていたことが分かる。

江戸中期、第一二代の廣瀬信睦が長崎に逗留した折、長崎御番役（幕府に課せられた軍役）として滞在していた福岡藩の中老、吉田栄年《まさとし》（一六八五〜一七六一）と出会い、文芸を通じて親しくなる。吉田家は藩主・黒田家の創業以来の家臣で、家老や当職（家老主席）を歴任していた。第六代の栄年は享保六（一七二一）年三月に中老、同一二（一七二七）年八月老中となっているので、この間だろう。その後栄年は任期を終え福岡藩へ、信睦も出雲に帰ったが、老中に昇進した栄年は、かねての約束通り出雲に使いをやり、信睦を筑前に招いた。信睦は栄年の庇護の下、領内各地で大社の神符を頒布するようになる。

吉田家の文書「出雲大社神主廣瀬家由緒書」をみると、栄年が当職の座にあった頃（一七三〇〜四四年）、国中が蝗害《こうがい》（バッタが稲などを食う害）に苦しみ、飢餓者が道端に溢れた。その時、信睦が蝗災を祓う祈禱札を福岡藩内に広く施し、黒田公も大社に祈禱札を納めたとある。元文元（一七三六）年九月、福岡藩寺社奉行の四宮甚太夫から大社社中廣瀬多門宛に届いた、稲虫除け御札の配札を認める書状がそれを裏付ける。廣瀬家は代々栄年の厚情を忘れず、何かと吉田家の安否を伺った。文化一五年の吉田家文書には、第一四代廣瀬右仲（玄長）が文化元（一八〇四）年、博多妙楽寺へ栄年の墓参に訪れたと記す。妙楽寺に栄年の供養料を供えるばかりか、廣瀬は嘉永六（一八五三）年には栄年の肖像を描き写し、神号を出雲国造より賜って自ら祭りたいと申し出た。

文化一五年の吉田家文書によれば、第一二代廣瀬信睦は長崎の高木作右衛門とも懇意だった。長崎開港以来の頭人《とうにん》・町年寄で、朱印船貿易で財をなした豪商にして、江戸中期からは長崎代官も兼務し、舶来の書籍など世界文化の輸入も一手に引き受けた実力者だ。大社には、こうして廣瀬が長崎で触れた海外の情報も伝わっていたのだろう。

†御師が築いた幅広い人脈と信頼――豊前の田中数馬と周防の高浜左仲

近年、北島国造付きの旧社家で御師を務めていた田中数馬や高浜左仲の旅日記などが、古代出雲歴史博物館の収蔵する所となり、これまで不明だった出雲御師たちの活動実態を、同館の岡宏三学芸員らが解明しつつある。岡氏が注目・力説するのが、御師たちが檀所の人々と良好な関係を築くために行った様々な努力だ。その研究成果に基づいて、田中数馬と高浜左仲のケースをみてみよう。

豊前《ぶぜん》国小倉藩領―小倉城下と三郡二三七カ村（一万三二六四軒）を檀所とした田中数馬は、小倉に着くと、まず城下の武家屋敷と町年寄を訪ねて布教し、続いて町村の大庄屋や役人の所を廻った。町村では役人に護符などを渡し、住民への配付と初穂料集めを依頼する。そのお礼として出雲特産の十六島《うつぷるい》海苔や自家製の薬などを贈った。

大己貴神が薬とまじないの法を人々に授けた神（日本書紀）とされたため、大社の御師たちは薬の調合に精通していた。出羽・陸奥両国を檀所とする坪内平太夫は、管許製薬本舗として、家伝の毒くだし（健胃解毒剤）安痘円を諸国に出荷している。よく効く薬を檀所に持っていくことで、信頼も増したことだろう。玉串、剣先、牛馬札（牛馬の護符）、（八雲立つ出雲八重垣……などの）神詠《しんえい》、地鎮祭護符、蝗《いなご》退散祈禱護符など、数馬が配札した様々な護符は、御師たちが説いた出雲大神の神徳の多さを物語る。

　数馬は特に世話になる人や大庄屋、上級の藩士などに、摺《す》り出した大国・恵比須の掛け軸や大社絵図を贈った。さらに高額の御初穂を納めたり、配札によく協力してくれる篤志家たちには、国造真筆の和歌の短冊、色紙、掛け軸などを授ける場合もあった。このほか数馬は、京都《みやこ》郡・新津両手永《てなが》（郡の下に置かれ、三〇村ほどを束ねた行政単位）の大庄屋の相談をうけ、出雲の糸引技術を豊前へ伝播する手助けもしている。出雲大神には農耕や殖産の神徳があると説くだけでなく、現実の生産向上に寄与する実践力も、檀所で御師としての人望を大いに高めたことだろう。明治期の尊福も巡教先で、また埼玉・静岡県知事を務めた際、殖産や農業向上に深い関心をよせて取り組んでいる。数馬ら近世の御師たちの経験と精神を受け継いだものと思われる。

田中数馬の肖像（出雲古代歴史博物館提供）

　田中千海の俳号をもつ数馬は、豊前随一の歌人・国学者として名高い小倉藩士・西田直養《なおかい》ら、地元の俳人らと親交をもった。当時の武家や町村役人の間では、和歌や俳諧が必須の嗜みで、それらに秀でていれば、歌会や句会の席で一目置かれたのである。八雲俳壇の四宗匠《そうしょう》の一人に挙げられるほどの実力者だった数馬は、檀所で催される歌会や句会によく誘われ、庄屋から俳諧の添削を頼まれることもあったという。こうして町役人たちと懇意になった数馬一行の荷物は無料で村々を継ぎ送りされ、宿がなければ村役人が家に泊めてくれるほどの信頼を得た。明治期の尊福も巡教先で歌を詠んだり、歌会を催したりして、布教先の人々との親交を深めている。これもやはり、御師たちの経験を活かしたものだろう。

いっぽう中世から続く社家で、杵築社領の代官も務めた高浜左仲は、江戸後期に因幡国気多郡、伯耆国河村郡の他、周防《すおう》国岩国藩領と周辺三〇三カ村を檀所としていた（享和元＝一八〇一年まで摂津・河内・山城・大和・近江の五ヵ国三〇一ヵ村も担当）。文政四（一八二一）年、左仲は御祓の札一万枚とともに、第七四代北島国造従孝《よりのり》の御真筆と若君・神健彦（第七五代全孝《たけのり》国造）の絵を三幅ずつ、御師・森杢大夫が製造した丸薬（神功丸）八千錠などを携えて岩国入りする。二条派の歌人として著名な家老・香川舎人は若君の山水画を、たいそう喜んだという。文雄の俳号を持つ俳人だった左仲も、和歌や狂歌に秀でていた。檀所で美濃派の俳諧があると聞くと夜通し俳諧談義をし、通津《つづ》浦専徳寺の住職とは和歌を話題に酒を酌み交わす。由宇村の庄屋、村田仁右衛門の息子が囲碁・将棋好きと聞くと数局相手をした。痢病にかかった門前村の庄屋、中村彦左衛門の子どもや、長く中風を患う近延《ちかのぶ》村の刀禰《とね》、高木叉蔵の老父には鍼治療も施している。こうして檀所の人々と懇意になり、信頼を高めていったのである。

連歌もたしなむ大社の神職たちは、行く先々でしばしば歌会に招かれ、檀所の人たちと懇意になった。伊予宇和島一帯が檀所だった加藤信成は、訪れた家の話題などを即興で狂歌にして喜ばれたという。和歌、俳諧、狂歌などの文芸は、和歌発祥の地・出雲のブランド力も相まって、檀所の人々との交流、人脈づくり、信頼関係の醸成などの点で大きな役割を果たしたとされる。

御師たちは檀所に赴く折、名所旧跡を訪ね、芝居を見物したりして、幅広い見聞や教養を培う努力もしていた。高浜左仲も、檀所との往来の途中で宮島の大歌舞伎や、椎尾《しいのお》八幡宮の式年大祭を見ている。庄屋宅で出雲で見かけない狆《ちん》をもらうことになり、宿泊先で出会った紀州和歌山の鳥屋からは、長崎で買い付けた舶来のインコも見せてもらっている。こうして近世の出雲御師たちが各地で体験した幅広い見聞、何よりそれぞれの努力で列島各地で結んだ縁が、明治になって大社教を興した尊福にとっての重厚な基盤となった。その礎があったからこそ、大社教は設立から短期間で、大きく発展できたのである。

江戸後期になると、御師たちの活躍で大社の知名度は列島の津々浦々に及び、参詣客も著しく増えた。杵築町には一二〇軒を超える宿泊施設が立ち並び、享保年間には勢溜《せいだまり》（大社南部に設けられた賑わいの広場）に芝居小屋などもできる。元文元（一七三六）年から、大社の修造支援の名目で始められた富くじは、三月と八月の祭礼に合わせて年二回大規模に行われた。明治元年までの一三二年の間続いたその興行でも、杵築町は大いに賑わったという（『出雲国大社観光史』）。

こうして杵築には諸国から様々な人々が入れ替わり立ち替わり訪れ、また御師たちが持ち帰るみやげ話などによって、国造は出雲にいながら、諸国の多岐にわたる情報や動向を、幅広く把握できたと思われる。文化一二（一八一五）年、讃岐国寒川郡の住民が一〇七人で始めた「富貴講」という大社参拝講は、一九四三年に戦争激化で途絶えるまで続いたという。大社参拝への道は「出雲街道」と呼ばれ、今も尾道、福山などには「出雲街道」の石標が繁栄する街道の傍らにある（出雲大社教教務本庁『出雲さん物語』）。

現存する千家尊福自筆の最も早い文献は、一〇歳の頃に詠んだという歌の短冊だ。その素養は、出雲国学を築いた千家俊信《としざね》、出雲歌壇を広めた祖父・千家尊孫《たかひこ》らを受け継いだものだ。尊福は生涯にわたり、時々の思いを歌に託している。成人後、人々を感嘆させた教養、卓越した宗教者となる尊福の学問や思想の背景を、とらえておこう。

†希代の歌人――和歌発祥の地に生まれて

「年の始めの例《ためし》とて終りなき世のめでたさを松竹たてて門ごとに祝う今日こそ楽しけれ」。新春を迎えた喜びに溢れるこの「一月一日」は、千家尊福の作中、最も広く親しまれてきた歌といえよう。明治二六（一八九三）年に文部省の依頼で作った小学唱歌で、戦後のTV世代には四七年間続いた「新春（スター）かくし芸大会」のテーマ曲としてもなじみ深い。

若い頃とみられる尊福（出雲大社提供）

大社のある杵築では、家々で背丈ほどある松や竹を門口に立てて正月を迎えた。この門松は、毎年正月に来訪する年神を招き迎えるための神籬《ひもろぎ》といわれ、年末には家を清めてしめ縄（飾り）を張り、年神に供えるお節料理を作って年始を迎え、共に頂く。年神の依り代となった鏡餅はおとし玉（年神の御霊）として子ども達に分け与え、ご加護を願う。これら一連の正月行事は、祖霊ともいわれる年神との神人共食により、新たな一年を始める活力を授かる、いわば各家庭における新嘗祭だ。その年始を祝い、楽しむ。祖霊と共に蘇りをくり返す故に永生だという、出雲国造の永世観が表れた歌といえよう。

出雲は和歌発祥の地とされる。延喜五（九〇五）年に成立した勅撰和歌集の嚆矢《こうし》『古今和歌集』の序文にあたる仮名序で、撰者の紀貫之《きのつらゆき》が「ちはやぶる神世には、歌の文字も定まらず……人の世となりて、素戔嗚尊《すさのおのみこと》よりぞ三十文字あまり一文字は詠みける」とし「八雲立つ出雲八重垣妻籠《ご》めに八重垣作るその八重垣を」が歌の起源と説くからだ。その出雲では江戸後期、神に捧げる歌を詠む神官を中心に、出雲歌壇と呼ばれる文学活動が興隆した。その基盤を築いた千家俊信（一七六四〜一八三一年）は、第七六代俊秀国造の弟で、晩年の本居宣長などに学んで『訂正出雲風土記』（一八〇六年）を刊行した学者にして歌人だった。

千家尊福は江戸末期の弘化二（一八四五）年八月六日、第七九代出雲国造・千家尊澄《たかすみ》（一八一〇〜七八）の嫡男として生まれた。母は公卿・広橋光成《みつしげ》（一七九七〜一八六二）の娘、婦美子である。尊福の祖父、第七八代千家尊孫（一七九六〜一八七三）と父尊澄の両国造はいずれも俊信に学び、歌人、学者として名を馳せた。尊福には幼少より俊信に連なる素養を受け継ぐ環境が備わっていたのである。

安政五（一八五八）年の『戊午出雲国五十歌撰』に「鶯のかへるみ谷の雪とみて卯の花寒し夏の山里」（卯花）という歌が載っている。この年一三歳になる尊福の作だ。大社町の手錢家には安政三年、尊福が一〇歳の時に詠んだという歌の短冊が残る。「宮人のえらびにもれしくつわ虫うまのすさむる草に鳴くなり」（虫）というその短冊には「千家国丸様

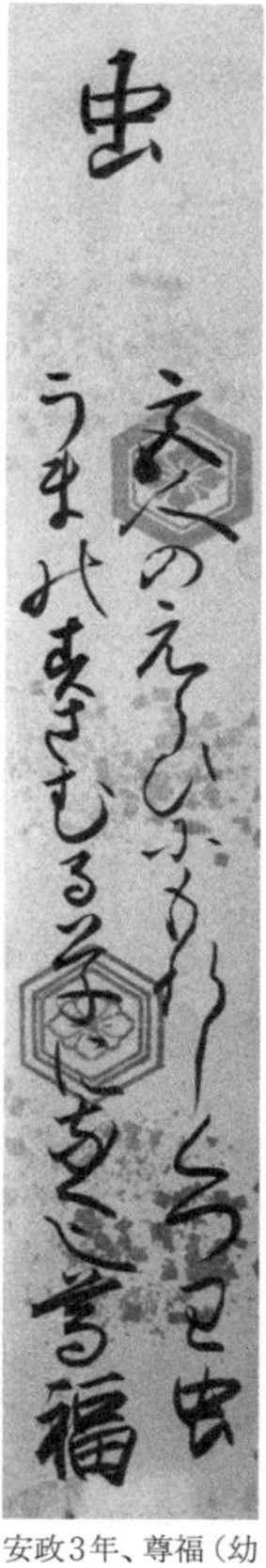

安政3年、尊福（幼名国丸）が10歳の時に詠んだ歌の短冊。出雲市大社町の手錢記念館所蔵、筆者撮影。

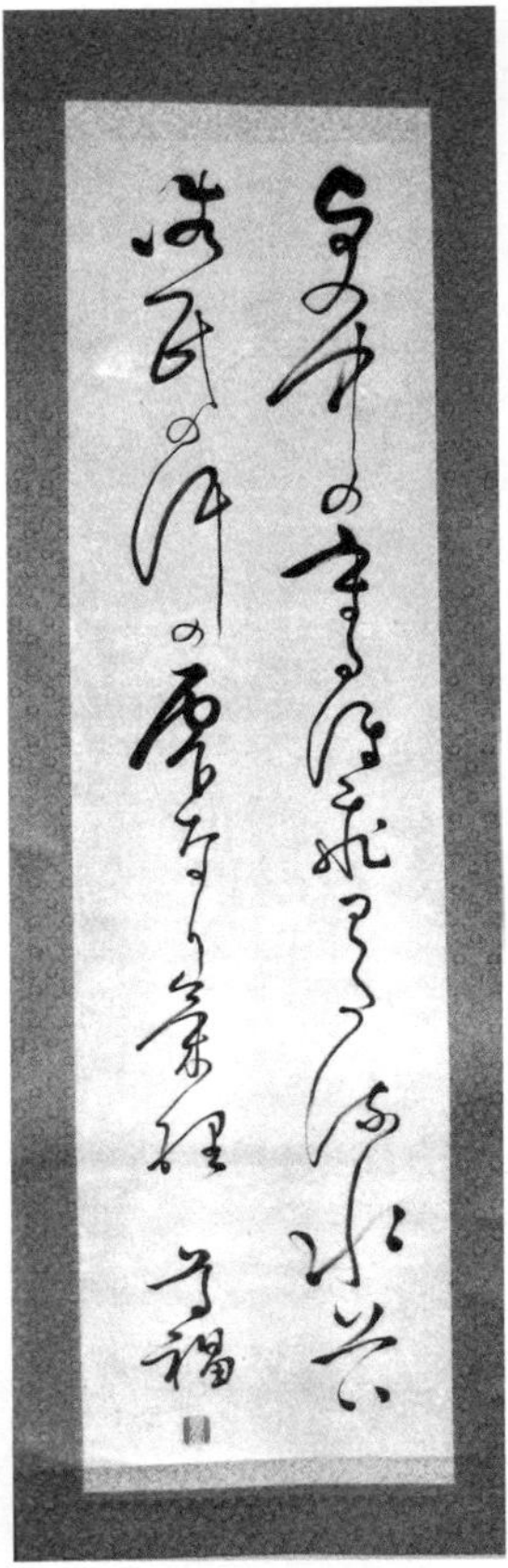

千家尊福の書「世の中の潤ひわたる水上（みなかみ）は御民（みたみ）の汗の雫なりけり」。四国巡教時に詠んだ歌とみられる（出雲大社土居教会蔵、筆者撮影）

安政三丙辰年御歳十才」と裏書きされている。国丸は尊福の幼名だ。明治一〇（一八七七）年には『明治現存三十六歌撰』（山田謙益編）にも選ばれた。この年三二歳の若き尊福が、すでに全国一流の歌人と目されていたことが分かる。

出雲大社教の中臣豊一権大教正（一八九一〜一九八四年）は「二位（尊福）様は歌を幼少の頃から祖父尊孫国造様、父君尊澄国造様から学ばれ非常にうまかった。特に即詠《そくえい》が得意で、願い出た者には職業に応じてすぐお書きになった」と述べている（『幽顕』五二二号）。その情景を具体的に伝えるのが、森房吉権大教正（一八九一〜一九八四年）の回想だ。東京の邸宅で初めて面会した際、尊福公に揮毫《きごう》を願い出ると「よしよし」と言って筆をとり「年々による人多くなりぬべし瑞枝さしそふ森の下かけ」と即座に流麗な筆跡で歌を書かれ、神業のような歌詠みに驚き伏したという（『幽顕』七七一号）。尊福が巡教の先々で請われて書いた御神号、額字、和歌などの揮毫は、今も全国各地に残る。

†多くの門人を輩出した俊信の私塾梅之舎

江戸後期出雲歌壇の源となる千家俊信は宝暦一四（一七六四）年一月一六日、第七五代千家俊勝国造の三男として生まれた。幼少から学問を志し、松江で漢学を、京で崎門《きもん》学（朱子学の一派）や垂加《すいか》神道を学んだ。天明六（一七八六）年九月に大社を訪れた伊予の鎌田五根《いつね》（三島神社神主家、一七二〇〜一八〇一年）から、橘家《きつけ》神道も伝授されている。

江戸時代後期出雲歌壇の基盤を築いた千家俊信（出雲大社提供）

俊信は先祖の出雲臣広嶋が古代に編纂した出雲国風土記（七三三年）の探究に努めた。そのため寛政四（一七九二）年、弟清足（一七七〇〜一八五一年）と共に〝風土記翁〟内山真龍《またつ》（一七四〇〜一八二一年）と本居宣長（一七三〇〜一八〇一年）の門人となる。

遠江の内山真龍は賀茂真淵の門人で、天明七（一七八七）年に注釈書『出雲風土記解』を公表していた。現地見聞を重んずる真龍はその前年、出雲へ旅している。真龍は寛政四年春に著書『出雲神賀詞《かんよごと》』を携えて遠江へ来た若き俊信を賞し「八雲立つ出雲の臣は賢きや神の賀詞を持ちてかよはく」と詠んだ。

同年秋には真龍の勧めで、伊勢の本居宣長（鈴屋《すずのや》）へ入門。前年『古事記伝』第一巻を杵築大社に奉納し、「出雲神賀詞」注釈を執筆中だった宣長も「出雲は別して格別の神迹《しんじやく》」と俊信の入門を喜び、古学研究の手法を伝授した。『玉鉾百首《たまぼこ》』で「八雲たつ出雲の神をいかに思ふ大国主を人はしらずやも」と詠んだ宣長も、杵築大社への関心が高かったのだ。宣長から俊信が受けた書簡は三三通にのぼる。

俊信の名著『訂正出雲風土記』は寛政九（一七九七）年夏に校合《きようごう》を終え、文化三（一八〇六）年夏に刊行された。本居大平《おおひら》（一七五六～一八三三年、宣長の門弟で、一七九九年に猶子《ゆうし》となる）が序文を書いている。宣長は「古学」という言葉を用いている。「国学」は後の呼び名で、当時は専ら「古学」と呼ばれた。俊信が古学研究を始めた動機は、古典を厳密に探究し、そこから古代人の心を明らかにしようとする手法に共鳴したからだ。俊信は出雲国風土記に、国造家の祖先伝来の精神があると考えたが、朱子学や垂加神道では、奈良時代の古典である風土記を、十分解釈できなかった。そのため俊信は、古語を極めることで、古代人の心や古代の事柄をより理解しやすくなると教えた宣長に師事したのである。俊信は先祖出雲臣広嶋が風土記で伝えた祖先伝来の精神を「出雲神道」と称し、それが内在するとみた風土記を、より正しく訓読できるようにと『訂正出雲風土記』を編纂した。こうして俊信により出雲国風土記が初めて世に公刊され、その後の風土記研究に大きな影響を与えることになる。

俊信は宣長の『古事記伝』に倣い『出雲国風土記伝』も書こうとしていた。その草稿らしき書（『神道学』一一七号）には「当国の風土記は出雲神道の旨を主として書かれたればまし……他の風土記とは違う」「古事記は日本書紀よりはいと直《すなお》にして、古伝説のままを書して殊外《ことのほか》尊ひ書ぞ、この風土記も古事記にもれた説も多くありて、古事記に劣らぬ古書なれば、国学をする人は先づ拝見いたさいでは適《かな》わぬ書」だとある。古事記に劣らぬ風土記をもって、独自の出雲神道を築こうとした俊信の気概が伝わる。

俊信は出雲国学の研究に打ち込む傍ら、寛政八（一七九六）年、千家国造館近くに私塾、梅之舎《うめのや》を開き、宣長流の古学（国学）や和歌を教え始めた。当時の出雲では儒教の影響が強い垂加神道、保守的な二条派の歌道が主流だったが、仏教・儒教の浸透以前の古典を読み、古人の心を知って歌を詠むよう説く宣長の教えが、俊信を通じて広まった。槍術《そうじゅつ》、医学、天文など諸芸に達した俊信は優れた歌人でもあり、それを継いだ千家尊孫らが出雲歌壇を開花させていく。

寛政一二（一八〇〇）年から文化一三（一八一六）年までの梅舎授業門人姓名録には、出雲をはじめ伯耆《ほうき》、備後《びんご》、美作《みまさか》、安芸《あき》、周防《すおう》、阿波《あわ》、駿河《するが》など二二四人の名が連なる。特に『訂正出雲風土記』の公刊は周辺の篤学者を刺激し、その翌（文化四＝一八〇七）年に石見《いわみ》の岡熊臣《くまおみ》（一七八三〜一八五一年）が、四年後の文化七（一八一〇）年には周防の岩政信比古《いわまささねひこ》（一七九〇〜一八五六年）が入門した。翌文化八（一八一一）年正月に上梓《じょうし》された『道の八千草』の巻末には「梅之舎蔵板梅之舎大人著述書目」として、俊信の著書一七種が記されている。俊信は天保二（一八三一）年五月七日に没するが、その百日祭の献歌（梅の下かげ）四八首のうち、直系の千家尊孫（俊信の兄俊秀国造の孫）、尊澄を含む三九首の作者は門人録に載っていない。最終的な門人数は遥かに多いとみられる。

梅之舎は幕末に出雲国四歌集を編む富永芳久や津和野藩校・養老館国学教授となる岡熊臣、尊福の父・尊澄が師事する岩政信比古などの逸材を輩出した。俊信によって出雲を発信源とする学問や歌詠みの、列島各地に及ぶネットワークが広がったのである。俊信が出雲の地に撒いた歌道の教えは、その後、千家尊孫によって大きく開花する。俊信の教学は、直門である中村守臣《もりおみ》・守手《もりて》父子や岩政信比古らが引き継ぎ、千家尊澄やその子尊福に伝わっていくのである。

†出雲歌壇を広めた祖父尊孫――和歌で教えを説く尊福

千家俊信が初の鈴屋（伊勢の本居宣長私塾）遊学から帰国して間もない寛政八（一七九六）年三月一三日、俊信の甥、第七七代尊之《たかゆき》国造に長男が生まれた。江戸後期出雲歌壇の興隆を導く尊福の祖父、第七八代尊孫国造だ。梅之舎の学統を受け継いだ尊孫は、俊信が没した翌天保三（一八三二）年一〇月に国造となり、出雲歌人の結社「鶴山社中」を作って歌の指導に努めた。技巧より思いを尊重する尊孫主導の自由な歌詠みが、松江や広瀬など出雲国内一円に広がる中、尊孫は天保九（一八三八）年、作歌の手引書『比那能歌語《ひなのうたがたり》』を刊行し、名声を得る。天保一三（一八四二）年には、出雲の歌人三四一人の一三二〇首からなる『類題八雲集』を刊行し、出雲歌壇の層の厚さを天下に知らしめた。同じ頃に出された周防歌人の『類題阿武の杣板《そまいた》』（一八三〇年、一七六人・八五〇首）、大坂歌人の『類題和歌浪花集』（一八三四年、二三人・九六五首）、長崎歌人の『壇浦集』（一八四〇年、一〇六人・六八一首）など同類の歌集の中で、人・歌の数とも群を抜いて多い。

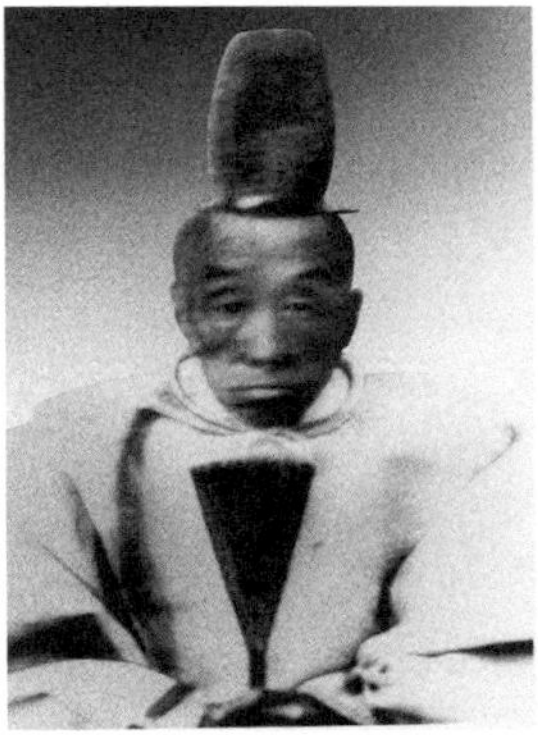
第78代出雲国造千家尊孫（出雲大社提供）

第79代出雲国造千家尊澄（出雲大社提供）

同時に尊孫は天保一一（一八四〇）年四月に二一歳で早世した三男、尊朝《たかとも》を偲ぶ歌集『類題柞舎《ははそのや》集』も刊行した。尊福の叔父（尊澄の弟）にあたる尊朝は、幼少から歌を詠み、五歳で百人一首を諳《そら》んじる歌の神童だった。歌集には七、八歳時の七首を含め尊朝の全一三六八首が載る。尊福が幼少から歌を詠んだのも、そうした家庭環境故だと頷けよう。明治初年に三河の村上忠順《ただまさ》が編んだ『類題嵯峨野集』には、尊福の弟、尊紀《たかのり》（第八一代国造）が八歳で詠んだ歌もある。

各地の歌人は、大部な二集を同時に刊行した尊孫と出雲歌壇に注目するようになった。万延・文久期（一八六〇～六四年）に伊勢の佐々木弘綱が編んだ『類題千船集』（全三編）は、尊孫の歌を二二一首も収めている。尊孫作のみによる『類題真《ま》璞《たま》集』と『自点真璞集』は合計約六〇〇〇首に及ぶ。明治元年に江戸、越後、甲斐、信濃にも門人を擁する上州の飯塚久敏が編んだ『類題玉籠集』にも、尊孫ほか一三人の出雲歌人が載っている。中澤伸宏氏は、列島各地の歌壇で尊孫は無視できない存在だったとする（「出雲歌壇と千家尊孫」『幽顕』九九四号）。

その尊孫には「天の下つくり給ひし大神に仕へまつるもおほけなの身や」（出雲神）など、国造ならではの歌も多い。周防の近藤芳樹は大坂の書肆《しよし》に尊孫の短冊を送る際「国造は神代より嫡々《ちやくちやく》相承《そうしよう》の人にて、全く生神と世上に崇敬」され、「千家国造之歌一葉」は「御身之守」になると述べている（安政三年八月二八日付書状）。出雲大神の御杖代《みつえしろ》たる国造が詠む歌は、神の言霊を宿す。その宗教的権威を伴う出雲歌壇の盛行がまた、大社の神威を高めたのである。

文化七（一八一〇）年九月二〇日に生まれた尊孫の長男、尊澄も、「后梅之舎《のちのうめのや》」と号する学者にして歌人だった。尊澄は俊信の教えを受け、また嘉永三（一八五〇）年、紀州の本居内遠《うちとお》（一七九二〜一八五五年、宣長の養子・大平の娘婿）の門に入る。尊澄の著書『桜の林』二巻によれば、天保二（一八三一）年八月の俊信百日祭に訪れた信比古とも、師弟関係を結んでいる。著作も多く、そのうち須佐之男命《すさのおのみこと》を歌の神として論じた『歌神考』や、和歌の心を探求した『松壺文集』などが刊行された。尊澄は弘化三年正月「友鶴も二葉の松も栄えつつ千家に千代の春は来にけり」と詠む。前年夏に男子（尊福）を授かった喜びを、年末に父（尊孫）に奉った鶴の番《つがい》とかけ合わせた歌だ。

その尊福が二三歳の時に生じた維新に対応すべく、尊孫は明治二（一八六九）年正月、国造職を尊澄に譲る。七九代国造となった尊澄は、尊福を連れて京へ赴き、三月初めに参

千家俊信の高弟で、尊澄も師事した周防の岩政信比古（出雲大社玖珂教会蔵、筆者撮影）

内して位階を授かった。京では尊澄の母の実家、園基祥《そのもとさち》邸に一月滞在し、在京中の尾張藩校明倫堂の教授、植松茂岳《しげおか》ら各国有力者らと歌などを介して交流している。

尊孫は明治五年一一月一九日に尊福が第八〇代国造に就くのを見届け、翌六（一八七三）年一月一日に薨去《こうきょ》した。尊澄も明治一一（一八七八）年八月二一日に亡くなる。尊福は明治二一年、尊孫（三四首）、尊澄（二六首）、尊福（四〇首）の三代国造の計一〇〇首で編んだ『風教百首講説』を刊行した。尊福が教えを説くため和歌を活用したのは、出雲神道のため歌を詠むという、俊信以来の思いが尊孫、尊澄をへて受け継がれたからだろう。

†富永芳久「名所歌集」にみる幅広い御師の人脈

江戸末期、安政三（一八五六）年『丙辰出雲国三十六歌仙』に続き、翌四年『丁巳出雲国五十歌撰』、翌五年には尊福幼少期の歌を載せた『戊午出雲国五十歌撰』と、出雲歌人だけの歌集が相次いで世に出る。撰者は千家俊信の門人、富永芳久（一八一三〜一八八〇年）だ。富永家は北島国造付の社家で、紀伊に檀所をもつ御師だった。芳久は文化一〇（一八一三）年一月二四日に生まれ、八歳で歌を詠み始め、九歳で佐草《さくさ》春主に入門して素読と画を学んだという（富永家蔵「富永楯津履歴書」）。国学や和歌に長じ、楯之舎《たてのや》と号した。

梅之舎で学んだ芳久は天保七（一八三六）年、紀州徳川家に仕える本居内遠に入門する。内遠没後はその長男と親交した。後の祭神論争で尊福の強力な支援者となる本居豊穎《とよかい》（一八三四〜一九一三年）である。富永家に残る内遠・豊穎父子の書状をはじめ豊穎による歌文の添削の跡などから、その関係の深さが窺える。

富永芳久の肖像（富永家蔵、筆者撮影）

三七歳にして「北島社中の学師」となった芳久は、俊信の遺志を継ぎ、出雲国風土記の普及に力を注ぐ。まず嘉永四（一八五一）年と六（一八五三）年に、風土記中の地名を詠み込んだ歌で『出雲国名所歌集』初編（一五二首、名所七五カ所）と二編（一九四首、名所一二一カ所）を編んだ。梅之舎（千家俊信）の三年祭に長歌を献じ、師を懐かしんでいた芳久は、この歌集に俊信の「八雲たつ出雲の山の朝霧はなひきそへて春ぞ来にける」(出雲山)を載せている。初編では自ら出雲関係の歌枕地名を詠んだ歌を選んだが、二編では各地の歌人に呼びかけて募った歌から選んだ。二編の豊穎序文によれば、芳久は「風土記の神世の事の跡、古き名所どもの多く残りて尊きを、いかで世に広く知らしめむ」と思い、初学者が聞きなれない風土記中の出雲の名所を詠み込んだ歌を集め、次々出して人々が読めば、風土記自体も読まれるようになる、と考えたとある。

『出雲国名所歌集』に続いて芳久は、安政三(一八五六)年に主著『出雲風土記仮字書《かなぶみ》』を刊行する。俊信の『訂正出雲風土記』を、さらに読み易い仮名書きにしたもので、出雲国主松平氏から賞金を受領するなど好評を博した。同年、出雲の七一八の名所地名をまとめた『出雲国名所集』も編纂した。古の人達は各々の地に霊が宿ると考え、地名には神話や信仰により発生したものが多い。風土記が山川原野の地名由来や土地の伝承を記す所以だ。名所を詠むとは、その霊のため歌を捧げることだと、芦田耕一元島根大学教授はいう(『江戸時代の出雲歌壇』)。

『出雲国名所歌集』の作者は出雲歌人をはじめ、芳久が遊学した紀伊、俊信門下の岩政信比古がいた周防など諸国にわたり、会津や薩摩の歌人も見られる。芳久は同歌集の初編で、出雲の名所や神代の旧跡を含んだ歌の寄稿を呼びかけ、大坂、京、紀州、江戸、雲州の五つの書林を送付先に挙げた。二編ではこれらに名古屋、大垣、会津若松、徳島、姫路、岡山、広島、長崎、熊本、萩の一〇書林が窓口（発行書房）として加わっている。そこには富永家を含め、当時約五〇家あったという大社御師の人脈や情報網が活用されていただろう。『名所歌集』には、豊前や大坂に檀所をもつ田中清年（数馬）、関東から陸奥一円にもつ坪内昌成、尾張、信濃、美濃にもつ中村守臣など、俊信門下の御師（社家）たちの歌も入っている。前章でみたように、これら御師たちは歌の教養で布教先の人々の尊敬を集め、親睦を深めていた。

その経験を受け継ぐ尊福も、明治四（一八七一）年春に赴いた東京で三月一六日、江戸における本居学の中心にあった伊能穎則《ひでのり》（下総香取の祠官の出で、当時神祇《じんぎ》官権中博士）邸の歌会に参加している。参会者には勤王七公家の一人で、維新後に新政府の参与、明治天皇侍従を務める三条西季知《すえとも》らがいた。尊福は歌題「水郷春望」で「陸行も舟に遊ぶもすみ田川ここをせにして花やみるらん」と詠んでいる。尊福は翌四月六日には、自らの旅邸でも歌会を開いている。そこには幕末、武家伝奏として公武間の折衝にあたり、維新後は皇后宮大夫となった公卿、野宮定功《ののみやさだいさ》や神祇関係者ら三〇人近くが出席していた。尊福は、これらの歌会を通じて、明治政権中枢に通じる人たちと、つながっていったのだろう。いっぽう参加者の中には、後に大社教福岡分院を開く廣瀬玄鋹《はるなが》の父綱鋹と、玄鋹の布教活動に尽力し、後に大社教教導職の最高位・大教正にもなる江藤正澄《まさずみ》（秋月藩士）、中村守城（松江藩士・中村守手の子）、大国隆正（国学者）の名もある。出雲の人材を新政権と結びながら、新たな時代における大社のあり方を模索していたのだろう。

†鋭い論説若き頃から――儒学も尊ぶ幅広い学識

千家尊福の祖父、尊孫が天保一三（一八四二）年に編んだ『類題八雲集』。その作者姓名録には大社神官や出雲国内の神社関係者の他、松江藩士約六〇人も含まれていた。中でも歌を尊孫に、国学を同藩侍講の中村守臣（一七七九～一八五四年）に学んだ森為泰《ためやす》（一八一一～七五年）は藩校文武館の歌学訓導を務めた逸材だった。尊福とも親しく、明治四（一八七一）年一月に東京へ向かう尊福を松江で見送っている。そして前述のように、尊福が同年四月六日、東京の旅邸で開いた歌会には中村守城が参加している。守臣の養子にして尊福の師、中村守手（一八二〇～八二年）の子だ。いずれも明治期まで活動していた鶴山社中の人脈である。

大社の社家に生まれた守臣は、早くから千家俊信の梅之舎で学び、『類題八雲集』に六首入集する歌人でもあった。中村家は尾張、信濃、美濃に檀所をもつ御師で、守臣は尾張藩校明倫堂の国学教授、植松茂岳《しげおか》や儒学教授の秦鼎《かなえ》（一七六一～一八三一年）・世寿父子《よよほぎ》らと、名古屋で親しく交際した。世寿がまとめた『燕斎翁略伝《たびのや》』（安政二＝一八五五年刊）によれば、尾張、美濃、信濃など東海、東山両道の人々が出雲大神の神徳を知ったのは、守臣の尽力によるという。また千家・北島両国造に侍講し、大社の学官と呼ばれた守臣は、しばしば江戸へも派遣された。その折、平田篤胤《あつたね》（一七七六～一八四三年）と出会う。『霊《たま》の真柱《みはしら》』などで、後に尊福が築く大社教学の礎を供した学者だ。平田家の「気吹舎日記《いぶきのや》」天保四（一八三三）年一月一二日条に「出雲大社中村文太夫と云ふ人来る、実名は守臣」とあり、その後守臣は度々平田邸を訪れている。五十音を論じ合った守臣が天保一一（一八四〇）年に出した音韻論『五十音』に、篤胤が跋《ばつ》文を書く仲だった。

実子のいない守臣が天保三（一八三二）年に迎えた養子が、守手である。国学、和歌、音韻を守臣から、儒学を秦世寿から学んだ守手は、安政年間（一八五四～六〇）に尾張藩主・徳川慶勝《よしかつ》の特遇を受け、度々謁見するなどして名を馳せた。著書は数十巻、門人は千余人を数えたという（明治一九年『大日本人名辞書』）。守手が外遊していた頃、大社では弘化三（一八四六）年頃から老齢の守臣に代わって俊信の高弟の一人、周防の岩政信比古を招いていたが、尊福は信比古没後に帰国した守手に学ぶ。

尾張の国学者と交流した中村守臣・守手父子が伝えたのは、本居宣長が漢意《からごころ》として批判した儒学を受け入れた神儒兼学の学問だった。二〇歳頃の尊福が守手との学習中に書いた

中村守手の歌「暁述懐」「しらじらと夜は明けにけり物学ぶ身のあかつきもかからましかば」（手錢記念館所蔵、筆者撮影）

「桜の林一巻中不審試論」。そこで尊福は、仁徳天皇が漢学を習い始めた天罰により、子孫が絶えたと説く信比古に対し、漢学の使用を罪と結び付けるのは、国学者にありがちな発想だが、人の道は万国共通で、先達が説く事の根本を理解することが大切であるとし、その漢学排斥に異を唱えている。信比古は尊福の父、尊澄の師であった。その信比古の説であっても、おかしいと思う点があれば、臆せず指摘する尊福を、守手は「此一論、堂々正々之陣也」と賞した。尊福はその頃、松江藩校修道館総教授で富永芳久の学友だった儒学者、雨森精翁《あめのもりせいおう》（一八二二〜八二年）にも学んでいた。本居宣長が漢意と批判した儒学を否定的にみる国学者が多い中、尊福のバランス感覚と視野の広さが窺える。後の祭神論争で世に轟く尊福の鋭い論説は、すでにこの時芽生えていたのである。

明治二（一八六九）年に松江藩修道館の教授となった守手は、同一〇年には熊野神社の宮司となり、明治一五年二月四日に没するまで、尊福を支え続けた。

Ⅱ　卓越した指導力をもつ生き神

千家尊福の立像。出雲大社の神紋で、かつ国造の特殊な立場と地位を表す二重亀甲に剣花菱の神紋を付した装束を身にまとう。（出雲大社提供）

第5章　明治宗教界の若き泰斗

明治維新を二三歳で迎えた尊福は、二七歳で全国教導職の最高位・大教正と一府三六県の神道教導職を束ねる神道西部管長を兼任するなど、近代日本宗教界の第一線に躍り出る。第八〇代出雲国造《こくそう》ともなった尊福は、近世の出雲御師たちが列島各地で築いた出雲講などの信者団体を結集して出雲大社教会を設立。歴代国造の中で初めて、自ら列島各地を幅広く巡教した。出雲信仰は大きく発展し、その教徒数は明治末までに全人口の一割近い、四三三万人に達する。民衆から生き神視される尊福は、卓越した組織力をもつ指導者でもあったのだ。

†王政復古と神祇官の復活

幕末、尊王・倒幕運動が高まる中で慶応三（一八六七）年一〇月一四日、第一五代将軍・徳川慶喜は天皇家（朝廷）に大政を奉還した。その直前に討幕の密勅を手に入れた薩摩・長州両藩は、肩透かしをくう。いっぽう慶喜は朝廷に政権運営はできず、再び大政を自らに委ねてくると想定し、欧州の政治制度を取り入れた幕藩体制の再編による新たな統合、いわゆる公議政体の構想を練っていた。

慶喜の依頼を受け、欧州帰りの西周《あまね》（津和野藩出身の幕府直参）が作って一一月に提出した「議題草案」は、①徳川慶喜が大坂に置く公府（行政府と司法権を兼ねる）の長＝大君となり、万石以上の大名からなる上院と、有能な藩士を登用した下院からなる議政院（立法府）を設け、慶喜が上院議長につく、②諸藩は従来どおり藩領を有し、江戸は大君《たいくん》が掌握する、という大君制国家構想だった。そこでの天皇は、山城国に封じて元号や度量衡、叙爵、宗教の長としての権限を与える、従来どおりの地位だった。

こうした徳川方の思惑を阻止すべく、討幕派は同年一二月九日にクーデターを実行して王政復古を宣言。「諸事、神武創業之始に原《もと》づく」として、幕府の廃止や摂関制の廃絶を打ち出し、慶喜に内大臣の辞任と所領の返還を迫った。復古とは、存在の原理に立ち返って、秩序の再構築を図ろうとする発想である。幕末、日本書紀に書かれた初代神武天皇が国を始めたという太古を理想化する動きが起こり、同天皇が樹立した始原の政治、すなわち祭政一致へ戻ろうという思想が広がり、討幕派の旗印となっていた。

当初尊王攘夷派の間では、討幕と天皇親政の象徴だった「建武の中興」（一三三三〜三六

「五箇条の誓文」発布（塩崎逸陵作）。祭壇を設け、神おろしをして行われた。神座（祭壇）の前で誓文を読み上げる三条実美。天皇の御座のすぐ隣に岩倉具視が座る。（『名画にみる國史の歩み』近代出版社、2000年）

年）への復古が唱えられた。だが、それでは中世の室町・鎌倉幕府や、天皇が実権を失ったそれ以前の古代摂関制を否定できない。結局「王政復古は務めて度量を宏くし、規模を大にせんことを要す」という国学者・玉松操《みさお》（大国隆正の門人、一八一〇〜七二年）の意見を岩倉具視が受け入れ、神武天皇が橿原宮《かしはらのみや》で即位し、人皇第一代となったという神話・伝説時代への回帰が設定された。維新政権初期の行政機構が、名称から構成に至るまで古代の律令官制と同じだったのは、その表れだ。

王政復古のクーデターに反発した公議政体派が巻き返しを図り、対外（諸外国）的にも徳川氏の優位が続いたため、討幕派は慶応四＝明治元（一八六八）年、鳥羽・伏見の戦いに始まる戊辰戦争を起こし、四月一一日の江戸開城で政権を奪取する。

こうして王政復古を大義として樹立された維新政権は、天皇の神権的絶対性を確立すべく、当初は祭政一致の政治体制をとろうとした。維新勢力が期した江戸城総攻撃の前日（三月一四日）に行った「五箇条の誓文」は、皇居の紫宸殿に神座を設けて神おろしをし、そこに招き寄せた天神地《てんじんち》祇《ぎ》に対し、睦仁天皇が公卿・諸侯・百官を率いて誓うという祭政一致の儀式で発布された。王が神占いや夢の中で聞いた神の声に従い、政治判断をしたという古代に倣ったのである。その前日（三月一三日）には「神祇《じんぎ》官再興の布告」を発している。

神祇官は大宝元（七〇一）年の大宝令による設置と伝えられる、天神（＝天津《あまつ》神《かみ》）と地祇（＝国津《くにつ》神《かみ》）の祭祀を司る官庁だ。天津神は高天原《たかまがはら》と、そこから地上に降臨した天照大神を中心とする神々を、国津神は天津神の降臨前から葦原中国《あしはらのなかつくに》＝地上界にいた大国主大神を中心とする神々をさす。政り事＝祭り事であった古代の祭政一致の下では、この天神・地祇の祭祀を司る神祇官が、行政を司る太政官より上の最高位の官庁だった。その復活は、まさに王政復古の象徴といえる。

新政府は同年閏四月二一日の政体書で、太政官内に神祇官を設置。明治二（一八六九）年七月八日の

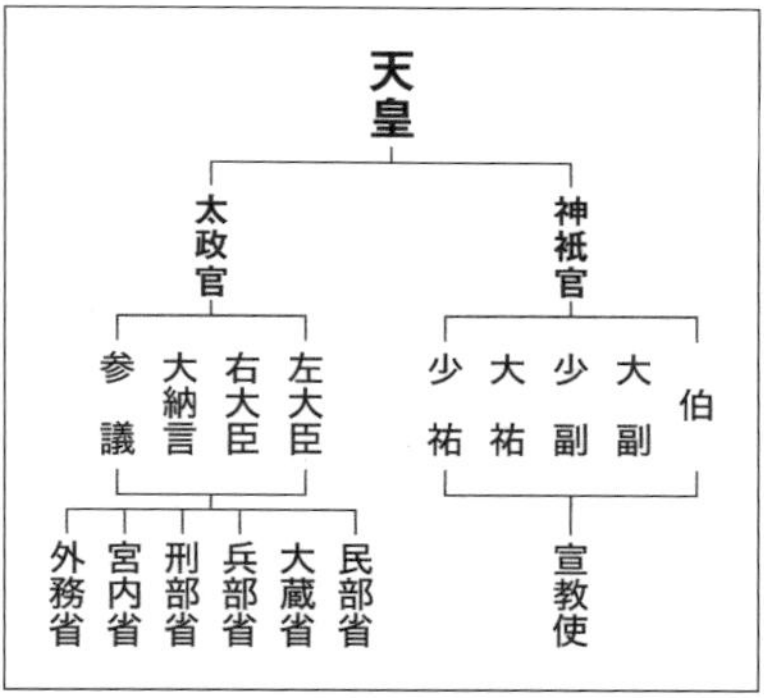

明治２年７月「職員令」による官制

職員令（官制改革）で、律令二官制を復活して神祇官を太政官の上位に置いた。政府は神祇官を通じて全国の神社を掌握し、天皇が天照大神の子孫だとの認識を民衆に広めようとする。そのため古代の神祇官にはなかった宣教（国民教化）という役割を創出し、明治の神祇官に担わせるのである。

†明治二年京・伊勢への旅

近世の出雲国は徳川親藩の松平家が治めていた。慶応四＝明治元（一八六八）年の戊辰戦争で、藩主松平定安は忠孝両全（朝廷に忠勤、徳川家に孝敬を尽す）を唱えたが、討幕派は松江藩の態度を疑い、山陰道鎮撫使を派遣する。この時、藩主が鎮撫使とすれ違う形で上洛し、また松江藩の軍艦が修理のため、鎮撫使の滞在地に近い敦賀・宮津に入港したことで不審が高まる。官軍執事は同年二月一三日、松江藩家老へ書状を送りつけ、「藩領の半分を朝廷へ返上」「重役の死を以て謝罪」「稚子（藩主の嗣子）人質」「勅使（官軍）を国境へ引き受け決戦」のいずれか一つを選べと迫った。藩主の努力で最悪の事態は免れたが、松江藩は同月二八日、家老重臣たちが上下を着け、刀を持たず、雪中に土下座・平伏して山陰道鎮撫使四四〇人を松江城内に迎え入れる結果となる（山陰道鎮撫使事件）。

大社は松江松平藩に恩義があった。享保一〇（一七二五）年の「大社造営日本勧化《かんげ》」は出雲信仰の広がりをもたらす一方、資金集めでは成果が上がらず、延享元（一七四四）年に成った遷宮の造営費四万八千両の九割以上を松江藩が拠出した。遷宮から五年間、藩士の給禄を半減させる代償を払ってである。豊臣配下の毛利氏に半分没収された社領を、幕末までにかなり回復できたのも、同藩の寄進のお蔭だ。その松江藩士と出雲国造や大社の社家たちの間には出雲歌壇を通じた親交もあった。尊福は松江藩（士）の難儀には、心を痛めたことだろう。

人々の運命を巻き込みながら、時代は明治へと移る。千家国造家では翌明治二（一八六九）年一月七日、老齢の尊孫《たかひこ》が嫡子尊澄《たかすみ》に国造職を譲った。尊澄は翌八日、旧例に則り意宇郡の神魂《かもす》神社に赴き神火を継ぐ。国造在世中の自発的な譲職は、千家家では初めてのことだった。第七九代国造となった尊澄は同年春、新天皇の即位にあたり、後継ぎの尊福を連れて京を訪れる。尊澄五八歳、尊福は二三歳の春だった。二人は出雲街道を作用まで下り、淡路島を見て舞子浜を通り、淀川を遡って二月下旬、京都入りしている。尊澄のいとこ、園基祥《そのもとさち》（尊澄の母の父＝園基理《もとまち》の孫）邸に泊まり、洛中を見学するなどして三月四日、宮中に参内。尊福が睦仁天皇と会したのは、この時が初めてだろう。二人の京滞在は約一月にわたるが、その間、歌人や学者と交流する尊澄に対し、尊福はいとこの葉室長邦邸で歌会を催したりする一方で、津和野藩主の亀井茲監《これみ》（一八二五～八五年）や平戸藩主の松浦詮《まつらあきら》

亀井茲監（島根県津和野町教育委員会提供）

など、政界の重要人物とも面会していた。

茲監は明治元年閏四月二一日に神祇副知官事の要職に就いて間もなく「皇室の崇拝する出雲大社の古典調査」を命ぜられたと『津和野町史』にある（第四巻）。その期間は同年五月一二日から翌二年二月二二日にわたった（『於杼呂我中　亀井勤斎公伝』）。茲監が頼りにしていた津和野藩校・養老館教授の岡熊臣は、千家俊信《としざね》に師事した梅之舎《うめのや》門人である。そのため茲監の大社への関心は高く、千家国造家への敬意も厚かったと思われる。

またこの時尊福は父を京に残し、伊勢から奈良、吉野を巡る旅をしている。伊勢で外宮《げくう》に詣で祝詞の奏上を聞きながら「もとより我を神や知るらん」と感じた尊福は、内宮《ないくう》で天照大神に「神の子孫詣で来にけり」と告げる歌を残している。この頃はまだ、藤波家が祭主を務める近世の神宮が続いていた。しかし、「神の子孫」として伊勢の神々と向き合った尊福にも予期できなかったであろう大変革が、二年後に神宮を覆う。

尊澄・尊福父子は三月一九日、帰郷の途につく。明石から、やはり出雲街道沿いに津山を通り、四十曲峠《しじゅうまがり》（備後・伯耆国境の難所）を越えて同月二八日、出雲に帰着。その途中、尊澄は兵庫駅で異国人の家が建ち始めた浜辺を見て「画にかける漢国をゆく心ちしてうらめづらしき旅衣かな」と詠み、尊福も還俗した僧を見かけて歌を詠んでいる。この旅は青年尊福を大きく刺激し、またそこで得た見聞、培った人脈は、尊福を時代の表舞台に引き上げる契機になったと思われる。

†神宮改革と大社

明治四年に神宮を覆った大変革――その端緒は幕末に遡る。

天照大神を祭る内宮と豊受大神《とようけのおおかみ》を祭る外宮からなる神宮は、朝廷勢力の衰退に伴い中世以降、信仰の主体が領主や民衆に代わった。一四世紀に外宮の神職、度会《わたらい》氏が大成した伊勢神道は二宮一光（内宮と外宮は対等で一体）と説き、外宮の地位を高める。民衆の農業信仰では水・食物を掌る豊受大神が優先され、天照大神も農作物に恵みをもたらす太陽神（お天道様《てんとう》）だった。近世を通して、内宮の倍の御師を擁する外宮が広範な伊勢参りも主導し、経済面でも優位のまま幕末に至る。その神宮を古代の皇祖神を祭る社に復古させ、至高の存在に位置づける変革の胎動が、明治維新と共に始まった。

浦田長民（ジョン・ブリーン『神都物語――伊勢神宮の近現代史』吉川弘文館）

新政府は慶応四年七月、伊勢の山田奉行所を廃止し、度会府を置く。戊辰戦争で軍を指揮した攘夷派の公卿、橋本実梁《さねやな》初代知事が率いる同府は早速、神宮数百年来の「弊習」を「追々大御改革」すると市中へ布達。同府御用掛となった内宮の権禰宜・浦田長民《ながたみ》（一八四〇～九三年）が同夏、数条の神宮改革案を具申した。①外宮を内宮の境内社に格下げする、②祭政一致により今後神祇祭祀は政府が行うべきで、祭主・宮司の藤波・河辺家の世襲を廃し、府の知事・判事が兼務する、③全国配札や参宮人の賽銭に依存する師職制度は廃止する、などだ。これは後に尊福が渦中の人となる祭神論争の淵源ともなる。

浦田はその後、神祇掛をへて翌明治二年四月、権判事に昇進、度会府行政の中枢に参与し、前記の提案は明治四年に入り、具現化していった。まず同年一月、神祇官の要求を受けた太政官が藤波氏の世襲祭主を廃し、鹿児島藩主島津家の養女を母、妻とする元公卿で神祇大副《たいふ》の近衛忠房（一八三八～七三年）を祭主に任命。同年七月には神祇大祐《たいじょう》の北小路随《きたのこうじより》光《みつ》（京都出身の公卿）を大宮司、神祇小祐の藤堂高泰（元伊勢津藩城代家老）を少宮司にし、禰宜以下の神職も入れ替え、七、八〇〇家に及ぶ伊勢の御師を全廃した。これにより、代々の神職が除かれる一方、神祇官僚が神宮の上級神職となる道が開かれる。権禰宜だった浦田長民は明治四～五年にかけて神祇官（省）、教部省の官吏となった後、五年七月、藤堂高泰に代わり神宮少宮司へと昇進する。浦田は元来神職だったが、この道を通り、わずか数年で鹿児島藩の下級武士から神祇省出仕をへて神宮大宮司になった人物が、祭神論争で尊福に対峙する伊勢派の領袖、田中頼庸《よりつね》だ。

この神宮改革の波は全国の神社、そして大社へも及ぶ。明治四年一月五日に新政府が出した社寺上知令（太政官布告）で、出雲大社は境内を除く三三六一石の神領を失った。経済基盤を削がれ、続く官選神職制の導入で、両国造家で五〇〇人以上いたという神職も大幅な削減を迫られた。御師も廃止となり、大社が列島各地で築いた檀所との関係も断絶しかねない状況に陥る。

続いて政府は明治四年五月一四日、太政官布告で「神社の儀は国家の宗祀にて、一人一家の私有にすべきに非ず」とし、維新にあたり「伊勢に在る両宮世襲の神官を始め、天下大小の神官社家に至る迄、精撰補任《ぶにん》致すべき」旨通達する。神宮改革が、全国各神社の世襲神職制の廃止へと拡大したのだ。能登国一宮・気多大社では六〇代続いた櫻井宮司家が能登を追われ、信濃では諏訪大神の依り代、大祝《おおほうり》が廃絶となり、ミシャグチ神祭祀の秘法

福羽美静（島根県津和野町教育委員会提供）

を一子口伝で受け継ぐ守矢《もりや》氏も神官を解任された。一方で神職の修養も積まず、信仰心もない官吏らが、続々と宮司に補任されていった。世襲神主の廃止と神職の官吏（役人）化は、個々の神社が地域で長い時間をかけて培ってきた宗教的権威や基盤を失わせ、神社非宗教観を、民衆に広めていく伏線となる。

　これにより千家尊澄・北島全孝《たけのり》両国造も罷免されたが、太政官は翌五年一月、尊福と全孝の嫡子脩孝《ながのり》（一八三四〜九三年）を大社の大・少宮司に「補任」する形で、出雲国造家の宮司としての地位は保った。そこには当時、神祇行政を掌握していた津和野派の配慮もあったと考えられる。亀井茲監の後を継ぎ、神祇省のトップの座にあった福羽《ふくば》美《よ》静《しず》（一八三一〜一九〇七年）は、津和野藩校・養老館で岡熊臣に学んだ、いわば千家俊信の孫弟子である。当主の尊澄ではなく尊福を選んだのは、若い尊福と直に会い、その才覚と将来性を見抜いた茲監らの判断だったのではないか。

　尊福の父・尊澄は、明治二年一月に火継神事を終え、第七九代国造となった時「鶴山の松や知るらん今年こそ我身の千代の始めなりけれ」と詠んでいる。三八年在職した父尊孫から国造を受け継ぎ、さぁこれから、という思いが伝わる歌だ。同年三月に訪れた京都では帰途につく前（一八）日、「ふる郷に立帰るともやがてまた雲井に昇る我身ともがな」と詠み、また内裏で会った弁事の東園基敬《ひがしそのもとゆき》に「又も来て又も会ひ見ん東《ひむがし》の園にさかゆく松のちとせを」と歌い、国造として京や園邸への再訪・再会を期していた。だが、この後都は東京へ遷都し、尊澄・尊福父子が泊った園邸は取り壊される。そして太政官が五年一月、尊福を大社の大宮司に「補任」したため、尊澄は僅か三年で国造職を辞することになるのであった。政府はさらに六年三月、いったん大社少宮司に任じた北島脩孝に、岡山吉備津神社への転勤を告げた。出雲教『北島国造家沿革要録』には「脩孝国造の心中は察するに余りある……北島国造家の伝統を無視しての命令にどうして従うことができようか。脩孝国造は断固としてこの任命を拒まれた」とある。

†神道界のトップ――大教正兼神道西部管長に就く

アヘン戦争の清国大敗で儒教の権威が失墜し、黒船来航で武家統治への信頼が揺らいだ幕末、儒仏に影響される前の日本を理想化する復古神道が興隆した。それは天皇の神権的絶対性と、これを支える維新政権の正当性を確立し、藩主らを新政権へ統合・服従させる恰好の根拠となる。岩倉具視の幕賓（顧問）を務めた玉松操、矢野玄道《はるみち》（一八二三〜八七年）らによる祭政一致や神武創業論は、王政復古や五箇条の御誓文をもたらし、明治維新の根

出雲大社氏子札。寺院の宗門人別帳に代え、宮司が証明発給。住所、氏名、生年月日や続き柄の記載は明治５年の戸籍制度に移行した（出雲大社提供）

幹を成した。彼ら復古神道の国学者が明治初期の政府内で重用され、神祇行政の中枢を占めた所以だ。

その初期維新政権は神道国教化を標榜し、慶応四（一八六八）年三月、神祇官再興の太政官布告（一三日）に続き、二八日には神仏判然令（太政官布告）を出し、神仏混淆（習合）の神社から仏教的要素を排除しようと図った。翌四月一日、比叡山延暦寺傘下の日吉《ひえ》山王社に武装した一団が押しかけ、仏像・仏具・経巻などを破壊、焼却する。同社の社司で神祇事務局（神祇官の前身）権判事だった樹下《じゆげ》茂国が先導したこの事件が、近代廃仏毀釈運動の始まりとされる。この運動には、幕藩体制と結び付く仏教の勢力を削ごうとする政権内部の思惑もあったとされる。

従来の寺請制度を廃止し、地域住民を氏子とし、神社を民衆掌握の手段にする氏子制度の創出を企図して氏子調べを行ったのも、その一環だ。近世の寺請制度（檀家制度）は、仏教の檀信徒であることの証明を寺院から請ける制度で、民衆はいずれかの寺院を菩提寺と定め、その檀家となることを義務付けられていた。寺院では現在の戸籍に当たる宗門人別帳（キリスト教禁圧のための宗門改帳と夫役負担力を把握する人別改帳が合体・制度化されたもの）を作成し、家ごとに戸主や家族の名や年齢、キリシタンでないことを証明する檀家寺の印を押す。旅行や住居の移動の際にはその証文（寺請証文）が必要だった。僧侶を通じた民衆管理であり、寺院が幕府の出先機関（役所）的な機能をもち、統治体制の一翼を担う形になっていたのである。檀家は特定の寺院に所属し、葬祭供養の一切をその寺に任せ、布施を払う。これが一部で寺院の強権的な立場や堕落・汚職を齎し、民衆の間で一定の不満が生じていた側面もある。だが（それゆえ）廃仏毀釈運動は、民衆を巻き込んで仏像・仏具・経巻を次々に破壊・破棄するなど政権の思惑を超えて激化し、また奈良興福寺の五重塔が捨て値で売り出されるなどして、政権への批判を招いた。

そして明治二年夏の版籍奉還から四年夏の廃藩置県をへて、政権の基盤が落ち着いてくると、木戸孝允（一八三三〜七七年）ら指導者は、排斥するより、仏教界との連携を図る方が現実的だとの姿勢を示すようになる。政府は明治四年八月八日、廃藩置県後の官制改革で、神祇官を太政官内の神祇省に降格。浄土真宗本願寺派の島地《しまじ》黙雷《もくらい》（一八三八〜一九一一年）ら開明派僧侶の提案を受け、翌五年三月一四日に神祇省を廃止し、神仏合同で国民教化を行う教部省を新設した。

太政官は翌四月下旬、その教化活動を担う教導職（一四階級）を設け、尊福を権少教正に任じ、六月一二日、最高位の大教正に改める。同時に教部省が尊福に（全国三府七二県のうち）一府三六県の神道教導職を統括する神道西部管長を委任した。東部管長には伊勢神宮祭主・近衛忠房がつく。こうして二七歳の若き尊福は、全国教導職の最高位に立つ大教正、そして全国を二分する神道界の長として明治初期、宗教界における泰斗となったのである。

この抜擢も、尊福が神祇行政の中枢に位置する政界要人、特に亀井茲監傘下の（旧）津和野藩士らと、早くから交流のあったことが関係していると思われる。尊福は明治四年春、東京の旅邸で催した歌会に、初期の神祇官で最高位の知官事だった近衛忠房を招いている（欠席）。そこには晩年の大国隆正（一七九三〜一八七一年）も出席していた。井上毅《こわし》が「王政復古の指導原理は（玉松操の師である）大国隆正翁の説に基因する」というように、明治初年の神祇行政の基盤は、隆正の思想に基づいて作られたとされる。明治政権初期の神祇行政を、隆正門下の津和野藩士らが占めた所以である。ここで少し、初期神祇行政の中核を担った津和野派の人脈と大社、出雲国造との関係を見ておこう。

隆正は茲監が嘉永二（一八四九）年、藩校・養老館に創設した国学科の第二代教授だ。初代教官は文化四（一八〇七）年に千家俊信の門人となった岡熊臣（一七八三〜一八五一）である。老齢の熊臣は死去する嘉永四（一八五一）年、国学科の将来を担う学生の選抜を求め、茲監が漢学科から福羽美静（一八三一〜一九〇七年）を転科させる。熊臣・隆正に学んだ美静は安政四（一八五七）年に後継の国学科教授となった。いっぽう平田篤胤《あつたね》の門人でもあった隆正は文久二（一八六二）年、石見《いわみ》国邇摩《にま》郡で大国主神の故跡を見つけて神社を再建した折、姓を野之口から大国に改めている。大社崇敬の念は強かったであろう。その隆正が天保一二（一八四一）年に京で開塾した報本学舎の門下に、岩倉具集《ともあい》（岩倉具視の祖父）がいたことで、私たちの知る王政復古の詔《みことのり》が誕生したのである。

維新政権は慶応四＝明治元（一八六八）年二月、茲監を神祇事務局の判事、隆正を権判事に任命し、同年閏四月に同局を改組した神祇官で美静も要職に就く（隆正は同二年、老齢のため辞職）。その下に加部厳夫《いずお》（一八五〇〜一九二二年）、石河《いしこ》正養《まさかい》（一八二一〜九一年）、森岡幸夫（一八七八年没）ら養老館国学科出身者が集まり、初期の神祇行政を推進した。このうち石河と森岡は明治元年に茲監が命じられた大社古典調査の実務を担当した人物で、さらに石河は後年、大社教に属し、東京出張所の副長など要職を務め、大教正まで昇進している。

岡熊臣（島根県津和野町教育委員会提供）

大国隆正（島根県津和野町教育委員会提供）

隆正は四年八月に没するまで神祇官の諮問役を務め、美静は五年五月に教部省を辞任するまで、五年にわたり神祇行政の中枢にあった。尊福が大宮司に任命された五年一月には、前（四）年一〇月の官制で神祇大輔となった美静が、神祇行政の最高位の座にいたのである。神道による国民教化を担う宣教次官も兼ねていた美静は、五年三月発足の教部省でも当面、最高位の教部大輔として残った。その美静も後年、尊福が明治一五年に設立した大社教の機関紙に、たびたび歌を寄せ「八雲立つ出雲の宮の神ごとによるとは知れよ人の世のみち」との歌も残しており、尊福らと親交が続いていたことを物語る。神祇行政の中枢にあった茲監らが、直に接した尊福の才覚を認めていたことが、尊福の抜擢につながったと考えられる。

五年三月の教部省設置を主導したのは、津和野藩と密接な長州藩出身の木戸孝允だった。その木戸が四年一一月に始まる岩倉使節団の副使として欧米視察へ旅立った後、留守政府では薩摩派が教部省の主導権を握り、津和野派は排除される。後の祭神論争で、尊福と対峙する伊勢派の中心は、この頃教部省にいた薩摩派だから、彼らが尊福を推したとは考えにくい。尊福の大教正兼神道西部管長任命の半月前の五年五月二四日まで、福羽美静が教部大輔であったから、その任命は福羽がまだ影響力を行使できる間に定まったものと考えるべきだろう。

†出雲大社教会の設立――各地の諸講を結集・発展

尊福は明治五（一八七二）年一一月一九日、父尊澄から国造職を譲りうけ、第八〇代出雲国造となる。大社では古来、火継神事で国造を継いだ者が、すなわち大社の宮司であった。明治政府が千家尊澄と北島全孝の国造在任中に、それぞれの嫡子である尊福と脩孝を大・少宮司に任命したため、尊澄と全孝が後付け的に国造職を譲るという、異例の形になった。何世紀にもわたり、維持してきた伝統に激震が走る。多くの人々が困惑したであろう。だが尊福は臆するどころか、新政府による改革を逆手にとって、古来出雲国造を制約してきた戒律を、自ら取り除きにかかった。

歴代国造は、出雲大神の御杖代としての神聖性と清浄さを保つため、独自の神火で調理したものしか食べず、黒土《くろつち》を踏まないなど、日常生活でも厳しい清めと禁忌を続けてきた。旅行中も一切、他の火を用いないため、明治二年に尊福が父尊澄と京へ赴いた際も、大長持に斎火殿用具を入れ、移動は駕籠で、時々馬に乗るという道中だった。それでは全国を遊説し、神道教導職を統率するのは難しい。尊福は明治五年六月、北島脩孝と連名で一通の伺書を教部省に出し、両国造は大社の祭祀を務め「往古より神火神水を受継ぎ、常に潔斎罷《まか》りあり……然《しか》るに今般御改正……従前の通り潔斎相《あい》守る然るべきや、もっとも旅行等の節は行き届き難き事件も御座候ふ間、大社祭事の前後だけ潔斎仕る然るべきや」と尋ねた。

尊福を神道西部管長に任命した教部省は、この問いに「祭事の外平常の儀は、世上一般差支え之無き様、改革致すべき」と答える他なかった。往古からの禁忌を撤廃しようとすれば、当然大社内で反対意見がでよう。そこで敢えて教部省に照会し、導いた回答を説得にあてたとみられる。同年一一月一九日、古伝新嘗祭に先立ち、千家・北島両家は揃って国造職交代の奉告祭を行った。その祝詞では、遠祖以来、継承してきた神火神水を本日、尊福・脩孝が譲り受けるが、今後国造は神事において従来通り、鑽《さん》火《か》殿で火鑽《き》りした神火の斎食を戴き、心身を清める一方、日常生活では一般人と火を区別しない旨、奏上している。こうして同日、二七歳で第八〇代出雲国造となった尊福は、地面の上を直接歩き、神事以外では一般の火で調理した食事もとるなど移動の自由を得て、歴代国造の中で初めて、自ら列島各地を幅広く巡教することになる。

尊福はまず、近代国家に応じた出雲信仰の再編・発展に動き出す。出雲御師が檀所を築いた各国では、明治初頭も出雲講や甲子講などの信者団体が活動していた。新政府が幕藩時代の旧習として御師の廃止を命じる中、尊福は列島各地の出雲講や甲子講に「拡張方」を派遣し、信徒の結集を図る。翌六年正月、これら諸講を結集して出雲大社敬神講を組織。地方講社との連絡を確保した尊福は、翌二月より自ら布教に乗り出した。同月、平田の宇美神社で行った説教では約五千人の聴衆が、松江の末次（須衛都久）神社では寒風飛雪の中、約一万五千人の聴衆が集まり、「講堂狭隘《きょうあい》にして……聴聞する席無く、空しく帰れる者」も千人を超えたという。尊福は同年九月、出雲大社敬神講を改組した出雲大社教会を設立した。

尊福らは明治六年八月二一日、それを名実ともに教会組織に拡充すべく「出雲（大社）教会仮条例」を起草し、教部省に設立申請した。その第六条は、同社は「幽冥《かくりよ》の大政府にて、世の治乱吉凶、人の生死禍福に関する所なれば、人民の生産より死後に至る迄、悉《ことごと》く大神の恩頼に洩る事なき」と主祭神の神徳を示す。

一方「社中孝子貞婦義僕等あれば……世話掛より教会所に達し……褒賞を授くる」（第一〇条）、「社中の子弟、入校の年齢に至れば、学校又は教院に入て身心を鍛錬し、人事を修めしむべし」（第一二条）、「社中の者は、親睦協和を旨とし、婚礼葬祭その他吉凶慶弔等は互に相扶助し、同社中の交義を尽す」（第一四条）など、安心立命の互助組織的性格も見られる。「社中の者、出雲大社に参拝する時は、殊《こと》に親しく拝礼する事を許し、又神宝を

明治6～12年、出雲大社教会（教院）が置かれていた大社旧庁舎（左）。右は旧拝殿（出雲大社教提供）

拝覧せしむ」(第九条) といった特別待遇も謳う。だからこそ「千人を一講とし、一講に講社長・副講社長を立て」る(第一七条) 規模を成し得たのだろう。尊福の組織者としての手腕が窺える。

いっぽう教部省は明治六年一月、東京に教導職の養成機関、大教院を置き、府県ごとに中教院、府県下各地に小教院を設けて全国的な布教体制を整えようとしていた。大教院から中小教院の設置を委ねられた尊福は、同年一一月一五日、大社庁舎《ちようのや》(社務所) 内に仮中教院を設け、民衆への布教を始める。

先駆的な文化活動――博覧会の開催と図書館の開設

教導職の最高位・大教正と神道西部管長を兼任する地位に就き、出雲信仰の再編・発展にも舵を切った尊福は、その教化・布教活動の一環として、この時期、二つの先駆的な文化活動を行った。まずは、新政府が初参加したウィーン万国博覧会（五月～一〇月）に合せる形で開いた、出雲大社博覧会である。尊福は明治六年三月、大社職員（社家）の平岡可美《うまし》や佐草文清《さくさふみきよ》らを博覧会掛に任じ、松江に派遣して県庁と打合せるなど準備に当たらせた。開催前に出した「出雲大社博覧会稟告《ひんこく》」では「博覧の会たるや人の知見を広め、才識を開き、其の益甚大なり……来る五月十日より三十日まで……会場を大社境内に設け、大社の神物宝品……を始め」普《あまね》く陳列し「共に開明の境域に進歩せんと欲す」と広報している。

五月七日教部省に届け出、翌八日、権禰宜の廣瀬綱鋹らが出雲大神にその開催を奏上する祭典を執行した後、陳列にかかり、一〇日にスタート。この博覧会では大社神事所、（現神楽殿一帯を含む）千家邸、乗光寺の三会場で、大社や県内の社寺、諸家が提供した名宝、什器、書画数百点を展示し、乗光寺では動植物の観覧や物品の即売会も催された。同時に煎茶書画会、芝居や相撲、競馬や浄瑠璃の興行もあり、境内は多くの人で賑わったという。神社や社家の所蔵品を用いて民衆教化に当てる発想は、翌年の図書館事業でも活かされた。

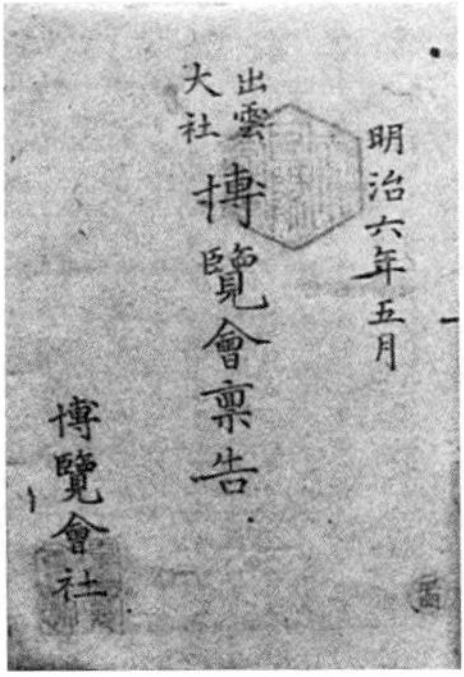

明治6年5月の博覧会稟告（『大社の史話』第22号、1978年4月）

尊福がこの時期に行った、もう一つの先駆的な文化活動が、その図書館の開設である。明治七年

明治初期、書籍縦観所として使われた大社文庫。江戸前期の建造で、近年修復された（出雲大社境内）

四月、大社は布教・教化の一環として境内の文庫を書籍縦観《しょうかん》所とし、一般にも開放した。三月島根県に設置申請をした尊福は、前年一一月松江で開設された書籍縦観所を見て大社でも、と思ったのだろう。島根県庁による同縦観所は、境二郎権参事の布達に「文部省書籍《しょじゃく》館の体裁を模倣し……小学校内の修道館書生寮を以て書籍縦観所と為し」とあるように、近代的公立図書館を志向していた。

大社の仮中教院内縦観所報告は「従来、出雲大社神庫に蓄蔵する皇（和）漢洋の書籍は申すに及ばず、大宮司千家尊福その他神官の収蔵少なからず……開明文運日進のご時節に当り……之に依り人才教育文化進歩の稗益あらん事を計り、この度仮中教院内に書籍並びに日誌新聞紙縦観所を設け」たので「神官・僧侶は勿論、士民一般有志」も利用するよう呼びかけている。寛文七（一六六七）年の遷宮で建設された文庫は、造営予算の一部で買った神道書や、徳川光圀など諸家からの寄附・奉納書を所蔵していた。それに神社や社家が所蔵する書物を合わせ、神職・教導職の勉学や庶民の啓蒙に当てようとしたのだ。

この図書館は大祭や祝日のほかは毎日午前八時から午後四時まで開き、閲覧料は一日一銭、新聞は無料で閲覧できた。仮中教院から職員が交代で出て閲覧者の質疑に応ずる、司書に当たる仕組みも取り入れていた。明治五年八月設立の文部省書籍館（後の帝国図書館）から二年足らず、最も早期の近代的私立図書館事業だった。尊福の高い見識を伴った進取の気性が窺える。後述するように、その先駆的な文化活動は大社教の教導職に受け継がれ、福岡における代表的近代図書館の嚆矢《こうし》と称される福岡図書館（大社教福岡分院境内）を産み出すのである（二六九頁）。

†立教宣言

明治六年九月二四日に敬神講を改組して出雲大社教会を立ち上げた尊福は、明治七年七月一五日、同教会の規約と誓約、条例を定めた。同六年八月の教会仮条例を神徳（規約）、道徳（誓約）、会員規則（条例）に分けたものだが、条例第六条として、会中の者は教会所蔵の書籍や新聞、日誌類を閲覧できる旨などを加えている。同時に講社を教会の下部組織に位置づけ「教会講社は各区郡村の最寄に従い、何番何講を以て区分」するという講社編成概則も定めた。

雨森精翁（明治15年5月撮影、谷口廻瀾『島根儒林伝』飯塚書房、1940年より転載）

こうして尊福は明治五年以降、目覚しい組織力を発揮するが、その背後には大家たちの力添えもあった。明治六年一一月の島根県（出雲大社）仮中教院の開院式では、祭主を務める大教正尊福の傍らに、雨森精翁《あめのもりせいおう》（権少教正、一八二二～八二年）と中村守手《もりて》（権大講義）という二人の師が誓主、祓主として居た。

幕末、松江藩主の学問師範役を務め、維新では藩を代表し朝廷との交渉にもあたった精翁は、富永芳久の学友で大社の門人も多かった。尊福は精翁に杵築への移住を勧めるほど信頼し、明治五年早春、東京から県に大宮司の任状が届いた際も「誠に以て難き仕合はせ（成行き）」と精翁に告げている。明治六年、大教院から第四大学区（中国地方一帯と愛媛県）の教導を任された際は、精翁が同区内における中小教院の設立を計画した。

明治八年三月、島根県中教院が松江で正式に開院すると、尊福は仮中教院下に置いていた出雲大社教会を、組織的に切り離して出雲大社教会所とした。仮中教院が役目を終える中、その生徒たち（当時五五人）が引続き杵築で学べるよう、尊福は庁舎内の教会所に生徒局を置く。

尊福は開所当日（四月八日）の情景を「県下諸郡より教会・講長、講社の者を率いて出雲大社何番教会記号の幟旗を飄《ひるがえし》て陸続参詣し、旗竿《はたざお》庭上に林立して旌旗《せいき》（色鮮やかな旗）空を覆ふ」と躍動的に伝える。「講社参拝の男女二千余人、その他愛媛、名東《みょうどう》（徳島）、広島、岡山、山口……鳥取等各県の信者、参聴する者亦多し」という盛況だった（教部省宛「教会所開設併《ならびに》景況届」）。大社少宮司の勝部静男は当時「大社教会結社の数、すでに九十余番に至り」と教部省に報告している。

明治八年一二月には、大社の銅鳥居近くに信徒の祖霊を祭る祖霊社が完成する。神職とその家族の神葬祭は神祇事務局が慶応四年閏四月に許可したが、一般人は明治五年六月だった。尊福らは翌六年一月、敬神講の結成に続いて祖霊社の設立を教部省に申請、翌月許可をへて造営を始めていた。祖霊社の完成は、大社と信徒の結びつきを一段と強めることになる。

明治初年の出雲大社教会講社旗。島根県能義郡飯生村（第73区第61番講社）。伊藤征男氏寄託・出雲大社徴古館収蔵。

尊福は明治九年五月一七日、教会規約の改定にあたり教会神徳大意を表し、同月二三日に教会本部の名を出雲大社教院と定めて届け出た。同一一年一月一一日には教会の東京出張所を神田神社内に設け、教勢の進展を図る。それに伴い、大社庁舎内では教院が手狭になったので明治一二年一一月一五日、千家邸内の大広間・風調館（現神楽殿の前身）へ移転した。

その際、尊福は信徒へ向け「千家尊福あえて昭《あきら》かに群集する教会信徒に告げて曰く」で始まる開諭文を発する。教会結成に着手して約七年「信徒の多く信力の厚き遠きは殆ど東北の各県を極め、近くは山陽、山陰、南海の諸国に満ち」るまでに至った。そこで「今我が信徒の扶助により、祖先伝来の教旨を宣布し以て神道を興起せん」との決意を示し、「我友更に敬神の志を固くし、教旨を実践し……益々余を助け将来の隆盛を期すべし」と鼓舞した。時に尊福は三四歳の壮年。その言霊は信徒たちの心を震るわせたことだろう。この開諭文は、今も出雲大社教の立教宣言と見なされている。

風調館で開諭文を読みあげる千家尊福
（絵・川崎日香浬）

その後、改組をへて誕生した大社教は、大正二（一九一三）年の尊福著『出雲大神』で「教師の職にあるもの四一八七人にして協賛員一万四八九二人を算し、教徒四三三万六六四九人の多数を有す。本祠の外に東京分祠ありて全国を二分し……分院二〇箇所、教会所一七〇箇所あり」という教勢に至る。同年の日本の総人口は五三三六万人だから、全人口の一割近くが大社教の信徒だったことになる。

	分院	教会所	講社		分院	教会所	講社
島根	1	7	400	愛知	2	8	11
鳥取	1	9	265	静岡	1	6	4
山口	3	12	164	新潟	1	5	8
岡山	3	11	162	長野	0	4	3
広島	1	6	158	福井	0	1	3
愛媛	1	8	168	富山	0	1	0
徳島	1	5	273	山梨	0	0	1
香川	1	3	26	石川	0	0	0
高知	1	4	15	東京	0	8	13
福岡	1	2	2	神奈川	1	2	3
大分	1	6	9	埼玉	0	4	2
佐賀	0	3	0	栃木	1	2	2
長崎	1	0	0	千葉	1	1	1
宮崎	0	3	4	茨城	0	2	5
熊本	0	2	0	群馬	0	1	3
鹿児島	0	1	0	福島	1	1	4
兵庫	0	15	31	岩手	0	1	8
京都	0	5	7	宮城	0	1	2
大阪	0	5	0	青森	0	0	4
岐阜	1	2	7	秋田	0	0	3
和歌山	0	3	0	山形	0	0	1
奈良	0	1	0	北海道	0	5	0
滋賀	0	0	0	ハワイ	1	0	0
三重	0	0	0	計	26	166	1772

府県別分院・教会所・講社数（『幽顕』第14巻12号〔特立50年記念号〕1932年12月所載「分院教会所及講社」〔39〜40頁〕をもとに筆者作成）

明治四二（一九〇九）年、雑誌『太陽』（一五巻六号）が、全国読者の一〇万人を超える投票結果により発表した「宗教界の泰斗」。そこでは大谷光瑞（浄土真宗本願寺派門主、三万八一〇票）や内村鑑三（二万二四二票）を大きく引き離す四万七八三八票で千家尊福が一位に選ばれた。この時「文芸界の泰斗」一位の夏目漱石が一万四五三九票、「政党首領適任者」一位の犬養毅が一万七五二五票だったことからも、尊福の人気がとび抜けて高かったことが分かる。

出雲大社教の今西憲大教正（一九〇〇〜九一年）は一九六八年、新人だった頃に接した晩年の尊福公を偲び「いかなる時でも大きい御声をなされぬ、いつも変わらぬ静かにお諭しになる様な御口ぶり、時には御気に召さぬこともあろうに、いつも変わらぬ温顔で私等にまで接して頂く。生神様とはこんな方をいうのだろうと思った」と述懐している（『幽顕』六七四号）。その尊福は、自ら人々を率い、まとめあげる、卓越した組織力を備えた指導者でもあったのだ。

第6章　祭神論争——伊勢派との対立

　出雲大社教会を立ち上げ、教説の確立と発展をはかる尊福の前に、近代日本の宗教史を画する一大事件が発生する。尊福の名を列島各地に一段と響き渡らせた祭神論争だ。これは明治八（一八七五）年の神仏合同布教の停止に伴い、神道教導職が大教院に代わる機関として設けた神道事務局に祭るべき神をめぐって生じた（神学）論争である。新築する神殿に造化三神と天照大神の四神を祭ればよしとする同局に対し、尊福が大国主大神を加えるよう求め、伊勢神宮大宮司の田中頼庸《よりつね》（一八三六〜九七年）が拒んだ。二人の対立が高まる中、尊福を支持する者が出雲派、頼庸側が伊勢派と呼ばれ、全国神道界を二分し、一三万人以上を巻き込む対立に発展。収束を図るべく介入した政府が「神道は宗教に非ず」という国家神道路線へ舵を切る契機ともなった。国家管理の下にある神社では出雲大神の神徳を布教するのは不可能と悟った尊福は、在野の一宗教家として立つ道を選ぶ。

†幽冥の大神――平田篤胤の神学を取り入れて

人は死に肉体が滅んでも、わが子らの行く末を見守りたいと願う。人はまた生前自分を愛してくれた（祖）父母らに、ずっと傍にいて見守ってほしいと願う。誰もが持っている、そんな素朴な思いが、神道の祖霊信仰の源であろう。

近世出雲国学の礎を成した千家俊信《としざね》は、門人に向けた「梅之舎三箇条」で、人は再び生まれかわることなく、死後は霊魂を家に留め、永く子孫を守るという。本居宣長に古学を学んだ俊信だが、人はみな死後、暗く穢れた地下の黄泉国へ行くだけだという、師・宣長の説には従わなかった。出雲国造家ゆえの死生観だろう。師の説を全否定しない俊信は、生前悪事をなした者が罰を受け、家に留まれず行く所が黄泉国だとし、生存中の善行を諭した。俊信は三箇条で顕露《あらは》の事（現世の政）は皇孫が治めよとの神勅により、その任を譲った出雲大神が、八百万神を率いて治めるのが幽冥《かくりよ》だともいう。宣長も注目した『日本書紀』神代巻の（国譲り）一書《あるふみ》に基づく説だ。そして幽事《かみごと》とは「誰なすともなしに万事の成ること」で四季の巡り、風雨霜雪、歳の吉凶、人の生死や世の盛衰もみな、出雲大神の幽冥の定めによるとした。

尊福は初期の著作『出雲大社御神徳略記』（明治五年一一月）で、大国主神が「国の治乱、吉凶や人の生死、禍福など誰がなすとも知らずに行われる……万事を治め」云々と、俊信の言説を受け継いでいる。その一方、幽冥主宰の大国主神が「人民の世に在る間（生存中）は更にも云はず、生れ来ぬ前も身退《みまか》りて後（死後）も」治めると、平田篤胤《あつたね》『玉襷《たまだすき》』の一文も使っている。篤胤（一七七六～一八四三年）は宣長の没後門人を称するが、人の魂は黄泉国へは行かず、この世に留まるとした。その目に見えない世界が、大国主神が治める神や霊魂の幽冥で、死後人の魂はそこに赴き、同神の下で縁者を見守りつつ鎮まるとした。

平田篤胤肖像（国立歴史民俗博物館所蔵）

俊信は現世の裁きに洩れた重罪は「幽事の罪にあふ」と戒めるが、篤胤は逆に現世で報われぬ善人の魂は、幽冥で善悪を判《わか》つ大国主神に賞され、永世を得るとの救済を説く。篤胤は古学から神学を作り出したのだ。

尊福は早くから、その平田派の著作に接していた。幕末紀州にいた富永芳久に、同じ大社の社家、坪内昌成から、若君様（尊福）が篤胤門人の『霊の宿替《やどかえ》』を読まれ、さらに平田ものをご所望だとし、『天磐笛《あまのいわぶえ》記』他数冊の注文を依頼する書状が届いている。尊福は後に師の中村守手と交わした『千問中答』で、宣長

出雲大社祖霊社の拝殿に掲げられた尊福作「幽冥の神の恵みしなかりせば……」の扁額

の『古事記伝』には頷けない点があるが、篤胤の『霊《たま》の真柱《みはしら》』『古史伝』は納得できるとしている。『霊の真柱』の「日本が世界の大元であり、その万事万物は万国に優れ、天皇が万国の大君である」といった言説が尊王攘夷などの理論的根拠になったことから、戦後篤胤は国粋主義の源流と見なされがちだった。だが篤胤の思想の中心は、万物に宿る八百《やお》万《よろず》の神々や亡き人たちの魂を重視し、神々や祖霊を祭り続けることで、安らかな暮らしが送れる（天皇はその祭祀の中心にあって、民のために祈る存在）という点にあるとして、近年その評価を見直す動きも出ている（『明治維新の残響』が紹介する吉田麻子『平田篤胤』など）。

明治五年、民衆教化の教導職の最高位・大教正となり、翌年出雲大社教会を立ち上げた尊福は、篤胤の神学を応用しつつ近代的な出雲信仰を形成していく。六年八月の同教会仮条例には「出雲大社は幽冥の大政府にて、世の治乱吉凶、人の生死禍福に関する所なれば、人民の生産より死後に至る迄、悉く大神の恩頼に洩る事なき」とある。「今日為す所の一善一悪、皆大神に知られざるなく、死後神列に入って無量の安楽を受け子孫を守護するを得るも亦、大神幽事」の内と説く一二年一一月の開諭文も、その昇華の過程だ。

従来神道は死を穢れとして避けてきた。だが生を語るのみでは新時代の宗教たり得ない。死あるが故に、生の喜びもある。尊福は幽（死）の世界から顕（生）を説いた。千家尊統《たかむね》は『出雲大社』で、大社教は死の問題に解決を与え得た唯一の神社神道だと述べる。「幽冥の神の恵みしなかりせば霊のゆくへはやすくあらめや」と詠む尊福は、生と死二つながらの安心立命の道を説くことで、出雲神道を救済の宗教として確立しようとしたのだ。

だが尊福が出雲信仰を近代的宗教に発展させるべく、教義と組織を高めた明治零年代後半、神道を仏教に代わる宗教・国教として確立する政府の方針は、逆に大きく減退していたのである。

†消えゆく神道宗教化路線

岩倉具視に「諸事、神武創業之始に原《もと》づく」という王政復古を提案した玉松操《みさお》は大国隆正の門人であり、その同門に具視の祖父・具集《ともあい》（一七七八〜一八五三）や福羽美静《ふくばよしず》がいた。井上毅が「王政復古の指導原理は大国隆正翁の説に基因する」という所以だ。維新政権樹立の根幹には隆正の思想があり、当初の神祇行政は隆正に連なる旧津和野藩養老館出身者たちで占められていた。その隆正は「神は人の本なり、これにより神祭を政事の本とす」（天都詔詞考）とし、今上天皇も神を祭り、神に誓い、その意志を具現することが執政の根本と考えていたという（松島弘『亀井茲監《これみ》』）。

そのため明治初期の政府内で重用された復古神道の国学者たちは、祭祀者としての天皇の位置づけを最も重視していた。ところが、明治二年夏の版籍奉還から四年夏の廃藩置県にかけて政権の基盤が落ち着くと、天皇の務めは第一に神祇《じんぎ》・皇霊への祭祀だとし、また天皇の京都への帰還を求める復古神道、特にその本流・平田派の国学者たちは、政治家達にとって煩わしい存在と化していく。三年末、平田延胤《のぶたね》らが神祇官を罷免され、四年三月には「不審の筋之《これ》有り」として矢野玄道《はるみち》らが拘留、謹慎処分を受けた。延胤（一八二八〜七二年）は篤胤の養子・銕胤《かねたね》の長男で、維新後、神祇権大祐《ごんのたいじょう》の要職に就いていた。篤胤没後門人の玄道は、王政復古にあたり国家構想をまとめた「献芹詹語《けんきんせんご》」を岩倉具視経由で新政府に提出するなどして名を馳せ、維新後、神祇官判事の要職に就いていた。いずれも明治維新に多大な貢献をした平田派国学者の重鎮である。

幕府の排除を正当化し得た彼らの復古神道は、政権の奪取・樹立時には役立った。しかしその後、政権を安定的に運営し、基盤を固めていく上では、旧幕府勢力や仏教界も取り込んだ広範な国民統合を図っていく必要が出てくる。原理に拘る復古神道者は不要どころか、邪魔な存在にさえなっていったのだ。「天皇は世界の総帝たるに相応しい」といった大国隆正の言説も、諸外国との外交関係を築いていくべき新政府にとっては不都合だった。

とはいえ倒幕・維新の大義名分となった復古神道の思想自体は、明治政府誕生の根幹（正当性）に関わるものであったから、対民衆的には保ち続ける必要がある。原理主義的な平田派学者が排除された後の神祇行政の主導権は、亀井茲監—福羽美静ラインの津和野派が一手に握った。大国隆正らの復古神道を尊重する一方、藩主・藩士として藩政を担ってきた現実主義的な彼らを推したのは、隣国長州の木戸孝允だ。その木戸は同郷の真宗僧侶、島地《しまじ》黙雷《もくらい》らに賛同して神道一辺倒の神祇省を、神仏連合の教部省に変える下地を作って、四年末から岩倉使節団の副使として洋行する。その最中、留守政府の主導で五年に発足した教部省では、参議の西郷隆盛を後ろ盾とする薩摩派が津和野派を一掃し、実権を握った。こうした流れの中で、祭神論争で尊福と対峙する田中頼庸が台頭してくる。

キリスト教の解禁を求める欧米諸国からの圧力も、明治政府の宗教政策を大きく軌道変更させた。岩倉使節団は欧米を歴訪中、各国から条約改正の条件として信教の自由（キリスト教の解禁）を求められた。その結果、政府は六年二月にキリシタン禁制の高札を撤去する。これに伴い、四年夏、神仏分離の集大成的に、幕府の寺請制度を廃して導入した氏子制度は宗門改（非キリスト教徒の証明）の意義を失う。さらに人別帳（住民登録）としての機能も、五年に始まる戸籍制度にはかなわず、六年五月に廃止した。こうしてキリスト教対策としての神道国教化路線は、為政者にとって現実味をなくしていったのである。

八年春の大教院解散で神道と仏教が別々に教導を行うことになると、一元的な国民教化という路線も形骸化していく。教部省は同年一一月末、神道と仏教の管長に対し、信教の自由を保障する口達を出す。そうなると教部省自体の存在意義もなくなり、一〇年一月には伊藤博文らの主導で教部省が廃止され、神社・寺院に関する事務は内務省に新設した社寺局が引き継ぐことになる。こうした政府の路線変更の中で、平田派（の思想）が政策・方針面で切り捨てられる一方、民衆向け国民教化の教導では、平田派の学説に基づく教えが説かれ続けるという齟齬が生じていた。尊福はそのギャップに陥り、祭神論争の渦中に巻き込まれたともいえよう。

†神宮・大社の同格を唱えて

ラフカディオ・ハーンは『日本――解明の試み』（洋書、一九〇四年）でこう記す。「神道崇拝のより高い形としては、国家的信仰とされる皇祖の祭祀が最も重要だが、それは最古のものではない。最も権威の高い信仰は二つある。伊勢の神宮に代表される天照大神と、杵築の大社に代表される出雲信仰である。出雲の神殿は、より古い時代の信仰の中心で、この神々の国を最初に治めた大国主神を祭っている」。ハーンが言うように、ヤマト勢力が伊勢に及んだ五世紀後半頃、在来の土地神（外宮《げくう》の豊受大神《とようけのおおかみ》）に天照大神（内宮《ないくう》）を合せて祭ったとみられる神宮に比べ、大社の創建は遥かに古いとされる（『日本宗教事典』他）。

そして古代におけるヤマト政権確立から近世に至るまで、天津《あまつ》神《かみ》と国津《くにつ》神《かみ》、それぞれの最高神を祀る伊勢と出雲は神道上の二大拠点と目されてきた。明治政府が神道による国民教化を企図した際、神宮（伊勢）と大社（出雲）で東西を二分し、神宮祭主近衛忠房を東部管長、大社の尊福を神道西部管長としたのも、その認識の延長であろう。

だが一方で明治政府はその両者に上下関係をもたらす。前述した神社改革で明治四（一八七一）年五月、伊勢の皇大神宮（内宮）を別格として全国神社の頂点に置き、その他の神社を、天皇との距離によって官幣社、国幣社、府県社、郷社、村社、無格社に格付けして序列化するピラミッド型の神社体系を創り、大社を伊勢神宮の下位に置いたのだ。翌五年一月に出雲大社大宮司、そして六月に全国教導職の大教正兼神道西部管長となった尊福は同年八月、大社は「天《あめ》の下造らしし大国主神を祀り、天下無双の大廈《たいか》・国中第一の霊神なれば、宜しく官社の上に列せらるべし」とし、皇大神宮と同格にするよう求めた。だが、国民教化・宗教政策を司る教部省はこれを拒む。

教部省はもともと、神仏合同布教を唱えた真宗本願寺派の島地黙雷らの提案に賛同した、

木戸孝允（国立国会図書館デジタルコレクションより）

同じ長州出身の木戸孝允らの主導で設立されたものである。長州藩内の真宗本願寺派寺院に生れた島地黙雷は木戸孝允の信頼を得て明治三（一八七〇）年閏一〇月、民部省下で寺院寮の設置を実現し、廃仏毀釈の抑制を導いた。黙雷は四年七月の民部省廃止を受け、神仏儒を一元的に管轄する官庁の創設を木戸に提案、左院の副議長・江藤新平の賛同を得て教部省設置へと向かう。だが五年三月実際に教部省が開設される時点で、木戸は岩倉使節団の副使、黙雷も本願寺の海外教状視察団の一員として洋行中で不在だった。

いっぽう日本国内の留守政府は、多数の政府要人を含む岩倉使節団の洋行中、大きな変革や新規の人事はしないとの約束を破り、かなりの変革を行い、多くの長州出身者を政権中枢から排除するなど人事も変更していた。その中で、教部省では西郷隆盛を後ろ盾にした薩摩派が主導権を握るに至る。尊福が神宮と大社の同格を唱えた同年八月時点では、同年五月の教部大輔・福羽美静の退任からすでに三カ月がたち、教部省の性格が大きく変わっていたのだ。近世出雲信仰は九州の北部では村々にまで浸透していたが、南部にはあまり及んでいない。周防《すおう》（岩国）の岩政信比古《いわまささねひこ》、津和野の大国隆正など千家俊信の門人がおり、大社との交流も多かった津和野・長州の出身者たちと違い、薩摩は出雲と疎遠で、出雲信仰や国造に対する認識もかなり違っていたと思われる。

明治六年六月落成の大教院神殿では、造化三神を「開元造化の主神」と見なす薩摩派の意向を反映する形で、造化三神と天照大神の四神が祭られた。これに対し尊福は毅然として大国主大神合祀を求める。全国の神道関係者を統括する管長が東部＝伊勢と西部＝出雲で二分されたことに鑑みれば、伊勢の天照大神とともに出雲の大国主大神を祭るのが道理といえよう。出雲大神を祭らないのは、西部管長である尊福を軽んじることにもなる。だが薩摩派が掌握する教部省は、尊福の主張を再度退けた。

島地黙雷

教部省内の薩摩派は、廃仏毀釈を徹底し、真宗を禁圧した鹿児島藩出身者たちであり、黙雷―木戸ラインで創設された教部省の性格も大きく変えた。木戸と伊藤博文（岩倉使節団副使、長州出身）の計らいでインドの仏蹟を巡り、六年七月に帰国した黙雷は、教部省下で開院した大教院の実態を見て驚く。同院が置かれた東京の芝増上寺は、本堂の阿弥陀仏を撤去して造化三神と天照大神を祭り、しめ縄を張り、門前に鳥居を立て、幣帛《へいはく》を捧げ、祝詞を奏する有様で、黙雷は「宛然《えんぜん》たる一大滑稽の場」と批判した。

そもそも真宗を禁圧した鹿児島藩出身者＝薩摩派と黙雷らが相容れるはずはない。黙雷は洋行中、英国で岩倉使節団と合流し、欧州の政教分離の実態など見ながら、木戸やその傘下の伊藤博文らと宗教政策を論じ合っている。世界の実態を直に知り、視野を広めた彼らと、留守政府にいた教部省の薩摩派とのギャップは、さらに開いていた。黙雷は同年八月、教部省批判の意見書を教部省に提出するなど、大教院分離運動へと舵をきった。一〇月末には東西本願寺が主導し、真宗の大教院からの離脱を認めるよう教部省に上申。これに対し、仏教側が要望してできた大教院を自ら離脱することへの反対意見も出て、仏教諸派は、その賛否で紛糾する。しかし黙雷の分離建白書を受けた真宗四派（本願寺・東本願寺・専修寺・錦織寺《きんしょくじ》）が明治八（一八七五）年二月に大教院を脱退すると事態は決し、二カ月後の四月に大教院は解散、神仏合同布教も廃止に至った。

この動きに対し神道関係者は、大教院に代わる神道教導職の新たな拠点として、東京の神宮司庁出張所内に神道事務局を設けた。同年末、同局が招集した神道会議で神殿の造営が議事となるにあたり、尊福は再び天照大神と同列に大国主大神を祀るべきだと唱える。そこに立ちはだかったのが田中頼庸ら、いわゆる伊勢派であった。

†祭られない大国主大神

明治八年一二月、神道事務局で神道会議が開かれ、仮神殿で教導職による四神の祭儀が行われるにあたり、尊福は大国主大神の合祀を提起した。これを議長の頼庸が頑として聞き入れなかったという。『本局改正日誌』等に、同会議で「頼庸議長として可決を議員の多数に取らず」「議長の特権を以て衆員の可決を破棄せしもの数件あり」とあり、その専横ぶりが窺える。

天保七（一八三六）年、鹿児島藩士の家に生れた頼庸は、文久二（一八六二）年に島津久光が兵を率いて京都入りした後、京都詰藩士となり、国学を学ぶ。慶応三（一八六七）年鹿児島へ戻り、翌年藩の神社奉行に抜擢され、その翌（明治二＝一八六九）年には藩校造士館国学局の都講（教員）を兼任した。ここで頼庸は藩内一〇六六カ寺を全廃し、僧侶二九六四人全員を還俗させる苛烈な廃仏毀釈を主導して名をあげる。頼庸は明治四年に神祇省へ出仕し、翌五年設置の教部省では教部大録（一五等中八等の中級官員）に昇進、教導職にも就く。そこから七年一月、一躍して

田中頼庸（『別冊歴史読本』特別増刊67「死後の世界がわかる本」より転載）

神宮大宮司に就任したのだ。

その背景には明治六年の政変があった。六年九月に帰国した岩倉使節団の木戸孝允、大久保利通ら内治優先派と、征韓論を唱える留守政府の西郷隆盛、板垣退助らが衝突・分裂した事件だ。この政変で西郷隆盛らが下野し、伊藤博文らが参議に就くと、木戸は伊藤に教部省改革を委ね、同郷の教部大輔、宍戸璣《たまき》に教部省内の薩摩派を排除させた。それが頼庸を、教部省の一官員から神宮の大宮司へ転身させる。同年一一月、神宮大宮司・本荘宗秀の死去に伴い、薩摩出身の教部大丞（四等）三島通庸《みちつね》が頼庸を後任にと後押ししたのだ。神宮改革を主導した少宮司・浦田長民《ながたみ》は太政大臣三条実美に上書し、頼庸は「薩摩にて其の人となり頑陋暴愎《がんろうぼうふく》（乱暴で図太い）、其の党を引き人の言を容れず、些か学問は致し候へども、更に大宮司の任に堪ふべき人物には之《これ》無く」と猛反対したがかなわず、一〇年末の禰宜降格で神宮を去る。祭神論争で伊勢派だった常世長胤《とこよながたね》も、神道事務局で「私権を専らにせんと奸謀《かんぼう》を回《めぐ》らし」た頼庸の強権ぶりは批判している（『宗教と国家』所収「神教組織物語」）。四年以降の神宮改革をへて、生き神視された尊福とあまりに異なる人物が、伊勢の大宮司として現れたのだ。

頼庸は明治六（一八七三）年に初めて就いた教導職で、一四級中六級の権少教正に位置づけられた。その後わずかな期間の間に四級の権中教正をへて、九年には最高位の大教正へと上り詰める。同年一月に神道を三部に分け、尊福を第一部管長に任じた教部省は、一〇月に第四部管長を新設して頼庸を当てる。新政府における薩摩派の力が、頼庸をごく短期間で尊福と並ぶ地位に押し上げたのだ。出雲国造や大社の社家と縁があった平田派や津和野派と異なり、近世に出雲御師も及んでいなかった鹿児島藩士らには国造への尊敬もなく、平田神学における大国主神の位置づけにも注目していなかったとみられる。八年末の神道会議で尊福の建議を拒んだ時、頼庸は神道事務局で「造化主の名により新規の一宗教」を成そうとしていたともいう（『明治国学発生史の研究』）。ここまで語ればお気づきだろうが、祭神論争における伊勢派とは、その実薩摩派である。

†本居・平田派の賛同で優位に立つ出雲派

一九六八年刊行の『明治維新神道百年史』の中で、小林健三（当時玉川大学教授）は「祭神論の根底にあるもの」と題してこう述べる。「明治の神仏分離・排仏殿釈の措置が、民心に極めて深刻な動揺を及ぼし、その反動として民間において、民間人による信仰団体が講社の名を以て全国諸方に勃興してきた。維新の大変革による心の動揺を信仰によって収め、安心の地を得たいと念願する民衆の心理が求めた内心の欲求に他ならぬ」と。明治六年一月に尊福らが結成した出雲大社敬神講は、その最たる例だ。

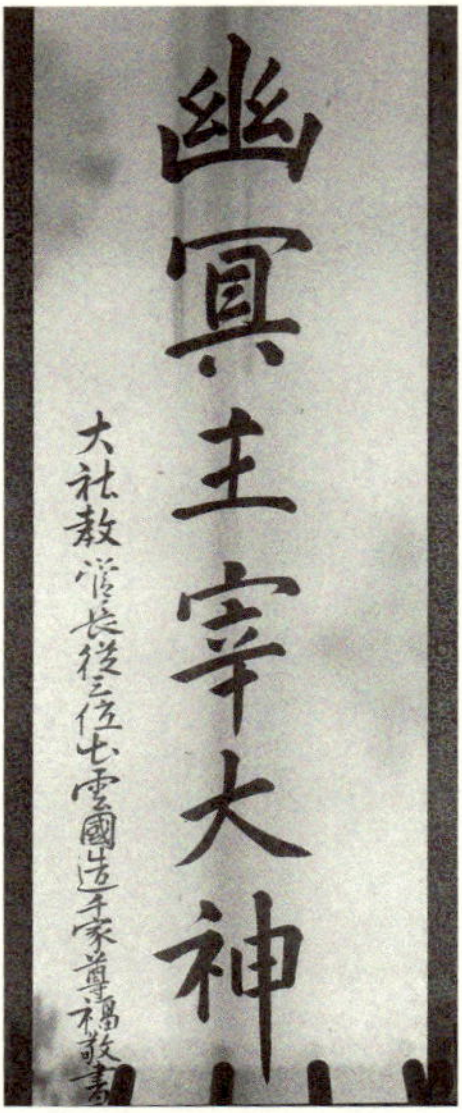

大社教管長従三位出雲国造千家尊福敬書「幽冥主宰大神」（出雲大社山口分院蔵）

新政府は明治初年、キリスト教の進入を防ぎつつ、民心を天皇に結集させるべく、神道による国民教化を目指した。神仏分離や廃仏毀釈の背後には、民衆の精神世界から仏教を取り除き、神道に置き換える狙いがあった。その宗教的空白を埋めるべく民衆が頼ったのは、結果的に天皇崇拝に直結する神道だけではなかったが、新政府は当初、神道の宗教としての確立を企図した。その際、王政復古や祭政一致など、天皇親政の主導原理となった平田篤胤らの復古神道が主体となったのも理である。

初期の神祇行政を主導した篤胤の神学を受け継ぐ国学者たちは、明治零年代前半、霊魂の行方や死後の世界を説く書を次々に著した。その平田派の神学は、大国主神を死後の霊が赴く幽冥《ゆうめい》界を掌る神と位置づけていた。この時期、神祇官下の官庁・宣教使で公刊され、尊福が八年の建議で根拠に挙げた『神魂大旨』も、顕界（現世）では天皇の統治を受け、幽界（霊界）では大国主神の糺判《きゅうはん》を受け、その賞罰に預ると説いている。

明治六年に始まる大教院の教導法の中にも、来世観を確立して人民の死後の安心立命を固めるという一条があった。同院が編纂刊行した『善悪報応論』は、平田派の重鎮・矢野玄道著作中の説を用い「善悪・曲直を審判するは大己貴神《おおなむちのかみ》の大権」などとし、来世観を述べている。大教院下の教導職が講じるべき十一兼題の中にも「人魂不死」や「顕幽分界」など平田派神学が色濃く含まれていた。大教院刊行の教義書の中では、神道東部管長の近衛忠房と西部管長の千家尊福が二人で著した『神教要旨略解』が、最も広く出回ったとされる。そこでも「幽は幽冥、明は顕明なり。顕明は即ち今天皇の治め給ふ御世を云ふ。幽冥は大国主神の隠りて幽事《かみごと》を治《しらさ》むとのたまひたる幽界を云ふ」などと顕幽二界の神徳が重ねて説かれていた。

尊福が六年一一月、教導職最高位の大教正として大社庁舎に仮中教院を設けた際、造化三神、天照大神と共に大国主大神を祭ったのは、首尾一貫していたのである。幽冥《かくりよ》を主宰

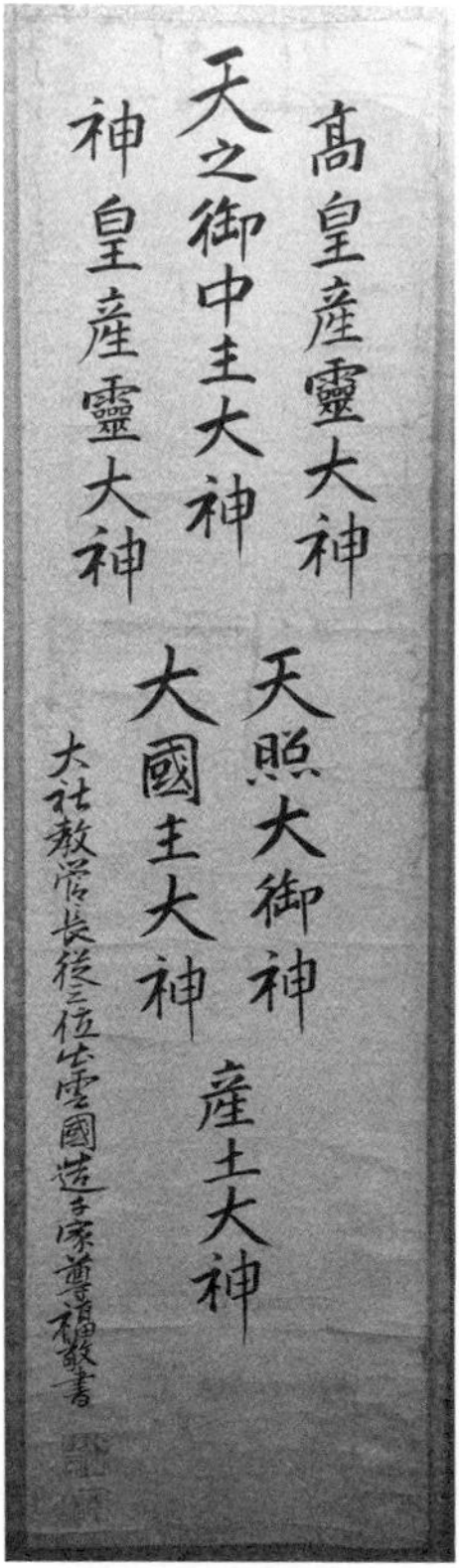

尊福揮毫「六神号の軸」。明治９年の出雲大社教会神徳大意は造化三神と天照大神、大国主神と産土神を同教会で祭る神と定めていた（出雲大社提供）

する大国主神を表名合祀しなければ、教法の根幹が成り立たないとの主張も、大教院で説かれた教義に沿っていた。それが反対にあい、大争議に至ることを、尊福自身は思いもよらなかったのではないか。

尊福は一一年五月と七月に神道大会議が開かれた際にも、事務局

祭神論争で尊福を支えた本居豊穎の後年の肖像（大社教本院『風調』第26号、1913年3月より転載）

へ建議書を提出。その主張は民衆に神道による安心立命を与えるため、教義上の拠り所となる神道事務局の神殿に幽冥主宰の大国主神も祭る必要がある、という宗教者の視点で一貫していた。尊福は事務局神殿の落成と奉遷式が一三年春に予定されると、一月、神道事務局詰の大教正と権大教正五人に宛て、大国主神表名合祀を早急に公論で決めるよう建議書を出す。

直ちに賛同したのが権大教正の本居豊穎《とよかい》（一八三四～一九一三年）だ。豊穎は宣長の曾孫で、その父内遠《うちとお》に尊福の父、尊澄《たかすみ》が師事するなど、俊信と宣長以来の縁は続いていた。中でも天保七（一八三六）年、内遠に入門した富永芳久は檀所の紀伊によく滞在し、豊穎を

幼少の頃から知っていた。豊穎は芳久の主著『出雲風土記仮字書《かなぶみ》』（安政三＝一八五六年刊）に、序文も寄せている。幕末、紀州藩の江戸古学館教授を務めていた豊穎は、明治六年八月、東京神田神社の神官となった。一一年一月、同社内に出雲大社教会が東京出張所を置くと、豊穎は副教長となる。「本居豊穎伝」は、当時東京府神道事務分局長でもあった豊穎が、祭神論争で尊福支持の立場を貫き、伊勢派が大勢を占める本局と激しい鋭気を以て対決したと記す。平田篤胤の養子で千人を超す門人を受け継いだ銕胤《かねたね》も賛同。尊福は復古神道本家本流の支持を得たのだ。

†神学論を政争に転じた伊勢派

祭神論争における尊福の主張は、大国主神を幽冥の主宰神とする本居・平田本流の学説に沿っており、伊勢派も当初、正面きって反論しにくかった。明治一三年四月、東京で尊福が直談判に及んだ際、頼庸はもとより自分は表名合祀に賛成としながら、関係教導職の意見も聞かねば、とごまかしている。一方で、その四日後に四柱神の鎮座祭を敢行するといった頼庸の信義に悖《もと》る行動に、出雲派は苛立つ。

伊勢派の反対には、神葬祭の普及と大教院の崩壊に伴う教説の変化、布教上の都合も絡んでいた。神宮では五年夏以降、神宮教院と説教所（教会）を設け、各地の信徒を神風講社に組織化しつつ教化活動を行っていた。一方太政官は五年六月、キリスト教対策として自葬を禁じ、神官による神葬祭を認める布達を出す。神仏合同布教下では仏教による葬儀を容認していた神宮も、八年春の大教院崩壊で、神葬祭の普及と霊魂の救済を説く教義に本腰を入れ始めた。そこで大国主大神を幽冥主宰神と認めれば、天照大神は単に顕界を治め、死の救済には何の神徳もない神になってしまう。伊勢派は天照大神が顕幽両界を掌る天地大主宰で、生死依頼すべきは同神のみ、大国主神に霊魂の救済を願うのは迷信などと、出雲派の教義を否定し始めたのである。

神道事務局は経済上の理由で、東京の神宮司庁出張所内に置かれ、経費面でも頼る所が多かったため、神宮大宮司頼庸の影響力は絶大だった。尊福はその状況を変えるべく、一三年五月一五日に一七条からなる事務局改革の意見書を出した。これを受け在京の六級以上の教導職が集まった会議では、大国主神の表名合祀も討議され、参加者二九人中二四人が賛成する。関係教導職の意見も判明したのだ。

会議後、豊穎らは連名で祭神の表名合祀、本局の新設、局詰員の改選など五項目の実施を促す建議書を局詰教正に提出した。出雲派が再三返答を求める中、頼庸は六月七日に質問とかけ離れた返書を尊福に送る。これに対し尊福は一連の交渉顚末を全国の分局等に送り、意見を求めた。豊穎らが連動して全国の教導職・分局等に事務局改革を説く檄文「神道事務局保護之檄」を送ると、賛同者が続出した。

尊福は豊穎、平田銕胤らと連名で、この檄文に賛同する同志会議を八月、東京神道事務分局で開く旨を各地の教導職に通知。慌てた事務局は豊穎の分局長罷免を通告するが、東京府下の神官教導職一六六名が連名で反対、豊穎は分局長を続けた。事務局膝元の東京では豊穎らの支持者が多く、大勢は頼庸らの不利に傾く。

事務局は八月の同志会議を阻止すべく、各府県分局へ私的な会議に応じる必要はないと通達したが、全国七八分局のうち四七分局が参加の意を示した。ここに至って内務省社寺局長の桜井能監《よしかた》が調停に乗り出す。八月後半から一月をかけ、関係者による協議を重ねて九月二五日、一一月の大会議開催等を含む協議内約を合意・調印した。だがこれに不満な神道扶桑教会長の宍野半《なかば》らが一〇月に入り、同じ薩摩出身の内務卿松方正義に、信徒らの「面前で尊福と対決せん」と働きかけた。

それら上申書で「尊福が説く如く大国主神が幽冥の主宰神で死後の霊魂を審判するならば、歴代の皇霊も悉《ことごと》くその支配下」となり（芳村正秉《よしむらまさもち》他一三名）、尊福は「君上（天皇）と相対する主意を痛論し、君上の御霊魂に対し障碍《しょうがい》あり」（宍野半）と非難したのは、松方が桜井への指示で「本件は国基に響き、皇族にも渉《わた》る」と語ったからだろう。

攻撃は身の危険にも及ぶ。上京し出雲派の巨頭に会見を申し込んだ伊勢の学館教頭が、

竹槍で囲まれる中を平然と歩く尊福（絵＝川崎日香浬）

白刃を突きつけ改説聴従を迫る。尊福を暗殺すべしと騒ぐ者も出た。竹槍で囲まれ脅迫された尊福が、たじろがず平然とその中を歩いていたとの逸話も、千家家に伝わる。少壮学徒の刺客が伊勢から陸続と上京との噂まで流れた。伊勢派の先鋭、折田《おりた》年秀（湊川神社宮司）などは鹿児島藩の大砲方だったから、真実味があったろう。神学論が政争へ転じる中、尊福は「別立」の意志を固めてゆくことになる。

†勅裁による終結

明治一三年九月二五日、内務省社寺局長・桜井能監の調停で、伊勢派と出雲派の代表は①大国主神を含む四神を表名なしに神殿内へ合祀、②同年一一月に大会議を開き、現職員を改定するなどの協議内約を合意・調印した。神道事務局は同月二八日、尊福・豊穎らも三〇日、全国分局等へ協議・和解の成立を通知する。ところが頼庸は、この通知を一一月四日に突然取り消し、事務局詰の本居豊穎ら出雲派を罷免して折田年秀、宍野半らに置き換え、事務局を完全に伊勢派で占めた。神道界は再び紛糾し、事務局や内務省に意見を上申する者一三万三〇八七人に及んだという。

ここに至り政府中枢が紛争収拾に乗り出した。右大臣岩倉具視が参議の山田顕義《あきよし》、大隈重信、副島種臣《そえじまたねおみ》を神道取調委員に任命。内務卿松方正義は閣議への提案、天皇の裁可をへて一二月二八日頼庸に対し、神道教導職の会議を開き事務局祭神や組織を審議するよう命じ、議長に元老院議官の岩下方平《まさひら》（元鹿児島藩士）を据えた。この会議で大国主神表名合祀を決しようと論陣を整える出雲派に対し、頼庸や年秀は同郷の松方、岩下に勅裁による決定を働きかける。その結果、全国各地の主たる教導職一一八人を集めて二月三日に始まった神道大会議で、祭神問題は審議されなかった。同月二三日に太政大臣三条実美は、神道事務局の神殿は宮中三殿で祭る天神地祇・賢所《かしこどころ》（天照大神の御霊代）・歴代皇霊の遥拝殿とする旨の勅裁を発し、論争に終止符をうつ。こうして尊福らが求めた大国主神合祀は果されず、薩摩派が奉じる造化三神の表名も消えた。天照大神が中心になったため、祭神論争は出雲派が敗れたといわれる。

祭神論争を詳細に検証した藤井貞文（国学院大学名誉教授）は、尊福の建議を巡る多数の書簡を調べ、否定論より賛成論が遥かに多いと分析している。論鋒は常に尊福が鋭く、田中頼庸は受太刀だったという。二宮岳南『田中頼庸先生』は「翁（頼庸）の学問は固より師尚するもの無し、故に……前人未発の創見も少なからず」あり、また「一たび所信確立すれば、百難四囲に雨下すと雖も決して之を枉《ま》げ」なかったという。しかし、中村守手や雨森精翁《あめのもりせいおう》などの優れた学者に師事し、重厚な本居・平田国学に依る論客・尊福に対し、誰にも師事したことがない頼庸では分が悪かった。公正な場で正面から議論すれば、尊福の大国主神合祀論が通るのは目に見えていた。社寺局長桜井能監の調停で、明治一三（一八八〇）年九月末に結んだ協約を頼庸が反故にしたのも、衆議公論や多数決による決定を阻むためだろう。

千家尊統『出雲大社』は、尊福はこの紛議を通じ、（神宮寄りの）神道事務局とは宗教に関する基本的な見解が相違し、共に進むことは困難と悟り、早晩独立した布教態勢を整え、独自の立場で教化活動に努める決意をしたと述べる。実際明治一一年七月の建議書で、尊福は神道事務局が速やかに教典を編纂し、天下に示す必要を説く一方、「異論ある者は別派独立し、互いに教導し易く」すべきだとも述べている。「神道は一つと雖も、諸家の伝説は様々ある以上、各々が伝える説を広め、信ずる所を説く」のが神道興隆の道だと言う尊福には、すでに独立の意志が芽生えていたのだ。尊福は一二年一一月、出雲大社教院の風調館移転、教務局新築にあたり、参集する信徒を前に、我が教会の本旨は「幽冥大神の神意を奉じ……生前死後、顕に幽に心身の幸福を得る」ことにあると、改めて告げた。そして教会の基礎を固め、ますます拡充し、盛大を極めんとの決意を表明している。この開諭文は、神道事務局からの別派特立を視野に入れた尊福の、立教宣言だったのである。

勅裁による祭神論争の終結に、尊福は最後まで反対だった。神道大会議直前の一四年一月二八日、太政官で山田顕義参議と面談した際も、教導職が教義に係る祭神について勅裁を請うのは「己の性質を忘れたる」行為で、政府がその請願を受け入れれば「行政権を以て教義を左右する」と反対している。そして「幽冥主宰の神徳を広めんとして、逆に反対論者に神徳を汚されて終わるのは遺憾限りなし」と苦渋を表した。最終的に山田らの説得を受け入れるも、尊福は「自ら進んで請願はできない」と述べ、ほとんどの会議員が連署した（勅裁）奏請書からの除名を求めるのだった。この時尊福は「将来、今の事務局に拘らず、一大教会所を設け、幽冥主宰の大神を尊奉する」決意を固めたのである。

†切り離された神社と教導——在野の宗教家として立つ

祭神論争が収束した明治一四年、尊福は『大道要義』や『道の一草』など信徒向けの書を著しつつ、現行の『葬祭式』を完成させた。六年刊行の『葬祭略式』を、八年の祖霊社創建や合祀・霊祭を積み重ねる中で充実させて、大社独自の霊葬祭を確立したのだ。「幽冥大神に祈請し霊魂を慰安する」（上巻・祭式）など、尊福が祭神論争で唱えた大国主神信仰が基軸になっている。ところが翌（一五）年一月二四日、内務省は神官の教導職兼務を廃止し、布教や葬儀への関与を禁じる神官教導職分離令を布達した。祭神論争の調停・収束にあたった同省の社寺局長桜井能監と内務卿松方正義、その後任の山田顕義らが、同様の教義論争が再発し、皇祖神の尊厳に影響を及ぼす危険性を憂慮し、祭祀と宗教＝神社と教導の切り離しを図ったのだ。

教導職を辞せば、国家の官吏として身分と生活が保障されたため、多くの神官が教導職を辞す中、尊福は同年三月一日、出雲大社宮司を弟の尊紀《たかのり》に譲って辞し、在野の宗教家として立つ道を選んだ。祭神論争只中の一三年六月、本居豊穎ら賛同者に宛てた書で、一時の偸安《とうあん》（目先の安楽）を計ることなく、今後別派独立するも必ず教導の精神を貫くとの決意を示した尊福ならば、当然ともいえる。その後、政府が神道事務局から独立したい教会等に、派名の公称と特立を認めたため、尊福は一五年五月一〇日、神道大社派を立てて初代管長に就いた(同年一一月六日、神道大社教と改称)。宗教性を色濃く帯びた明治初期の神道政策は、祭神論争をへて完全に消滅し、政府は「神道は国家の祭祀で宗教に非ず」とする国家神道路線へ、大きく舵をきったのである。

信仰を保持する神道は、相次いで神道事務局から独立し、教派神道となった。北島脩孝《ながのり》も出雲大社権宮司を辞し、北島国造館内に出雲教会を開設した(一六年一一月二二日、神道出雲教会、一八年四月一日、神道出雲教)。伊勢派では神宮教院が神道神宮派となり、田中頼庸が管長となった(一五年一一月、神宮教に改称)。頼庸は神宮が移譲した土地建物を自分の名義にしたり、売却処分して提訴されるなど、神宮教でも紛糾を招く。頼庸の管長辞任(二六年)後、神宮教は三二年九月に宗教活動をやめ、財団法人神宮奉斎会に改組した。折田年秀は神官教導職分離令を機に官吏(内務省御用掛)に転向。一七年八月の教導職廃止に伴い、神道事務局は消滅した。千家尊宣《たかのぶ》(第八一代国造尊紀の子、出雲大社教第四代管長、一八九八~一九七二年)は、政府が祭神論に鑑み発した神官教導職分離令について、教導性を否認された神職に残された仕事は、神饌《しんせん》の調理と掃除以外に殆ど何もなくなり、その後の神職は従前のような素養がなくとも誰でも務まるものになり、神職の質は低下し、社会も従前のように神職を尊敬しなくなったという(『皇国時報』七七三号)。

祭神論争は出雲派の敗北とされるが、それを通じて尊福の信念や指導力が列島各地に知れ渡り、大国主神合祀論に多くの賛同者を得たことは、その後の大社教の教勢拡大につながった。全国の神道教導職が論争の実態を知るに至った一三年夏、山形神道分局や対馬国教導職一同などが尊福への賛成を表明している。中国・四国が中心だった出雲信仰の版図が、尊福の名声と共に大きく広がったのだ。尊福を中心とする出雲派の団結は、豊穎が大社教の副管長に就くなどして続く。政府が明治四一年に全国の神社祭式を統一したため、神社では古来の祭式も行えなくなったが、出雲大社では大社教などで保存、受け継がれた。長い目でみれば、信仰を守り発展させ得たのは出雲派だった。

雑誌『中央公論』が一九六五年四月号で特集した「近代日本を創った宗教人一〇人を選ぶ」では、仏教は島地黙雷ら三人、キリスト教が内村鑑三、新渡戸稲造ら四人、新興宗教で二人が挙がる中、神道は唯一人、祭神論争故に千家尊福が選ばれている。

第7章　大社信仰の確立へ——巡教する生き神

明治一五（一八八二）年、大社教を立ち上げて初代管長に就いた尊福は、大社教東京分《ぶん》祠《し》を創設し、関東や東日本における布教の足掛かりとした。そして歴史や神話で出雲と縁の深い越後（新潟）と筑紫（福岡）を皮切りに、自ら長期にわたる遠方への巡教に乗り出す。生き神視された出雲国造が親しく神徳を説く巡教に、各地で大勢の人が集まった。和歌を吟じ、筆を振るう。縁を大事にし、信頼を築く。尊福は近世の出雲御師たちが培った伝統も受け継ぎ、巡教の先々で良好な関係を生み出す一方、各地の優れた人材を発掘・登用していった。尊福の下に秀逸で多彩な人材が結集し、大社教が大きく発展・拡大していった所以である。

†大社教東京分祠の創設と遠方への長期巡教

祭神論争、神官教導職分離令をへて明治一五年五月、神道大社派（大社教）を特立し管

明治期の神道大社教本院（出雲大社提供）

長に就いた尊福は、二一年六月の元老院議官就任を期に政界へ進み出る。大社教初代管長の座にあったのは六年余だが、この間に組織を拡充し、教勢を大きく伸ばした。

三二年に宗教活動を終える神宮教の教信徒が二八年で約二八〇万人（葬儀を托す教徒が約一五万人で、他は信徒）に対し、大社教の教徒は明治末頃で約四三四万人を数えた。祭神論争で尊福の信仰と信念に共鳴・賛同した人々が、続々と大社教に加わったとみられる。近代出雲信仰の興隆を体現し、その牽引力ともなったのは、彼らが各地に樹立した大社教の分院（府県・国単位、二〇ヵ所）や教会所（市郡・町村単位、一七〇ヵ所）だ。その中で唯一尊福自らが設立したのが、東日本の教務を統轄する東京分祠である。その前身として一一年一月、神田神社内に設けた出雲大社教会東京出張所は、祭神論争における出雲派の拠点でもあった。

尊福が祭神論争で大国主大神表名合祀を断念した明治一四年一月二八日、本居豊穎《とよかい》らは三七名の同志連署で尊福に「神殿建築同盟書」を贈り、将来東京において大国主大神の神殿を新築し、尊福と共に幽冥主宰の神徳宣揚に尽力することを誓った。その豊穎を尊福は同年一一月、出雲大社教会の教長に任ずる。豊穎は翌一五年四月に神道事務分局長を辞し、出雲大社教院東京出張所長となった。同月、東京出張所は神田神社内から麹町に移って単独の施設となる。

出雲大社東京分祠（東京都港区）。現在は初代本居豊穎から六代目の千家活彦分祠長（2008年就任）が掌る。

この時出された出雲大社教院東京出張所設立主意書は、大国主神は幽事を掌り、生前の幸福を冥護し、死後の霊魂を救養する幽冥主宰神であると明記し、東京や関東一円の人々の入会を促し、出張所に神殿・講堂を設けて祖霊社も建築する旨広告している。翌一六年五月に祠宇《しう》（神殿）が落成、尊福が自ら出雲より御分霊を奉じて鎮祭し、大社教東京分祠が生れた。こうして豊穎らの誓いが実現し、大社教は関東以北の布教を進める基盤を固めたのである。同分祠は二二年一〇月に麻布材木町（現港区六本木）へ移転後、二四年四月に祖霊社も造営している。

尊福は出雲大社大宮司兼大教正となった明治五年から、出雲を起点として島根県内の巡教に乗り出し、その範囲を周辺の中国地方各県、四国の愛媛・香川へと広げていった。大社教を特立した一五年も、一〇月に徳島県阿波郡の香美教会所、一二月に美作国津山の美作分院で鎮祭式を執り行い、両県内を巡教している。

一〇年代後半は、より遠方における長期の巡教に挑んだ。明治五年六月、東京府と群馬県内の信徒への神札配布を尊福が新政府に申請し、認可を得ているので、関東には早くから一定の信者がいたことが窺える。尊福はその関東の神奈川県（現東京都）西多摩郡青梅一帯で一六年九月、有志一二〇余人による招聘を受け巡教した。これが東日本における本格的巡教の始まりとされる。この時、平田銕胤《かねたね》の門人で江戸出身の井上頼圀《よりくに》が青梅に先発して巡教の下準備をし、また大社教岡山分院長の松尾郡平が同行して説教をしていた。各地にいる様々な協力者が、尊福の全国巡教を支えたのである。

翌一七年秋、尊福は二カ月をかけて新潟県内を巡り、一八年夏からは半年にわたり福岡県内を巡教した。歴史や神話で出雲と縁の深い越と筑紫を巡る旅は、感慨深かったのだろう。数ある巡教の中で、この二地域だけ、その様子を詠んだ歌集『越の道ゆきふり』と『筑紫の道ゆきふり』を出している。この二つの歌集に垣間見られる、巡教の様子や尊福の思いをとらえてみよう。

†越の道ゆきふり――新潟巡教

祭神論争をへて国家神道路線へ舵をきった政府は、神官教導職分離令に続き、明治一七年八月一一日の太政官布達で神仏教導職の廃止を告げた。これにより神道事務局は消滅し、神道各派の管長が教師を任免し、教規を定め、内務卿の認可を得ることになる。尊福は東京へ赴き、官庁で状況を把握しながら大社教教規を定めて申請、教内に対応を指示するなど、忙しい夏を過ごした。

この一七年夏の上京に始まる『越《こし》の道ゆき布里《ふり》』（ふり＝様子）は、政府任命の教導職でなくなった尊福が、名実ともに在野の宗教者として臨んだ最初の巡教を綴った歌集だ。出雲と越の間には古くから海を渡る往来・交流があった。出雲崎や小出雲《おいずも》などの地名、出雲神を祭る古い神社、出雲大神と結ばれたヌナカワヒメの神話などが今も息づく。

それ故に出雲大神を尊び敬う人も多い越後へ、自ら布教に赴きたいと尊福は思い立つ。祭神論争時の一三年、新潟県神道分局・支局などの教導職は五六人の連名で、尊福の大国主神合祀論に賛成する建議書を神道事務局に出していた。その頃新潟区に出雲大社一等教会所が、西・中・北の各蒲原《かんばら》郡に二等教会所もできていた。尊福は信者らの度重なる要請に意を決し、九月三〇日東京から越後へ旅立つ。

この越後行きは新旧交通の混合だった。尊福はまず上野停車場で、同年六月に竣工したばかりの上野〜高崎線の汽車に乗る。高崎駅に着くと馬車で三国街道を渋川へ。中山から猿ケ京へ続く山道は昔のままで「住人も見えぬ山路の菊の花千代の昔に誰か植えけむ」と尊福は詠う。三国峠を越えて越後（新潟）に入ると、三俣から六日町まで陸路、そこから川舟で小千谷《おぢや》に向かった。長岡で新潟の信徒らの出迎えを受けた尊福一行は汽船で信濃川を下り、一〇月六日に新潟下大川前通の桟橋に着港している。この時、逆に信濃川を遡上してくる鮭を捕る漁を見た尊福は「信濃川のぼるを見れば魚すらもみなかみ（みな神・水上）慕ふ心有りける」と詠んでいる。

尊福は新潟の教会所で五日ほど説教してから、今の新潟市一帯ほか、内陸の五泉市、新発田《しばた》市、阿賀野市域も巡って布教した。海に面した杵築《きづき》育ちの尊福は、幾日も山間の里を巡る旅中、海を恋しく思い「波の如く連なる山を越えこえて海にはいつか出んとするらん」と詠む。ようやく沿岸に出て赤塚（新潟市西区）で深夜に波の音を聞き「波の如つらなる山と思ひしに近くも響く海の音かな」と、安らぐ気持ちを歌にしている。

そこから弥彦、寺泊《てらどまり》と沿岸を移動して出雲崎入りした尊福は「越路には神の御跡の数あれど名さへ床しき出雲崎かな」と詠む。この地名は「出雲の大国主命の来臨と出雲との交流にちなむ」(『角川日本地名大辞典』)とも「出雲臣の一族が往来した海辺の崎の地をいう」(吉田茂樹『日本地名大辞典』)とも言われる。出雲崎の総鎮守、大国主神を祭る石井神社には、一晩で育った一二株の大樹で造った船で渡海する出雲大神を、多くの魚や海亀たちが佐《たす》け渡したので佐渡、帰ってきた出雲大神が鎮座したので出雲の名がついたという神話も伝わる(明治二年の石井神社記)。

隣の石地村では、御島石部《みしまいそべ》神社の山岸巌雄宮司から、海を渡ってきた出雲大神が浜辺まで桟橋のように続く岩礁を見て心を惹かれ、船を寄せたという鎮座由来の神話を聞き「大神もよしと寄りけむ長岩の長くつかふる道なわすれそ」と詠う。その後も上越五智の居多《こた》、名立の江野神社など沿岸の出雲大神鎮座地に立寄りながら移動した尊福は、名立から能生《のう》(糸魚川市)へ行く道すがら「沖つ風能登の三崎を今日みれば波も心も騒がざりけり」と詠った。当地の沿岸からは天気のよい日、能登の珠洲《すず》岬が望める。出雲国風土記が、出雲大神とヌナカワヒメの御子神と記す御穂須須美《みほすすみ》命が鎮座する地だ。尊福は海を渡る神々の縁に思いを馳せたことだろう。

『越後古代史之研究』(大正一四年)は、越後の式内社五四社中、出雲系が大和系より多い

能生近くの海岸から能登の珠洲岬を眺め、歌を詠む尊福（絵・川崎日香浬）

というが、中でもヌナカワヒメの本拠地、西頸城《くびき》（今の糸魚川市）は六社中五社が出雲系で、出雲大神の伝説が多い。親不知近くの海上に浮かぶ「投げ岩」は、ここを通りかかった大国主神が、鬼から求婚され困っている綾姫の話を聞き、その鬼に岩投げの力比べを挑んで、海中まで投げ飛ばした岩だという。能生町の舟窪《ふなくお》（舟の形をした窪地）は、その昔大国主神らが沖合へ往来した舟を置いた所だと伝わる。糸魚川市田伏の奴奈川《ぬながわ》神社の社伝には、ヌナカワヒメが高志国を治めていた頃、出雲大神が来て、共に国造りを行ったとある（明治一六年神社明細帳）。ヌナカワヒメが出雲大神と能登へ渡り、再び海を渡り頸城に帰ったという伝説（大正一〇年『天津神社並奴奈川神社』）は、能登にいる御子神との関係を窺わせる。

尊福は西頸城を布教の西端として折り返し、直江津から内陸に折れ、越後巡教の終点に定めた小出雲に至る。そこもまた直江津の居多神社から出雲町～大己貴《おおなむち》社～斐太《ひだ》神社～小出雲と、出雲大神を祭る古社や出雲地名が連なるラインだ。筆者は以前、小出雲の鎮守・加茂神社を末社にもつ斐太神社の倉科信彦宮司から、小出雲は小京都と同じで、加茂神社は出雲の賀茂、出雲から来て創建した社と、先代から伝え聞いていると教わった。小出雲村を訪れた尊福も「ここを小出雲といふは我大神の御子神のませるによれるなるべし」と『越の道ゆきふり』で綴っている。

†近世御師の伝統を受け継いで――和歌を吟じ筆を振るう

明治一七(一八八四)年八月の教導職廃止令に伴い、尊福は大社教に教導職の職制を取り入れ、翌九月に本居豊穎と、祭神論争で尊福を支持した石見《いわみ》国一宮・物部神社の世襲宮司家の金子有卿《ありのり》(一八四六~一九二三年)を大社教の大教正(一級)に任じた。二人は翌一八年五月に大社教副管長となり、東西日本を分担、尊福を補佐して布教に尽力する。

一七年秋に始まる尊福の越後巡教には大社教教導職(職員)中、大講義(七級)二名、権中講義(一〇級)一名、権少講義(一二級)一名、訓導(一三級)一名が随行していた。尊福の巡教にあたり明治一三年に定めた準則(大教主巡教概目)をみると、随員として出雲大社教院の職員二~四名が同行とある。教導職五名の随行に、従前にない新潟巡教の規模と、それへの力の入れようが窺える。上越市の出雲大社越後石沢講社には「大社教管長随行」

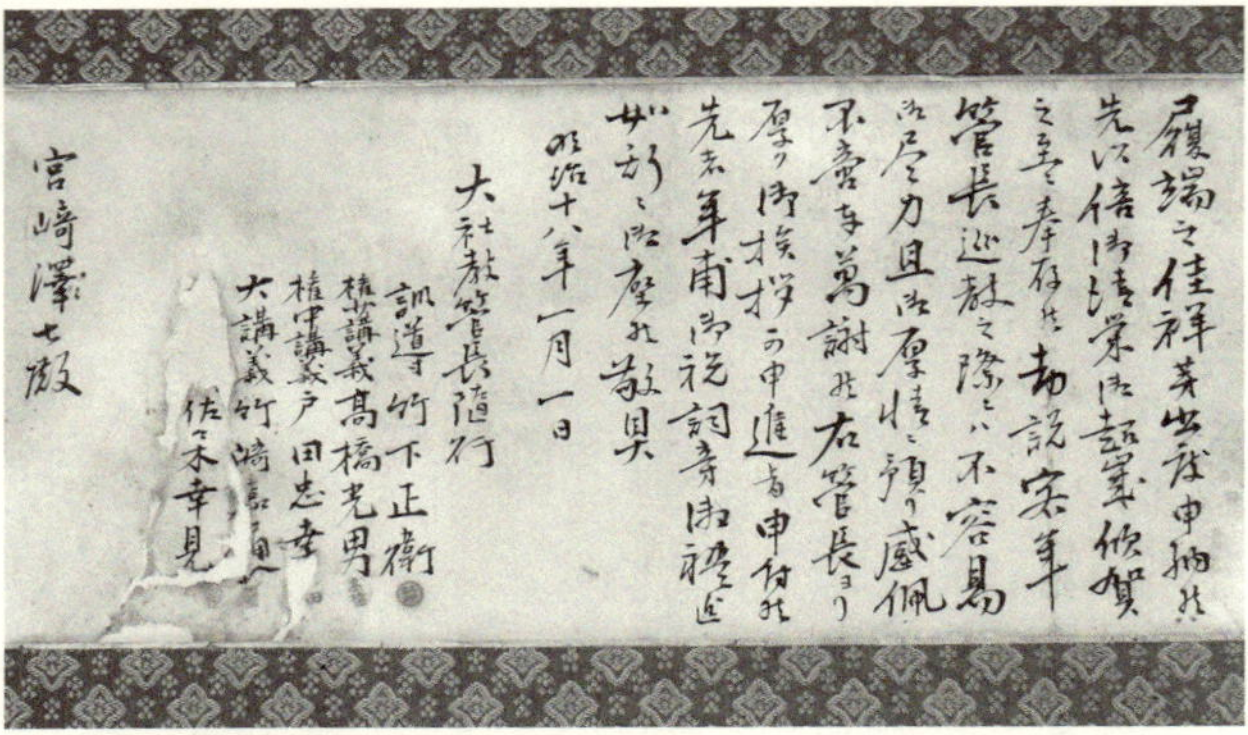

大社教管長随行の5人が連名で宮崎沢七へ出した明治18年元日付の礼状（出雲大社越後石沢講社蔵）。

として大講義の佐々木幸見ら五人が連名で出した一八年元日付の礼状が残る。石沢には近世、大社の分社と出雲御師の宿所があったという。同講社は初代の宮崎沢七が一三年、徒歩二カ月の大社参詣で分社を発願、御分霊と龍蛇神《りゆうじや》を授かって帰郷し、出雲神社を建てたのが始まりで、一七年に大社教の認可を受けた。礼状には巡教時の並々ならぬ尽力と厚情に対する感謝が尊福に代わって記されている。尊福自身は還暦に達する沢七の身を案じてか、「静養」と揮毫《きごう》した書を贈った。

尊福の足跡は今も新潟県内の随所に残る。糸魚川市田伏の奴奈川神社の社殿には尊福の筆による社名額が掛かり、柏崎市西山町石地の御島石部神社の境内には、尊福が記した社記を刻む石碑が立つ。いずれも一八年三月付なので、巡教後に贈ったのだろう。刈羽郡を巡る間、石部神社の山岸巌雄宮司は何かと尽力したようで、尊福は柏崎まで見送りに来た同宮司との別れを惜しむ歌を詠んでいる。山岸宮司が尊福の書いた社伝記を、後々までも大事にしていたことは、同宮司が二〇年後の明治三九年に発行した『御島石部神社社伝記』を「明治一八年三月　大社教管長従三位男爵千家尊福しるす」との書き出しで始めていることからも分かる。

御島石部神社と千家尊福の和歌を刻んだ石碑（右下）（新潟県柏崎市西山町石地）

　尊福は頸城郡一宮村の奴奈川神社（現在、糸魚川市の天津神社境内社）で、前（明治一七）年まで柳田神社だった同社の社号回復に尽力した二人の教育者（杉本直樹と藍澤充太郎）の話も聞いた。奴奈川の社名が埋もれた状況を嘆く二人が、明治七年以来、新潟県に社号の回復を求め、一〇年越しの運動の末、ようやく社号の回復を公認されたという。尊福は神前に詣でて「白雪の降にしあとも顕れて埋《うずも》れぬ世にあひにけるかな」「宮柱立ちそ栄えむ梓弓ひき違えごし名をも正して」など、杉本らの功労を称える歌を献じた。ヌナカワヒメは出雲大神と結ばれた女神。今も拝殿に掛かる尊福直筆の社名額を、この逸話や歌を思いながら見ると、その時の晴れやかな思いが伝わってくる。

尊福が巡教する前には先発隊が派遣され、宿泊・講演場所を交渉し、祈禱の受付などの準備を整えた。宿泊所には当地の名士や富豪の家を当てることが多く、石地では翌一八年県議となり、二一年日本石油会社を創立する内藤久寛の家に、高田（上越市）では旧高田藩医師で明治四年に知命堂を開院した瀬尾玄弘の家に泊まっている。田上村（南蒲原郡）では、周囲の人を連れて毎年杵築に参詣している田巻三郎兵衛の家に立寄り、信者と交流した。

我が家に是非との要望も多く、先発隊が悩むこともあった。弥彦村では、一一年秋の明治天皇北陸巡幸で行在《あんざい》所だった弥彦神社祠官の五十嵐盛厚邸に泊まる予定が、手違いで右大臣岩倉具視が泊まった鈴木嘉内宅に変わった。五十嵐夫妻はとても嘆き、立寄るだけでもと請う。尊福は断りがたく、同家を訪ねた経緯を歌集『越の道ゆきふり』で記している。この時、尊福が泊まった鈴木嘉内邸の部屋は、神社境内の大半が焼失した明治四五年の弥彦大火をまぬがれた。大正元年の移築をへて、今はギャラリ

新潟県糸魚川市の天津神社社殿に掛かる尊福国造揮毫の扁額

ーとして再生、大切に保存されている。
『越の道ゆきふり』は歌集なので、新発田の原富次郎（宏平、歌人で二二年に初代新発田町長）宅で行われた歌会には紙幅を割いている。三五名が集い、夜更けまで続いた歌会では、随行の竹下正衛や戸田忠幸も歌を披露している。和歌や俳句で現地の人々と交流、親睦を深める。請われて揮毫する。その教養で尊敬を得て、また縁を大事にし信頼を築く。これらは数世紀にわたり出雲御師が蓄積してきた布教の術で、尊福の巡教も、その伝統の線上にあった。

明治18年の新潟巡教で尊福が泊まった鈴木嘉内邸（新潟県弥彦村）（上、出雲大社所蔵）と部屋（下）。大正元年、弥彦神社の外に移築され、現在は「ギャラリー余韻」として再生されている。

　御師らが各地で育んできた基盤の上で、生き神視された国造が親しく神徳を説く。尊福の巡教が熱烈に歓迎された所以だろう。この年三九歳の尊福は、今の柏崎市一帯で二尺余り積もった雪道を黒姫山麓の黒瀧村へも巡教に行っている。その型破りな尊福のフットワークは、信者のみならず、大社教の教師たちをも鼓舞したに違いない。

こうして尊福は、太古から出雲と深い縁でつながる越を巡り、そこに新たな縁を重ねていったのである。帰路は北国街道を南下して信濃に抜け、野尻や川中島を通って碓氷《うすい》峠を越えて高崎へ向かい、汽車で東京に戻った。

†筑紫の道ゆきふり――福岡巡教

出雲大社本殿のすぐ隣(西側、神座の前)には筑紫社がある。出雲大神と結ばれた宗像《むなかた》三女神のタギリヒメを祭る社だ。日本書紀の崇神天皇六〇年秋の条には出雲臣の遠祖、出雲振根《ふるね》が筑紫国へ赴く話もある。歴代出雲国造は、筑紫との縁を強く感じてきただろう。尊福は明治一八(一八八五)年夏、その筑紫＝福岡へ大社教を布教すべく旅立ち、巡教中詠んだ歌を『筑紫の道ゆきふり』にまとめた。

往路、三次(広島県)の三良坂《みらさか》教会所に立ち寄った尊福らは七月一九日、船六艘で馬関(下関)まで迎えに来た門司の神職らと合流し、関門海峡を渡る。この時、尊福と出雲大神の御分霊が乗った船には斎竹《いみだけ》を立て、しめ縄を巡らせ、引船にして清浄を保ったという。門司に着き三日間開教した一行を、日に千人を超す聴衆が迎えた。その後七月末までは、今の北九州市域を巡る。

二二日関門海峡から洞海湾に入り、当時石炭の積出港として急速に発展していた若松に着いた。尊福は数多の船がひしめく港の情景を「若松の港賑はふ百船は千代の栄を運ぶなるらん」と詠む。市街地では各戸が斎竹を立て、しめ縄を引き、清砂を盛り、沿道で人々が左右に跪居《ききょ》して尊福を迎えた。二昼夜の説教で約五〇〇人が大社教に入った。

さらに洞海湾内を進み、黒崎に至った一行は二七日、藤田の春日神社（現八幡西区）で開教。境内は人で溢れ、千人近い信者が大社教に入った。尊福は歌集で「藤田村の（宮司）波多野熊宣《くまのり》は祖父の頃より我家と親しい」として「月日こそ遠く隔つれ古《いにしえ》に変わらぬものは誠なりけり」と詠む。今も同社社殿に掛かる尊福揮毫の扁額「出雲大社」「大比叡神社」「須賀神社」は、布教に協力した熊宣の誠意に応えて贈ったものだろう。

これら三枚は二〇〇三年まで境内にあった上《うえ》の宮（出雲・須賀・大比叡神社）の社殿に掛かっていたと、波多野雅夫宮司はいう。春日神社の鳥居をくぐる西側の参道と別に、南側にある上宮三社の扁額が掛かる鳥居を擁する参道が、その名残だ。大社名の扁額は大社教の関係と思いきや、慶応四（一八六八）年閏《うるう》四月の神社帳書上（波多野家文書）に、すでに「右殿出雲大社」とあった。戦前の八幡市神社明細帳には「出雲神社（の）鎮座年暦（は）詳ならねど宝鏡一面、延宝年間（一六七三〜八一年）以前に奉納ありと云ふ」とある。須

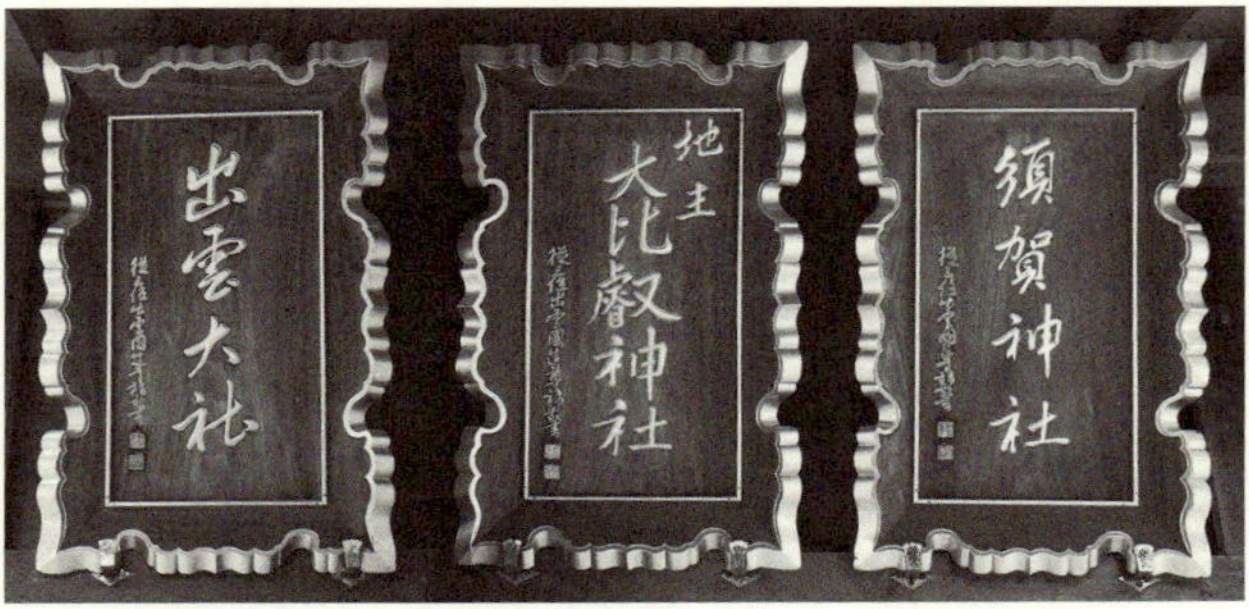

現在、春日神社社殿の前面に並んで掛かる「出雲国造尊福謹書」と書かれた３枚の扁額（北九州市八幡西区藤田）

賀・大比叡神社の祭神も出雲神だから、近世当地に出雲信仰が根付いていたのだ。その鎮座や尊福の祖父、第七八代国造尊孫《たかひこ》（一七九六〜一八七三年）と熊宣（一八二四年生）の交流には、御師が介在していたのではないか。

藤田を出た尊福らは遠賀川を河口近くで渡り、響灘沿岸域を開教しつつ、宗像方面へ向かった。そこから玄界灘沿いを南下し香《か》椎《しい》宮、筥崎《はこざき》宮に立寄り、八月末博多に至る。箱崎の浜で涼んだ夜、江藤正澄《まさずみ》（一八三六〜一九一一年）と再会した喜びを、尊福は「杯をとる手に月もさしそひて巡りあふ夜ぞ嬉しかりける」と詠った。正澄は後に出雲大社福岡分院を開く廣瀬玄鋹《はるなが》が、終生兄事したという人物。秋月藩士時代に国学を学び、明治零年代前半は神祇官《じんぎ》（省）の官員を、後半は丹波国出雲神社（出雲大神宮）などの神官を務めた。九州大学附属図書館所蔵の江藤書翰集に五年一月、尊福が行う神葬祭をめぐり、当時神祇省権中録だった正澄に、玄鋹の父・綱鋹らが送った書状が残る。尊福が四年春、東京で開いた歌会に、二人は同席していた。尊福と正澄は、一〇年を超える旧知の仲だったのだ。

正澄は一一年、実父の死を機に帰国、官を辞し古書店を開く傍ら、福岡博物展覧会の開催や午報を鳴らす号報会社の設立、沖ノ島の神宝調査などで社会事業家、考古学者として名を馳せる。尊福は二〇年四月、その正澄を大社教の権中教正（四級）に任じた。後に昇級を重ねて三三年に大教正となる正澄は、福岡における大社教の活動を終生支えた。大社教の教導職の最高位まで昇級した正澄も、晩年の四二年に自身の生涯を「大社教大教正江藤正澄履歴書」と題してまとめるほど、大社教に傾倒していたのである。尊福の巡教は、優れた人材発掘・登用の旅でもあったのだ。

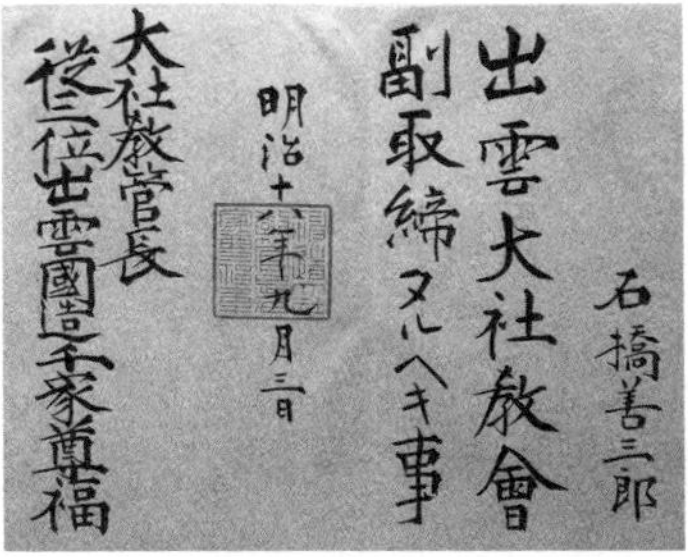
石橋善三郎
出雲大社教會
副取締タルヘキ事
明治十八年九月三日
大社教管長
從三位出雲國造千家尊福

福岡県姪浜の石橋善三郎に出雲大社教会副取締を任命する明治18年9月3日付け書状（石橋家所蔵、筆者撮影）

博多湾に面する姪浜《めいのはま》（福岡市西区）の旧家・石橋家では、石橋善三郎を出雲大社教会副取締に任命する一八年九月三日付けの書状とともに、この時尊福が揮毫し、授けたとみられる大社御神号「大国主大神」の掛け軸を、今も大事に保管している。尊福が赴く先々で、次々に教会が立ち上がっていった様子が窺える。

†大社教を支えた多彩な人材——重層的布教で信徒拡大

尊福の福岡巡教は明治一八年七月下旬から一二月初めまで続いた。九月には今の福岡市域を博多湾に沿って西へ移動し、糸島半島（今の糸島市域）に至る。糸島は古代に出雲の玉作り工人達が住んでいたとされる潤地頭給《うるうじとうきゆう》遺跡があるなど、出雲との縁が深い地だ。糸島市二丈福井の白山神社には「大社御杖代《みつえしろ》兼国造出雲宿禰尊之《たかゆき》」と刻まれた扁額が掛かる。尊福の曾祖父、第七七代国造（一七九五～一八三二年在職）の揮毫だ。筑前が檀所の大社御師、廣瀬家がとりもった縁だろう。

尊福はその糸島で宮崎元胤《もとたね》（大俊、一八三二～一九〇〇年）と会う。宮崎家は代々筑前国志摩郡の神職で、父大門（一八〇五～六一年）は同国初の平田篤胤門人だった。大門は篤胤の幽冥観を受け継ぎ、天保一〇年『幽顕問答鈔』を著す。元胤は安政二（一八五五）年、父の紹介で篤胤の後継者、銕胤《かねたね》（一七九九～一八八〇年）に入門。その信任厚く、元胤の名を授けられ、維新に際し怡土《いと》・志摩両郡（糸島市と福岡市西区）の祠官班頭職に任じられるなど、当地平田国（神）学の中心人物となる。

安政二年、筑前国から元胤を含む一五人が鋏胤に入門したが、うち一〇人が志摩郡の出身で一二人が神官だった。糸島に平田神学が浸透した所以だ。二丈白山神社の河上定徳《さだやす》宮司は一四年出雲刊行の和綴本『葬祭式』(同社所蔵)を筆者に見せながら、糸島の神葬祭は、今もほぼ大社教由来のものだという。

尊福は元胤との別れ際「なみならぬ人の誠の玉(霊)も得つ心尽くしの島巡りして」と詠んだ。並と波をかけ合せた歌に、尊福が得た元胤の厚情のほどが窺える。糸島市志摩久《く》家《が》の生松天神社宮崎家文書に、尊福が一六年末、大社教信徒用に作った祈禱文(家内安全・病気平癒の祈念詞と神語)がある。信徒に配るよう、尊福が元胤に託したのだろう。

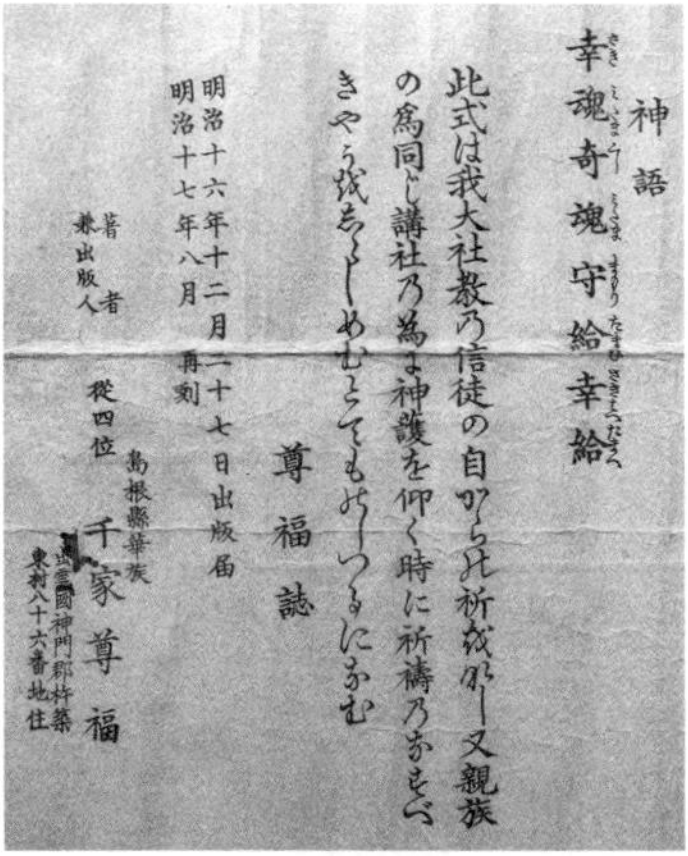
神語
幸魂奇魂守給幸給
尊福誌
明治十六年十二月二十七日出版届
明治十七年八月再刻
島根縣華族
著者兼出版人 従四位 千家尊福
出雲國神門郡杵築東村八十六番地住

明治16年に尊福が大社教信徒用に作成発行した祈禱文の末尾＝福岡県糸島市志摩久家の生松天神社所蔵

尊福一行は糸島半島から博多へ戻り、今度は御笠川沿いに南進して今の春日・太宰府市域で開教した。さらに筑後川北岸の朝倉市域などを巡り、一一月には旧豊前《ぶぜん》国エリアの福岡県中・東部(今の田川・行橋《ゆくはし》市域など)で布教、一二月四日の鞍手郡《くらて》で福岡巡教を終えた。

四カ月半に及ぶ福岡巡教の中盤、尊福は「七月より巡回しければ、堪えがたく思いし暑さも、今は冷かになり」として「いたつきをいかに重ねて旅ごろもまた寒きまで秋ふけぬらむ」と詠んでいる。糸島滞在中、玄界島の信者らの切望に応えて渡海しようと約束しながら、当日風が吹き荒れて渡れず、島人たちが嘆いていると聞くと、「風をいたみ船は通はずなりぬれど神の守れる道やたゆべき」という歌を詠み、島の信者たちに送った。精力的な巡教、ハードな長旅が続く中でも、細かい気配りをしていた尊福の様子が窺える。

一九年五月の『大社教雑誌』創刊号は、この福岡巡教で管長尊福の親教が一二五席に及び、五万人余が大社教に入り、一五〇〇余戸が神葬祭に改めたと記す。以降の号に出てくる巡教報道を見ると、尊福に続き同年秋には副管長・大教正の金子有卿が、豊前から肥後（熊本県）にかけて巡教した。尊福巡教の随行で熱心だった地元・田川郡の権中講義（一〇級）箕田軌に先発を委ね、大講義（七級）など教導職数名が有卿に随行している。

二一年には大社教美作《みまさか》分院長で権中教正（四級）の美甘政和《みかもまさとも》が、四月初旬から七カ月近くかけて福岡県内を巡教し、豊後（大分県）の日田や耶馬渓《やばけい》筋の各村まで足を延ばした。政和の開講は延べ一五〇余日・三〇〇回に及び、毎回数百人が参集したという。この政和巡教に随行・尽力した教導職の中に「志摩郡権大講義宮崎元胤」の名がある。元胤は祝詞原案や出雲大社月次兼題応募用の短歌を書き留めた「家父吟詠備忘録」（二一〜二三年）で「管長出雲宿禰尊福……この筑紫の島を巡り賜ひて親《みずか》ら教え導き」と一八年の巡教に触れ、二一年一一月に金子副管長から褒賞文を賜り、翌二二年に大講義（七級）に昇級した旨も記している。

二二年三月には岡山分院長で権少教正（六級）の松尾郡平が信徒の招きを受け福岡巡教へ赴いている。こうした重層的なフォローアップと、それを可能にした秀逸で多彩な人材群が、大社教の信徒を飛躍的に増大させたのだろう。

†コレラ予防で指導力発揮――岡山巡教

明治一八（一八八五）年、夏から冬にわたる福岡巡教を成し遂げた尊福は、翌一九年も長期の巡教に出向いた。三月一九日出雲を発ち、大社教美作分院がある（岡山県）津山を起点に兵庫県内に入り、旧播磨《はりま》・摂津国域を六月半ばまで巡っている。前述した明治二年春の京への旅などで、尊福は早くから美作・播磨を訪れていた。それは美作や播磨が出雲と大和を結ぶ古道の要路で、出雲人が頻繁に往来していたからである。

尊福は明治七年夏、上京の途中、美作で神職一同を集めて講話。それが明治一五年末の美作分院の誕生につながる。一九年春の巡教では、その津山から吉野郡吉野村（現美作市

明治19年の尊福巡教を機に21年に創立された出雲大社安積教会（兵庫県宍粟市一宮町安積）

豆田あたり）をへて播磨に入り、佐用《さよう》郡平福村（現佐用町平福）、宍粟《しそう》郡へと至り、安積村や山崎町などを巡教した。播磨国風土記には、出雲に関連する神や出雲人が登場する。今の作用町一帯にあたる讃容《さよ》郡柏原里では、出雲国から来た大神が、島村の岡に腰かけて、筌《うえ》（魚をとる竹の器）を置いたので（今の千種川を）筌戸《うえど》と名付けたという。揖保郡では野見宿禰《のみのすくね》伝説のほか、神尾山に坐す出雲御《み》蔭大神《かげのおおかみ》が、道行く出雲国人の半数を遮り留めるため、出雲国人らが佐比《さひ》（鋤の類）を作り祭ったという、佐比岡《さひおか》の地名由来も語られる。今もたつの市揖西《いっさい》町にある琴坂《ことさか》は、麓で田を耕していた播磨の娘の気を引こうと、出雲の若者が琴を奏でた所だという。平穏な日常の一コマを綴る説話だ（揖保郡桑原里）。そして尊福が訪れた宍粟（市）には、大己貴神を祭る播磨国一宮・伊和神社がある。

同社が鎮座する宍粟市一宮町にあるのが出雲大社安積教会だ。一九年五月の尊福の巡教を機に、七ヵ村の神官、村長、信者たちが合議して、二一年一一月に創立した、播磨の中で最も古い教会である。御分霊勧請のため出雲へ向かった教師・役員五名は往路、因幡《いなば》道を北上し鳥取から沿岸を米子《よなご》、松江へ進み、宍道湖《しんじこ》を船で渡って杵築に至り、帰りは美作道を通って津山、佐用、山崎、一宮に着き、伊和神社内の仮殿に御分霊を奉安したという。今も庭田神社の大住綾夫宮司がその祭祀を司る。近くの宍粟市波賀町の邇志《にし》神社には、明治三九年の尊福揮毫の扁額が掛かる。当地との繋がりを尊福が長く維持していた証だ。美

尊福揮毫の扁額が掛かる兵庫県宍粟市波賀町の邇志神社

作・摂津・播磨では五一ヵ所で開教し、尊福の説教は七二回に及び、一万二千余人が大社教に入った。

六月二一日神戸を発った尊福は次の巡教地、岡山の旧備前・備中国域へと向かう。その頃、岡山県内ではコレラが流行し、県は興行や集会を禁じ、六月二一日から神仏の説教と小学校の授業も停止していた。その岡山へ二三日に着いた尊福を待ち受けていたのは、なお巡教を願う多くの信徒たちだった。尊福は県庁に赴き、大社教の主旨、療病衛生は出雲大神の教えの道だと説く。大社教で印刷した『コレラ予防説諭書』も見

尊福（袴姿、出雲大社提供）。巡教中の移動時などは、このような格好だったのではないか。

せ、開教の許可を求めた。出雲大神は病気治療の法を定めたとする日本書紀などにより、医療神としても信仰され、近世の出雲御師たちは檀所に自家製の薬も持参していた。尊福らにはその伝統と実績が備わっていたのである。県令（知事）らはコレラ鎮静に資するという尊福の主張に賛同し、大社教に限り説教を許した。尊福の言葉と示す根拠には、県令らを頷かせる力があったのだ。

尊福はコレラが蔓延する岡山県下で連日巡教し、その予防法を説き、数千枚の予防説諭書を配布した。毎回衛生担当の官員などが同席する中、尊福は神頼みだけで疫病から逃れようと思い治療を怠るのは誤りだと諭し、大社教信徒が予防摂生を尽くして疫病の蔓延を防ぎ、県民の模範となるよう説いた。疫病の流行に臆せず、布教を敢行した尊福に、人々は感銘を受けただろう。この件で大社教に対する官民の信用は一層高まり、一九年の岡山・兵庫両県の巡教では数万人が大社教に入った。

岡山巡教を終えた尊福は七月二日神戸へ向け乗船、神戸に数日滞在後、七日に出航し九日東京へ着く。信徒の前では毅然とした姿を崩さぬ尊福だったが、連日の説教で巡教中から感じていた喉の痛みが船中でひどくなった。そんな体調不良を物ともせず、同年一二月には静岡県へも巡教に出向いている。

†大社教に集った人たち——出雲街道沿いの美作、願開舟の土佐

北海道から沖縄まで、今も各地にある出雲大社教の分院や教会——その中には尊福が大社教の創設を図った明治初期に遡り、今も生き生きと活動を続けている所がある。二〇一八年秋にその一つ、美作分院がある岡山県津山市を訪れた。同市観光協会発行の「津山城下めぐり旅」に「津山は大和と出雲の交わる……歴史の町」とある。国指定登録文化財の老舗旅館「あけぼの」に泊まると、小谷善守『出雲街道』全一〇巻が置いてあった。津山朝日新聞に一九七二年から九六年まで計九〇五回掲載された連載を書籍化したものだ。

今も津山の日常に息づく出雲街道。古来、様々な人やモノ、文化や信仰が往来し、近世は参勤交代の幹線としても整備された。美作から伯耆《ほうき》へ抜ける難所、四十曲《しじゅうまがり》峠に近い美甘村の村誌に、雲州藩主・藩士の頻繁な往来が記されている。延享元（一七四四）年八月、

杵築大社造営のため幅四尺の扉板が大坂から送られ、宝暦九（一七五九）年二月には京都御園大納言息女が千家国造へ、冷泉中納言息女が北島国造家への輿入れで通行。千家尊澄《たかすみ》に嫁いだ広橋大納言喜久姫も慶応二（一八六六）年二月に京から出雲へ、明治二（一八六九）年二月には尊福が父尊澄と上京する際、やはり出雲街道を通っている。

美甘政和（出雲大社美作分院所蔵、筆者複写）

津山は京都と出雲を結ぶこの出雲街道の、ちょうど中間点に位置する。その津山松平藩町奉行日記には「出雲大社中官西村神太夫と申す御師、上下四人例年の通り参り候」（文化二＝一八〇五年九月一七日）、「雲州杵築多久十太夫と申す御師、上下三人例年の通り旦那《だんな》（檀所）廻りに昨日参り候」（同年一〇月二六日）などと、出雲御師の来訪が度々出てくる。『出雲大社美作分院百年記念誌』が、美作では古くから出雲大神に対する信仰が厚く、家々でも玉串を祭ってきたと記す所以だ。

尊福は明治七年八月、大教正兼神道西部管長として上京する途中、津山の旅館で美作国中の神職を集め、神道の興隆を説いた。ここで尊福は、美作分院の創設者となる美甘政和と出会う。政和は津山藩主に学識を買われ、明治元年に藩士となり、社寺掛をへて四年に中山神社の神官となっていた。末席に列するも演者三人の一人に選ばれ、進み出て尊福の講演に対する所見を述べる。尊福は政和を高く評価し、政和は尊福に深く共鳴したという。前年、出雲大社敬神講を端緒に出雲大社教会を創立した尊福は二九歳、政和は三九歳の夏だった。

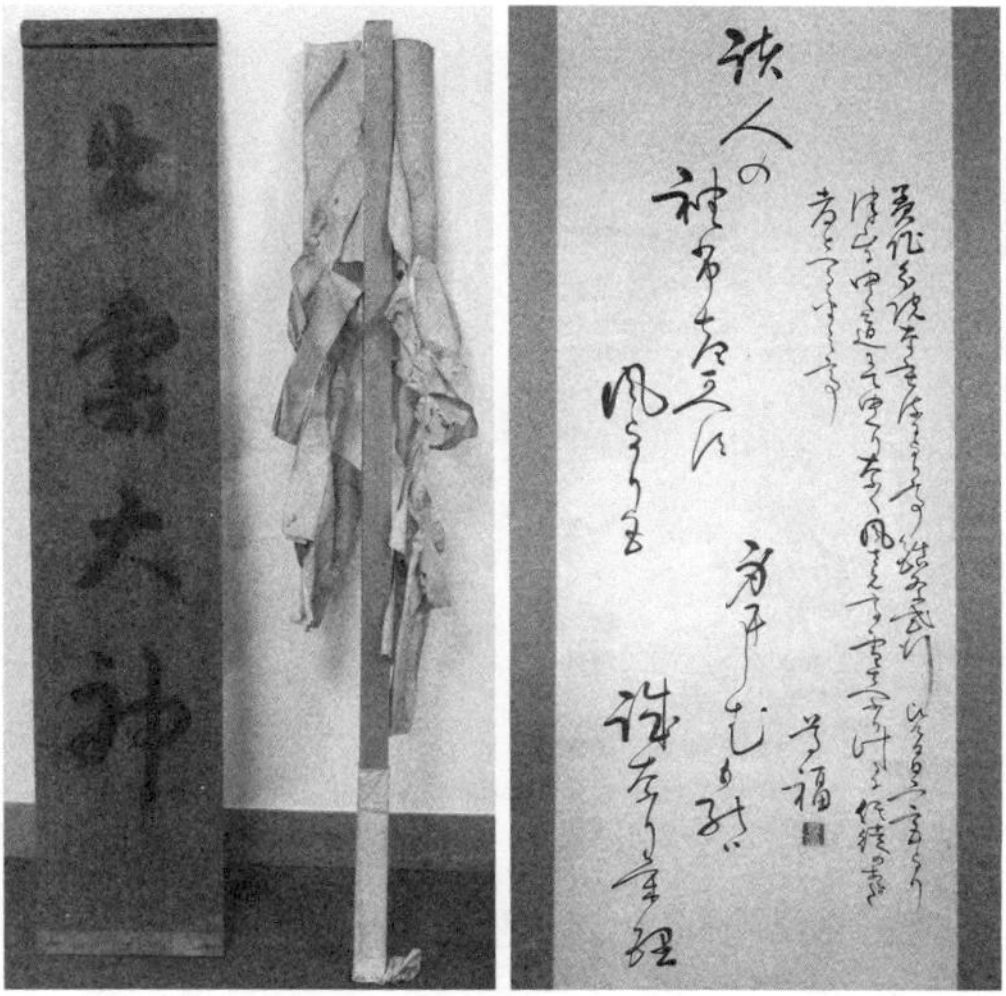

明治15年12月、大社教美作分院創立の鎮祭時に、尊福が奉持した幣帛（左）と書いた歌の掛け軸（右）。いずれも同分院所蔵。軸には歌の説明が「美作分院なれるによりて鎮祭式行ひける日、一宮より津山に行く道にて、ゆくりなく風さめて雪さえ降りけるに、信徒の数多集えるを見て」と書かれている（原文は随所に万葉仮名）。

明治九年に改めて尊福に会い、美作で出雲大社教会を広めることを約して帰った政和は、同志の秋山結城《ゆうき》・鎮磨《しずま》らと共に翌一〇年八月、美作国神道事務局内に出雲大社教会所を仮設。一二年春までに美作国内の信徒を三万人に増やした。同年五月、出雲大社に参詣した秋山鎮磨の要請を受けた尊福が、美作を訪れて六月下旬から七月半ばまで巡教

現在の出雲大社美作分院（岡山県津山市田町）

すると、美作の出雲信仰は一段と高まり、出雲大社教会の一等教会所を津山に設けることになる。

大社教美作分院が誕生したのは一五年一二月一五日。祭神論争、神官教導職分離令をへて、尊福が大社教を特立した翌月だった。初代管長として美作を再訪した尊福が、自ら奉持してきた神霊の鎮祭を執り行う。神輿を奉護する尊福の前後に政和ら神職、教導職、信徒一同が従った行列は数百メートルに及び、掃き清め、盛砂された出雲街道を進んだ。沿道では各戸が幔幕を張り、提灯《ちょうちん》を掲げ、人々が立ち並んで拍手《かしわで》をうつ。寒風吹きすさぶ中、数千人の参拝者が集まったこの日の喜びを、尊福は「諸人の袖ふきかへす風よりも身にしむものは誠なりけり」と詠んだ。その掛け軸と尊福が奉持した幣帛《へいはく》が、今も美作分院に残る（前頁写真）。

分院長となった政和は三〇年九月、中山神社の宮司に任命され、副長の鎮磨が教職である分院長に就いた。政和は分院総理として後見し、終生大社教に尽くす。大正七年一月に薨去した尊福を追うかのごとく、同年末に帰幽した政和に、大社教は一等教勲を贈った。今は鎮磨の玄孫で一九七一年春に就任した秋山知之さんが第五代分院長を務めている。分院は一九八八年夏に道路拡張のため移転した際、本殿を二階建てにした。敷地もしだいに広がり、二〇一九年現在で駐車場を含め一一八五坪を数え、津山市内で存在感を増している。

美作の出雲街道が、人々を出雲信仰で結ぶ陸の道であれば、その神威が海の道を通じて現われたのが、土佐の願開舟《がんびらきぶね》とされる（『出雲さん物語』）。天明三（一七八三）年四月二七日、稲佐《いなさ》の浜に漂着した長さ一尺三寸五分（四一センチ）、幅三寸五分（一一センチ）の丸木舟。寛永銭一五枚を納めた蓋には「出雲大社様　土佐本山助藤《すけとう》　寅年男」と天明元（一七八一）年一〇月一七日の日付が彫られていた。浦人が拾い上げ、千家国造家に持参すると、尊福の高祖父で第七六代俊秀国造は、その厚い信仰に心打たれたという。土佐国を檀所（布教担当地域）とする大社の御師（神官）矢田八種にその由来を探らせると、蔓延した疫病が出雲大神への祈りで治まったことへの感謝として、助藤村の志和九郎左衛門が近くの吉野川

江戸中期、土佐の吉野川で流され、1年半後、出雲の稲佐の浜に着いたという願開舟（出雲大社提供）

に流したものと分かった。その小舟が、土佐の山中から一八カ月もへて稲佐の浜に流れ着いた陰には、多くの人々の善意があったに違いないと言われる。

出雲大社教会創設の翌明治七（一八七四）年一月、尊福は長文の願開舟由緒を書いた。天仁三（一一一〇）年、稲佐の浜に漂着した一〇〇本の大木で本殿を造営した「寄木《よりき》の造営」に比べて、願開舟は「広く人の知らぬ事」なので、記録と伝承をまとめ、その神威を「世に知らしめん」との思いが記されている。出雲大社土佐分祠の『教会明細書』には、この願開舟の漂着を八種が来国して知らしめた事で、人々の信仰心が喚起され、各家で出雲大神の神札を受け、拝むようになったのが発端とある。明治九年に大社の社家、平岡可美《うまし》が信徒たちの要請を受けて高知に留まり、一四年に

現在の出雲大社土佐分祠（高知県高知市升形）

神霊を奉斎し、高知教会所が誕生した。

　可美は尊福が宮司・国造に襲職した明治五年、大社に奉職し、大社修繕の任に当たるなどして尊福を助けるいっぽう、大社教会の創設に尽力し、また教職を率いて出雲、石見、隠岐《おき》や諸国を巡教し、各地で信者を集めて教会をつくった。一五年に大社教が特立すると、可美は伊予土佐両国の布教に専念し、松山で一等教会所を新築した後、土佐での教会設立を図った。その後、高知県内で豊永、伊勢川教会の創立も手掛けた可美は、初代所長を務めた高知教会所が分院に昇格した翌（二五）年、高知で帰幽、永眠する。故郷の出雲に戻れなかったが、布教に尽くした生涯に悔いはなかったのだろう。最期にあたっては朗らかに辞世の歌を詠み、知己《ちき》と酒を酌み交わして永訣を告げたと伝わる。尊福は葬祭に際し送った「故平岡翁を悼むの辞」で、その功績を称え「南海の訃音に接し、驚愕に堪えず」と悲しんだ。

一九五三年分祠に昇格し、二〇一六年に開教一四〇周年を迎えた土佐分祠は、県庁や市役所が立ち並ぶ市中心部を東西に路面電車が走る電車通りにあり、森田智瀧さんが第八代分祠長を務めている。二〇〇八年、森田分祠長の発起で、出雲大社の遷宮に合わせた出雲願開舟記念碑遥拝所が、縁の地、長岡郡本山町助藤で竣工。森田分祠長は出雲願開舟講も起こし、毎月その記念碑の地で祭典も行っている。

尊福が類まれなる指導者であったことは間違いない。だが、その尊福のもとへ集まり、列島各地に散在しながらも、心を一つにして共に歩んだ人たちの尽力が、大社教を大きく発展させた点も、見落としてはなるまい。

Ⅲ　政治の世界へ

東京府知事時代の尊福（出雲大社提供）

第8章　政《まつりごと》への回帰──埼玉・静岡県知事としての功績

巡教中に偶然出会った伊藤博文に誘われ、尊福は明治二一年、政界に入る。祭神論争の苦い経験から、立憲政体の樹立にあたり、宗教が疎かにされぬようにとの思いによる政界入りだった。尊福は貴族院議員を兼務しながら、埼玉県、続いて静岡県の知事となり、〝徳義による治〟を目指し、数々の功績を残した。各地に広がる大社教の人脈・ネットワークが尊福の県政を助ける。いっぽう尊福は、農事改良などで大社教と親和性がある報徳運動（二宮尊徳《そんとく》＝金次郎の教えを実践）ともつながり、協力関係を築いていた。

†伊藤博文の誘いで政界入り──貴族院で頭角を現す

尊福が福岡巡教を終えた明治一八（一八八五）年一二月、政府は内閣制度の創設に伴い、太政官を廃止した。王政復古の維新体制から近代立憲国家への変貌の序幕だ。初代内閣総理大臣の伊藤博文は二一年四月末に首相を辞し、憲法起草のため新設した枢密院の議長となる。大社教管長として各地を精力的に巡教していた尊福は、ある時、神戸から東京へ向かう汽車の中で、偶然その伊藤と出会い、語り合ったという。尊福にじかにふれて、その才覚を悟った伊藤は、尊福を政界に誘い込む。その年月は不明だが、伊藤は二一年三月七日、内務大臣山県有朋が蒲田《かまた》で催した在京の各県知事、内務書記官の野遊に尊福を誘い、黒田清隆（農商務大臣）ら諸大臣に引き合わせ、自らは高輪の邸宅で二時間余り尊福と会談している（『大社教雑誌』第二三号）。車中の対談は、その少し前であろう。尊福が元老院議官に任じられたのは同年六月七日だ。この時四三歳で政界に入った尊福は、その後、帝国議会開設に伴い貴族院議員となり、埼玉・静岡県、東京府知事を歴任、司法大臣にも就くことになる。

出雲国造は延暦《えんりやく》一七（七九八）年に意宇《おう》郡大領の座から外され、政治的権力を奪われて以来、杵築大社《きづきのおおやしろ》で出雲大神の祭祀に専念するようになり、幕末に至った。その出雲国造の末裔である尊福が、実に一一〇〇年の時をへて政《まつりごと》に回帰したのである。元老院議長として憲法制定に精力を傾けていた伊藤は、帝国議会発足後の日本政治を担い得る人材を欲していたのだろう。伊藤は足掛かりとして、尊福を枢密院と密接な、立法を掌る元老院の議官に任命した。

伊藤博文（国立国会図書館電子展示会「近代日本人の肖像」より）

洋装の尊福。政界入りしてからは洋装も増えたと思われる（出雲大社所蔵）

いっぽう尊福はその任官前に、第二代首相となった黒田清隆へ神道興隆や立憲政体に関わる四通の意見書を送った。そこで尊福は「独逸の如きは立憲君主政体にして英国は立憲君民同治なり、米仏両国は立憲民主国にして即ち共和国なり……我国の立憲政体は独に模するか、英によるか」などと述べている。尊福が在野の宗教者でいながら諸外国の政情に通じ、立憲政体について熟考していたのが分かる。伊藤と車中で対談した時、尊福は世界の趨勢から日本の前途を見わたし、国会開設後の先覚者の心得などを淀みなく論じ、伊藤はこれほどの偉材を野に置き続けるべきではないと、元老院議官に推したという。政治的見識も評価しての抜擢だったのだ。

尊福は自らの政治観を二一年春、著書『国の真柱』で公表する。巻一冒頭で、立憲政体の樹立に当り、天下に率先して尽すのが国造家「祖先の遺志を継ぐ」ことで、今なさねば時期を失うという記述に、尊福政界入りの動機が窺える。同書で尊福は、この大改革で方向を誤らぬために、憲法制定前の段階が重要で、その際に人心を感化し気風を養成する宗教をおろそかにすべきでないとも説く。七年前、祭神論争の勅裁による終結で、大半が賛同した大国主大神合祀論を捻じ曲げた政治の力を痛感した尊福は、自ら政界に入り政治力をつけることで、教導の道を全うできる世にしたいと思ったのだろう。

千家尊福著『国の真柱』全3巻。明治21年に巻1・2を、23年に巻3を刊行（伊藤征男さん所蔵）

尊福には政治家へ「転向」する気などなかった。元老院議官就任の前月に出した『国の真柱』巻二で、人を救い国に資する教法なれば、時弊を正したり禍を未然に防ぐ上では、政治家に先んじる位の智略・才力が必要と説き、教法家は世の先導者となるべきと記す。そのための政界入りだったのだ。だから尊福は当初、宗教者のまま元老院議官に就くつもりでいた。だが就任の翌（二一年六月八）日、同議官の柳原前光《やなぎわらさきみつ》（大正天皇の伯父）が憲法起草中の法制局長官・井上毅《こわし》に、議官になった尊福は神道家で、依然大社教管長の座にあり、説教を行い民衆の葬儀で斎主を務めても差支えないかと照会。尊福は同日付で大社教管長を辞することになる。尊福自身、予期せぬ突然の辞任で金子有卿《ありのり》・本居豊穎《とよかい》の両副管長が代行するも、大社教では長らく管長不在が続いた。尊福の甥、千家尊愛《たかあき》（一八六六〜一九一九年）が二代管長に就くのは二三年六月だ。尊福は各地で信徒に「先般仕官につき直接布教の職を辞したれども、その主義精神は少しも変じたるに非ず」と説いている。

国政では二二年二月に帝国憲法が発布され、翌年一一月帝国議会が開かれる運びとなる。一七年制定の華族令で男爵とされた尊福は、二三年七月の貴族院議員互選会で男爵議員中の上位で当選。八月末には岩倉具定《ともさだ》（具視の子）や徳川家達《いえさと》（慶喜の後継、徳川宗家一六代）らと共に一五人の政務調査委員の一人に選ばれ、第一期帝国議会で第七部長に就く。こうして議会発足当初から有力議員として頭角を現した尊福は、その後（一期七年の）貴族院議員を、薨去する大正七（一九一八）年一月まで四期・二七年半にわたり、続けることになる。

†埼玉県知事に就任——〝難治の県〟を任された人望

教法の信念に基づき政界入りした尊福は、明治二五（一八九二）年八月成立の第二次伊藤内閣の下、文部省普通学務局長（同年一二月就任）をへて第七代埼玉県知事に就任した。二七年一月二〇日、時に尊福四八歳の冬である。当時の文部省は専門学務局と普通学務局の二局構成で、その一局の長は今の局長とは違い、大臣に次ぐ要職だったが、伊藤にとっては、政界に引き入れた尊福を、より重要なポストにつけるための、ステップにすぎなか

尊福が知事だった頃（明治26年）の埼玉県庁舎（埼玉県立図書館提供）

ったと思われる。戦前の県知事は、県民の直接選挙で選ばれる戦後と異なり、内務大臣が選定・任命していた。特に政党政治が力を得る前の藩閥体制下では省庁（特に内務省）の官吏が就くのが一般的で、官僚のキャリアがものを言ったのである。また当時は貴族院議員と、官僚や府県知事との兼任が可能だった。尊福を知事にと内務大臣・井上馨へ直接推挙したのは、貴族院内で同志を集め研究会を主導する尊福を見ていた、議長の蜂須賀茂韶《もちあき》（元徳島藩主）だったという。

その頃の埼玉は「難治の県」と言われていた。江戸を擁する武蔵国から東京と神奈川の一部を分離した埼玉県は、近世十数の小藩が乱立していた地域でもあり、新たな中心や予算獲得をめぐる地域間の争いが激しかった。その中で内務官僚出の第五代知事・久保田貫一（士族）は、中央政府にのみ忠実で、衆議院選で強圧的に民党（改進党・自由党）を妨害し、師範学校の教師・

生徒とも対立するなどして、県会・県民の反発を受け失脚（県会で弾劾され、二五年一二月に左遷）。第六代の銀林綱男（平民出身の官吏）は県会に媚びていると中央政府から批判され、短期（一年一ヵ月）で非職になった。それ故「埼玉県政を円満に治められる人物」として、尊福が選ばれたという。

当初、地元紙『埼玉民声』には「幽《かく》り世を治める大国主に仕え奉れる御身」の尊福が現《うつ》し世を治めるのは「いともったいなし」と驚き、また宗教者に県政が治められるのかと疑う記事が載った（第二〇号）。だがその評価は就任二日目の行動で一変する。この日、尊福は県内の郡長・警察署長を集めて行われる所信訓示で、直後の県会議員選挙での妨害行為を厳禁し、従来なかった出席者との懇談も催した。『埼玉民声』は次の二一号で、新知事は「縉紳《しんしん》（高貴）の家に生長せし人に似ず……民間の俗情に通貫し、なかなか公卿様と受取り難いほど気敏の振舞あり」と記している。

尊福は祭神論争以来、列島各地を駆け巡ってきた。その中で嵩んだ出費で、千家家の資産が傾きかけた一〇年代後半のこと。家の子郎党が集まり「あなたは唯ここにじっとしていれば、人が皆神様扱いしてくれるのに、日本中を駆け廻り、人にもバカにされ、家の財産を倒すのはよくない、もう少し謹んで家にいてほしい」と尊福に諫言したという。この時、尊福は「自分が奔走しているのは栄誉名達のためではない、止めてくれるな」と答えた。

民衆の間では依然、生き神視される尊福だったが、祭神論争で対峙した元薩摩藩士・折田年秀（当時湊川神社宮司）の日記には「千家尊福、副管長の事につき憤激して退局す、実に狭小笑うべきの不体裁」（一三年四月二一日）、「千家より別立云々申遣したり、田中（頼庸《よりつね》）に（ては）大笑い」（一三年六月二二日）などと、大国主大神合祀論を真摯に説く尊福をあざ笑う記述が散見される。このような国造を嘲笑する人物にも接した祭神論争での経験、その後も列島を駆け回り、多くの民衆と接した巡教が、尊福の視野と度量を政界の第一線でも活躍できるほどに、高めたといえよう。知事就任に際し、束帯を脱ぎ、紅塵にまみれ、功を願わず、県政に努めんという思いを漢詩に託した尊福は、二七年四〜六月にかけ延べ四四日間にわたる大規模な県内巡視を行い、各地の郡長や町長から産業、教育、衛生など多方面の実情を直接聴いた。新潟や福岡での長期「巡教」で培った経験が活かされ、尊福はこの埼玉「巡視」でも民衆の心を摑んだことだろう。

†“徳義による治”を目指した尊福の埼玉県政

尊福が三カ月に及ぶ埼玉県内巡視を終えた直後の明治二七（一八九四）年夏、日清戦争が勃発する。各地で義勇兵を組織する動きが起ると、尊福は八月一一日付県報で「国に常制あり、民に常業あり」故に非常徴発の場合でなければ「国民たる者、各々その常業に安んじ」るべきで、現今その必要はない、と制する告諭を出した。

尊福は在任中、こうした県民の心構えを説く告諭をたびたび出している。教育、衛生、産業など、その数は二二件に及ぶ。「世の先導者として立ち、人を救ひ、国を利する」という『国の真柱』で述べた教法の信念を実践したのだ。大社教で生と死二つながらの安心立命を説いてきた尊福は、各地で催される戦死者の慰霊祭へも、よく出向いた。

戦中は戦費調達で県の事業が縮小されたが、翌二八年春終戦に至ると、尊福は直ちに懸案事項の解決に乗り出す。埼玉県は当時、全国で唯一中学校のない県だった。県会と激しく対立した第五代久保田知事の設置案は悉く否決され、第六代銀林知事は任期中、提案を出せなかった。尊福は五月の臨時県会に尋常中学校設置案を提出。自ら県会議長の自邸を訪ね協力を求めるなどして県会とのバランスをとり、浦和と熊谷二校の新設を実現した。

尊福は『国の真柱』で、政府が施政方針を公にして国民に示し、言論自由の道を開いて国事に関する利害得失を論じさせ、努めて世論に従い治を計るのが「官民一致和合の根本」と説く。また、神意は人を独立自治の地に立たしめんとするもので、神道の拡張に尽力する者は、人民の権利を伸張する上での障碍《しょうがい》を除くべきだとも説く。尊福は同書で君主から家長、富豪や学識者に至るまで、社会的な優者が己の恣《ほしいまま》にすれば、劣者の不幸はこの上ないから「長たる者は率先して己を慎み、正しくして謙譲の徳を養う」重責があると、

尊福の主導で明治28年に設立された埼玉県第一尋常中学校。全国有数の公立進学校として知られる県立浦和高校の前身にあたる（埼玉県立図書館提供）

徳義による治も唱えた。尊福は単に観念ではなく、「英国人が鴉片は人身を害すると知りながら、中国に輸出して利を得るが如きは、人を害するも己の利を得んとする者にして、実に徳義心の許さざる所なり」などと、実際の社会状況を挙げながら、それを説いている。

こうした理念や姿勢から、尊福は「温厚の君士人」として県民から尊敬され（『埼玉県政と政党史』）、三〇年四月まで、当時としては長期の三年二カ月余の任期を務めた。この間尊福が県会で再議に付したのは、測候所新設と農事改良費の二件だけだ。二〇年八月の勅令四一号（気象事業令）を受け、各府県は次々に気象を観測する測候所の設置へ向かったが、埼玉県では県議会が二二、二四、二六年も「不急の施設」として予算案を通さなかった。県会は尊福が出した設置案も否決する。すると尊福は二八年一一月の通常県会で再び提案。それが否決されると翌一二月末、再議に付すとともに、自ら議場に立ち、他府県が続々と測候所を設け

埼玉県初の熊谷測候所（明治29年開設、埼玉県立図書館提供）

る中、県民が受けるべき利益が損なわれると力説し、多数決での承認を導いた。こうして埼玉県初の測候所が二九年に熊谷で開設される。

また尊福は、産業分野の技術指導と産業者の組織化を図り、二八年度に農業巡回講話を開き、製茶と製藍《せいあい》の伝習所を設置した。だが県議たちは、埼玉は元来土地が肥沃だとして、農事改良への関心が低く、尊福が提出した農事改良費を認めなかった。尊福は二八年一二月末の通常会で「今日の進歩を以て小康に安んずるべきではない」とし、「県民の多くが従事する農業の改良は急務」で、土壌の改良や耕作農具の研究には「学理を以て実地に応用すべき」だと、自ら議場に立って演説。県会は農事改良費を復活承認した。尊福は県・郡・町村の三段階にわたる系統的な農会の設置（組織化）を計画し、在任中の三〇年三月までに一〇四町村、一郡に農会ができた。

いっぽう出雲大神の農業神としての信仰から、出雲大社境内に農工物産展覧所を設けていた尊福は、埼玉県でも特産品の蚕《さん》業・織物業の振興を図る。その一環として第四回内国勧業博覧会（明治二八年四～七月、京都）に埼玉県は三〇〇余点の繭《まゆ》を出品し、うち一一二点が受賞する成果をあげた。

大社でいち早く図書館や博覧会も開催していた尊福は元来、社会事業への関心が高かった。一八年の福岡巡教でも、旱魃《かんばつ》による農民の飢餓・窮乏を救うため、一一町八反余の新田を開く本城村（北九州市八幡西区）の開拓を行った大庄屋、佐藤扇十郎の家を訪れている。元老院議官時代の二一年九月には大規模な水害を被った岐阜県の大垣を訪れ、自ら水害地の惨状を視察した。そうした交流・見聞・体験が、二九年に埼玉を襲った水害への対策（次年度の国庫補助費を待たず、出水期に備え工事を着工）などで活かされたと思われる。

こうした県知事の職務の傍ら、尊福は県内発行の雑誌によく漢詩や和歌を載せた。かつての出雲御師たちが文才を活かして檀所の人々と円滑な関係を築いたように、埼玉県民も文人尊福に親しみを覚えたことだろう。

†尊福と埼玉——歴史と信仰で結ばれた縁

第2章で述べたように、出雲国造と埼玉の間には、古代に遡る深い縁がある。大宮鎮座の武蔵国一宮・氷川神社は、出雲族の兄多毛比命《えたもひのみこと》が武蔵国造となり、奉斎した社とされる。

その社名は杵築大社の近くを流れる斐伊川（簸川）に由来すると、『新編武蔵風土記稿』はいう。県内には古代当地に来住した出雲人が建てたとみられる式内出雲神社も二社あり、出雲大神や出雲国造の祖とされる天穂日命《あめのほひのみこと》などを祭る。氷川神社は今も県内に二〇四社あり、主に出雲大神を祭る久伊豆《ひさいず》神社（五四社）や天穂日命を祭る鷲宮《わしのみや》神社（六〇社）もあって、出雲系神社の存在感は大きい。

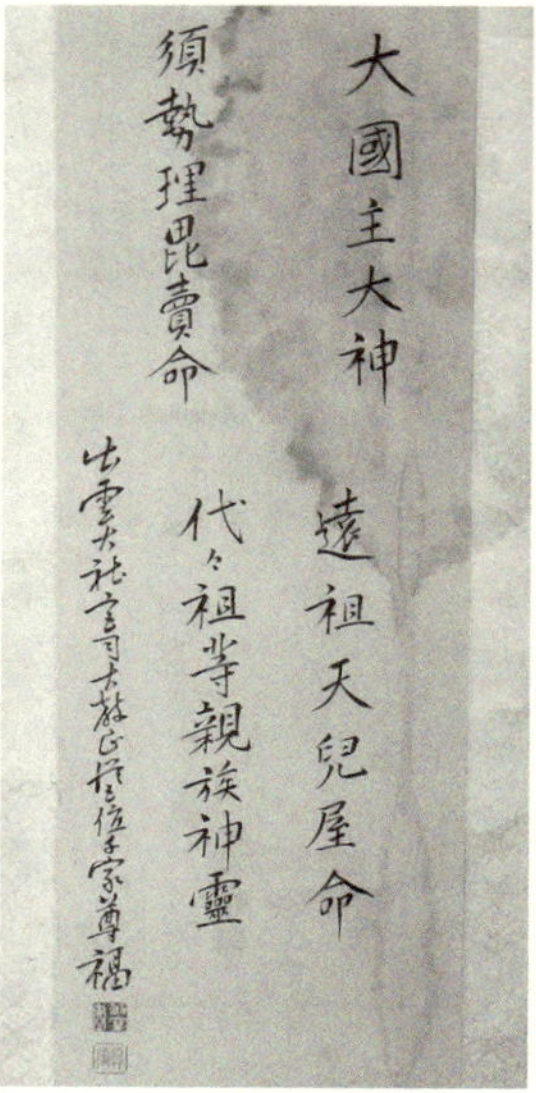

旧埼玉県児玉郡肥土の高橋家に授けられた、尊福が従五位の頃（明治5〜13年春）に書いた祖霊祭用の軸（筆者撮影）

そんな埼玉県民にとって尊福の知事就任は、古代武蔵国造の本家本元が千数百年の時を超えて現れたようにも映ったであろう。明治三三（一九〇〇）年刊行『維新後に於ける名士の逸談』には、その就任にあたり、神職たちは生き神様のご光来と喜び、庶民は小さな郷社や村社にも気を配り「樹木折るべからず」「鳥魚捕ふべからず」の制札を新たに建てたとある。尊福の治世を快く受け入れ、一〇年務めた東京府知事より多くの事績を語り継ぐ背景には、埼玉ならではの状況があったとみられる。

尊福自身も早くから、埼玉との縁を結び重ねていた。式内出雲伊波比《いわい》神社を受け継ぐ出雲祝神社（入間市宮寺）の本殿には、尊福が七年秋に当社を訪れ、揮毫・奉納したという扁額が掛かる。尊福は一四年春にも同社を訪れ「牟佐志《むさし》国造御社」の石碑を立てた。

児玉郡肥土（神川町）の旧庄屋・高橋家には、尊福が従五位の頃（明治五〜一三年春）に書いた祖霊祭用の軸が残る。自家で建立した出雲神社を氏神とする同家では、近代高橋家の礎を築いた第八代周兵衛（一八三四〜一九〇八年）が明治に入り、天穂日命を祭る廣野大神社の神主肥丹《ひたん》家の再興を図った。自ら名を肥丹真守《まもり》と改め、同社と素盞嗚尊《すさのおのみこと》を祭る金鑽《かなさな》神社の神官を兼任。埼玉県立文書館が所蔵する高橋家文書の中には、その周兵衛に尊福が一七年八月八日付で送った、大社教への附属を認める書状がある。同家の出雲神社に尊福揮毫の扁額が掛かり、その内殿中央の扉に大社教の教紋が浮き彫りにされている所以だ。資産家でもあった周兵衛は、大社教の活動を資金的にも支えた。高橋家文書の中には、尊福が出雲大社保存会長名で二一年一一月八日、周平に贈った感謝状もある。

明治期の出雲大社教小茂田教会の看板（北向神社所蔵）

近くの小茂田（美里町）でも一七年、北向《きたむき》神社（児玉郡美里町、須佐之男《すさのお》命・大己《おおなむ》貴《ち》命・少彦名《すくなひこな》命を祭る）の境

北向神社（埼玉県児玉郡美里町小茂田）境内にある惟神祖霊社

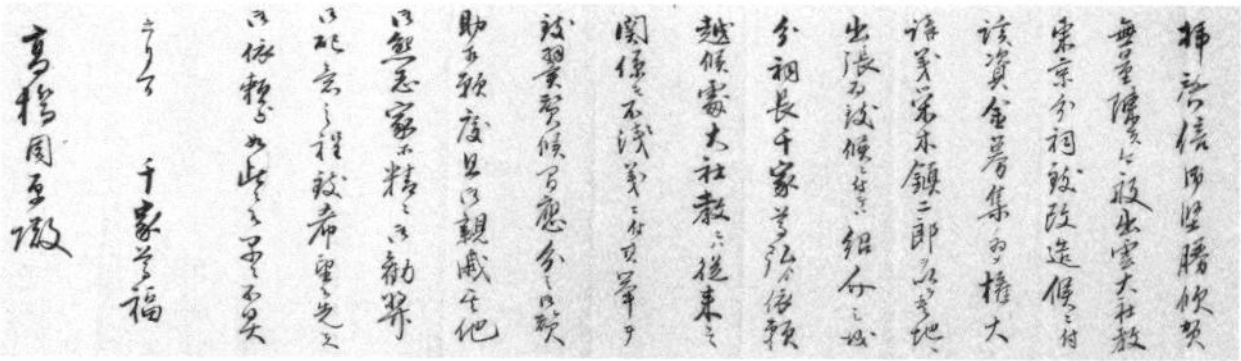

明治30年6月1日、尊福が高橋周平に送った手紙（埼玉県立文書館所蔵）

内に大社教会が開設された。安政三（一八五六）年に平田篤胤の没後門人となり、幽冥主宰大神を祀る祖霊殿を設けていた同社の岡本一馬宮司（一八一二〜九九年）が、尊福の教えに共鳴したのだ。一八年の教会署名簿には二四七人が名を連ねている。

児玉郡一帯は今も、関東で出雲大社の神札配布が突出して多い。二〇一七年に再訪した際、岡本一雄宮司に尋ねると、大社教の玉串配布世帯は児玉郡と本庄市で一万五〇〇〇世帯（伊勢の玉串は一万八〇〇〇世帯）、北向神社だけでも一八〇世帯にのぼるという。神社境内に置かれた大社教の小茂田教会は現在、大国主命・須勢理毘売命を主祭神とする惟神《いっしん》祖霊社に受け継がれ、北向神社が担う神葬祭は二一〇世帯に及ぶという。

高橋周兵衛が神職を務めた金鑚神社には、二八年四月一五日、尊福が埼玉県知事在職中に、勅使としてあげた祝詞が残っている。尊福は知事時代、政務の傍ら氷川神社などの祈年祭や新嘗祭にも度々、奉幣使として参向した。二八年秋には同社宮司の請願に応え、明治維新で大己貴命と稲田姫命を外し、須佐之男命一神とされた祭神を三神に戻すよう内務省に申し出る。同省は翌二九年春、これを承認。祭神論争の苦い経験をへて、（出雲）神道の守護者たらんと願って政界入りした尊福の思いが叶った一件といえよう。

高橋家文書には、尊福が埼玉県知事名で周兵衛に送った書状や、同県知事退任間もなく第九代周平（平凡社の創業者・守平の父、一八五八～一九〇〇年）に宛てた書状（三〇年六月一日）もある。周平は一七年から県議を三期務めた。二八年秋から三〇年春の三期目は、尊福の知事時代と重なる。県会には出雲信仰で結ばれた有力な支援者もいたのだ。

尊福は三〇年四月、静岡県知事に転任したが、埼玉との縁を保ち続けた。その形跡は今でも埼玉県内の随所に残っている。尊福は三三年七月に岡本一馬が没すると、その功労を称える歌を贈った。「百歳《ももとせ》に近くなるまで尽しきて遠く残しし功《いさお》多しも」の歌を刻む石碑が、今も北向神社の境内に立っている。さいたま市緑区大字南部領辻の鷲神社の境内にも、

大隈重信・千家尊福・渋沢栄一の３人の名が、大きく刻まれた（点線部分）大宮の氷川神社境内の石鳥居敷石寄附録（大正２年、上部）。さいたま市立博物館の井上拓巳学芸員撮影・提供。

尊福が贈った歌「氏子等がまことにめでて御こころをあわせて神やいや守るらん」が刻まれた石碑がある。明治四二年九月、神社合祀を機に氏子たちが拝殿を造営し直したのを記念して立てた、高さ約二メートルの石碑だ。

　また大宮の氷川神社境内には、大正二年一二月に石鳥居を建立した際の敷石寄附者を刻む石碑があるが、その冒頭には大隈重信・千家尊福・渋沢栄一の三人の名が、特に大きく刻まれている。

†静岡県知事へ転任——背後に中央政界の激変

　尊福は明治三〇（一八九七）年四月、埼玉県知事から静岡県知事に転任となる。その背後には中央政界の激変があった。当時政界では長州の伊藤博文、山県有朋、薩摩の松方正義の藩閥三派と板垣退助の自由党、大隈重信の改進党の二大政党が競合。そのうち長州派の伊藤内閣と自由党との提携が、日清戦争後の三国干渉を機に進み、第九回帝国議会後の二九年春、板垣は内相に就任する。これに対し薩摩派の松方と大隈が歩み寄り、改進党は同春小会派を合わせ、自由党に匹敵する勢力となる進歩党を結成した。

伊藤は主要な藩閥と政党の有力者を網羅して自らが率いる（ビスマルク型の超然）内閣を目指し、二九年五月末の陸奥宗光《むつむねみつ》外相辞任を機に、進歩党を率いる大隈を外相、薩摩派の松方を蔵相にする二大藩閥・二大政党合同による挙国一致内閣の結成を図る。だが大隈入閣に板垣が猛反発。撤回すると、今度は松方が猛反発した。板垣の反対を押して松方・大隈を指名すれば自由党と決裂、大隈を指名しなければ進歩党と手を切ることになる。進退窮まった伊藤は同年八月末に病気と称して首相を辞任、処理を天皇に委ねる。天皇は松方と大隈を大臣にする一方、藩閥のバランスをとるべく長州派の山県に首相就任を求めるが、山県は重責に耐えられないと固辞。こうして同年九月半ば、松方が首相を兼任し、進歩党が与党の「松隈内閣」が発足した。

進歩党と提携し、外相となった大隈の協力で維持された松方内閣は、第一〇回帝国議会後の三〇年春、八県知事や農商務省次官などの官職を進歩党員に与えた。その一つが同党の衆議院議員、田村（宗像）政《ただす》の埼玉県知事任命である。埼玉県内の自由党員は反発し、千家知事留任の請願運動を図るが、尊福は時の内閣と毛色を違え、政見が異なるため罷免

尊福が第四代知事となり執務した静岡県庁（明治23年建設）を描いた絵葉書（「静岡名所」静岡県立中央図書館所蔵）

となるのは仕方なく「余が良心に於て恥づべき点なき以上は、徒らに異見の内閣に付随するは反て内に心苦しきを感ず」（『八州』第三八号）と制した。松方は内務卿時代、尊福らが衆議による解決を望んだ祭神論争を、伊勢（薩摩）派の要求通り勅裁で収束させ、また神道の非宗教化を図る神官教導職分離を主導した人物である。その松方内閣では、内務大臣も元薩摩藩士の樺山《かばやま》資紀《すけのり》に代わっていた。

こうして長崎県へ移った小松原前知事に代わり、第四代静岡県知事となった尊福は、新任地到着の日「むら山にたちこそ越ね不二の根の雪には恥ぬ心とも哉」と詠んでいる。『埼玉公論』は「赴任以来、鋭意熱心県治に労苦し……県民は皆能く其功を称し、其徳に服し」たと尊福の県政を称え「父子相別離するの情を以て之を送らざるものある乎」と離任を惜しんだ（第一四号）。

静岡は徳川家の拠点、駿府を擁し、将軍を辞した一五代慶喜が慶応四（一八六八）年夏から二年余謹慎した地だ。新政府が駿河七〇万石に封じた一六代当主の家達《いえさと》が、明治二年に静岡藩知事となり、四年の廃藩置県まで治めている。新政府に仕えるのを好まず、徳川家に従って移住した旧幕臣は四年時点で約一万三八〇〇人、家族や従者を含めれば数万人に上った。そのため政府は当初、静岡の動向を非常に警戒していたという。

近世出雲も徳川親藩の松平家が治めていた。慶応四年二月末の山陰道鎮撫使事件では、重臣たちが雪中土下座で官軍に松江城を開く苦渋を味わう。その松江藩の修道館総教授、雨森精翁《あめのもりせいおう》を師にもち、出雲歌道を通じて藩士とも親交のあった尊福であれば、静岡県民の感情にも寄り添い得ただろう。『日本の歴代知事』は、尊福は一年三カ月の短期だったが、書記官と警部長を信任・重用し、円滑な静岡県政を行ったと評している。

五銭のおさとし――〝東海珠算の開拓者〟末木千代吉の思い出

尊福が知事に就いた静岡は、すでに大社教ゆかりの地だった。一一年前の明治一九（一八八六）年一二月四日付『静岡大務新聞』に「出雲大社……の宮司千家氏ほど其家系の正しき名族はあらざるべし」で始まる記事「日本第一の名家」が載っている。

同年一二月上旬、尊福が東京から出雲へ帰る途中、静岡県を通った際に書かれた記事だ。

尊福一行が熱海、三島、沼津、静岡、浜松と移動し宿所・休憩所へ着くたび、大社教の教職や協賛員のほか、県・郡の官吏、県会の正副議長や議員、戸長、地元の名士などが謁見を求めて集まり、その数五〇〇人を超えたという。

尊福一行を訪ねた県の官員・議員たちのうち数名は、すでに大社教の協賛員だった。元県官員の大社教教職、田淵秀実が設立した懿徳《いとく》救育会の信徒二万人余も、この時正式に大社教へ帰属している。この静岡巡行の様子を報じた『大社教雑誌』九号（二〇年一月）は、年々大社教に入る信徒が驚くほど増え、また尊福と交際する貴顕紳士が多いのも、尊福の「誠心誠意が人心を感動せしむる結果」と記している。

その一端を窺わせる大社教豊橋分院長・末木千代吉（一八七六〜一九六〇年）の若い頃の逸話「五銭のおさとし」が、一九五六年九月の『幽顕』五二四号に載っている。静岡県知事室で尊福の給仕をしていた末木は日給二〇銭が不満で、五銭の賃上げを西村家扶に頼む。だが一月しても音沙汰なく、三月経っても日給は上がらない。待ちかねた末木は意を決し尊福に直訴。すると尊福は「末木よく来た。五銭の事は聞いている。まあ我慢して勤めておれ。そのうち希望通りになるだろう」と言う。末木は平伏し「へい、へい」と答えるも、内心不満だった。

その後も日給が上がらないので末木は給仕をやめ、静岡市内で宝台院（徳川二代将軍生母の菩提寺で、謹慎扱いの徳川慶喜が二年余り暮らした名刹）の本堂を借りて珠算塾を始めることにした。山梨出身の末木は一六歳で上京し、大社教東京分祠の神職養成所に入り勉学に励む傍ら、夜に著名な堀梅吉の珠算塾に通い、直伝を受けていたと『珠算事典』（一九五六年）にある。だが初めての開講で生徒は集らず、しばらく所在なく過ごしていた。それが急に日に一〇人、三〇人と溢れるほど集まり、月収も三〇円くらいになった。二〇歳前後の若造としては大いばりできる額だ。得意になった末木は尊福の元へご機嫌伺いに参上。すると尊福は「末木、算盤塾は大はやりだそうで結構だ」とすべてご存知の様子。後で西村家扶に聞くと、尊福が宝台院に無料で貸すよう頼み、商業学校や小学校、銀行、商店や会社へも尊福が末木の塾へ行くよう依頼状を出し、勧めていたのだった。

「東海珠算の開拓者」として大成した後、大社教豊橋分院を設立した末木千代吉（『珠算研究誌』No. 7、1976 年、22 頁より転載）

一人の力で成し遂げたという思い上がりは消し飛び、五銭の賃上げが待ちきれず、お膝元を去った自分を、陰で見守り助けた尊福の心配りに心打たれたという。その後末木は掛川や浜松でも珠算塾を開き、『百日期成速算術練習書』など著書も刊行。百日算の普及者として名を馳せ、「東海珠算の開拓者」と呼ばれるほど大成する。そして豊橋での開講を最後に門人へ塾を託し、三千坪の敷地を買って四一年七月に大社教豊橋分院を設立した。尾張・三河・遠江にわたり信徒を集め、尊福晩年の全国巡講に随行するなど、半世紀にわたり大社教の布教に尽力したのである。

大正三年刊『東海三州の人物』は、千家知事は「茫漠《ぼうばく》として大慮ある態度」で「従容《しょうよう》として……何人をも包容する……棟梁の器」を想わしめたと表現している。

†尊福の静岡県政を支えた名士たち

『大社教雑誌』明治二三（一八九〇）年一二月号の「静岡分院開院式景況」に「静岡県下は我が大社教頗る盛んに行われ……県下教職八百余名、協賛員三百数十名、講社役員殆ど一千名」で傘下の甲子《きのえね》・産土《うぶすな》講社は各数千戸とある。この大社教の豊富な人脈が、尊福の静岡県政を補佐した。

伊豆の国市小坂《おさか》に鎮座する小坂神社（祭神大国主命）の境内に、尊福の篆《てん》書を刻む「萩原正平頌徳《しょうとく》碑」が立つ。明治一七（一八八四）年秋に大社教の教職となり、二三年一二月に大社教静岡分院（静岡市屋形町）を設立した大教正・萩原正平（一八三八〜九一年）の顕彰碑だ。

出雲大神が産土神の小坂（村）で生れた正平は一七歳で本居大平《おおひら》の門人（竹村茂枝）に就き、名主となった二三歳の年に平田篤胤の没後門人となった。明治に入り神祇官の宣教使

静岡県伊豆の国市の小坂神社境内に立つ尊福の篆書を刻んだ「萩原正平頌徳碑」

や三島神社少宮司などを務める傍ら、韮山《にらやま》県の神社取調の任に当たり伊豆四郡七島を巡る。九年には静岡県に出仕し地誌国史の編纂を担い、一四年二月から一年間は静岡県議も務めた。一九年末の尊福静岡巡行では熱海から沼津まで同行。その尽力ぶりは尊福が特に褒賞を授けるほどだった。

　正平が二四年六月に亡くなると、大社教は二代管長千家尊《たか》愛《あき》が哀悼詞を、副管長本居豊穎が諡《おくりな》を贈った。そして同年一〇月に尊福の篆額、豊穎の撰文、大社教権大教正・秋山光條《みつえ》（元出雲大社少宮司）の書による頌徳《こうとく》碑が建てられる。豊穎門下の歌人でもあった正平の子・正夫（大正六年二月、五五歳で没）の胸に、この厚遇は深く刻まれただろう。

　その正夫は、学者でもあった父の遺志を継ぎ『贈訂豆州志稿』全一三巻を完成させる一方、尊福が県知事となった三〇年四月、県会議員に当選。翌五月の臨時県会で清水港の貿易港指定をめぐる千家知事の諮問に「本県の製茶は全国屈指で……製糸も追々盛んになり、貿易港の必要を痛感する」と述

尊福が静岡県議と県政を論じ合った県会議事堂（明治28年建設）を描いた絵葉書、左が県庁舎（静岡県立中央図書館所蔵）

べ満場一致を導くなど、県政面で尊福を支えた。尊福は三一年、教育機関の整備・充実を図るべく四二ヵ町村組合立の浜松尋常中学校と田方郡立の韮山中学校を県立（経営）に移管した。二〇年代、韮山中学校の開設のため奔走した正夫が支持したのは問うまでもなかろう。

一九二九年刊『静岡県政史話』は「千家知事県治」の筆頭に、三〇年秋の株式会社静岡農工銀行の設立を挙げる。政府交付金で同行株の三分の一（二万五千株）を引き受けた千家知事は、大株主として役員の選任や定款の改正を主導、翌三一年から県予算の保管・出納を同行が担った。この時取締役の一人になった和田伝太郎（一八四七〜一九一六年）は一一年県会議員に初当選し、一七年に県会副議長となった政治家だ。同時に以前は国の教導職や静岡県神道事務支局副長を務めた神道家で、一九年夏から大社教の協賛員でもあった。一五年に沼津通信社（二四年に沼津銀行と改称）頭取にも就いた伝太郎の実績を、尊福は見込んだのだ。尊福と和田伝太郎の親交が県知事時代も続いていたことは、三一年正月、和田の家で開かれた歌会で尊福が「若水に民の心もくみそへてあかたの井戸の清くすまはや」と詠んでいることからも分かる。

農工銀行監査役の一人となった岡田良一郎（一八三九〜一九一五年）も、一九年末の静岡巡行で尊福を訪ね、懇談してから大社教の協賛員になった。一九年春に静岡県会議員に当選、二三年の総選挙で衆議院議員となった良一郎は三〇年当時、二度目の衆議院議員をしていた。二五年に掛川で日本初の信用組合を設立した良一郎の手腕を、尊福は信頼したのだ。岡田も和田も静岡が生んだ逸材だ。岡田の二人の息子はいずれも文部大臣になり、和田の子は初代沼津市長になっている。これら名士を率いた尊福の静岡県政が円滑に進んだのは当然ともいえよう。

二宮尊徳の教え——報徳運動との密接なつながり

出雲国風土記は意宇《おう》郡出雲神戸《かんべ》の条で「五百津鉏鉏《いおつすき》（数多の鋤）猶《なお》取り取らして天《あめ》の下造らしし大穴持命《おおなもち》」と、出雲大神の農耕による国作りを称えている。こうした農耕信仰との関連で、尊福は早くから農事改良に関心が高かった。

現在の出雲大社相模分祠（神奈川県秦野市）1975年に秦野の渋沢峠から現在地に遷座した。

明治二一（一八八八）年に大社教相模分院を創立した草山貞胤《さだたね》（一八二三〜一九〇五年）は、それが縁で尊福と出会ったという。大住郡平沢村（神奈川県秦野《はだの》市）の世襲宮司だった貞胤は「秦野煙草の祖」と呼ばれる篤農家でもあり、葉煙草栽培技術の向上・普及に取り組んだ。その功績で一〇年の第一回内国勧業博覧会開催委員に選ばれ、農事通信員として本州各地を巡り、技術指導にもあたる。一四年の全国農談会で、農業技術の改良発展を図る全国組織「大日本農会」が発足すると、貞胤はその農談会会員となり、農商務省官吏や全国の篤農家、名士と交流した。ここで尊福の知遇を得た貞胤は、出雲大社教会の教えを受け、一五年の大社教特立に伴い、教職に就く。尊福も貞胤の要請に応え、大住郡へ巡教に訪れたという。

一九年末の静岡巡教では、尊福らが志太郡小杉村（焼津市）に泊った夜、大社教教職で農事改良に熱心な丸田鉄三郎が、自ら考案した農事改良服を着て参上。収穫結果に基づく実践的な改良意見を述べ、尊福は大いに賞賛したという。この時尊福が静岡市で会った県議・岡田良一郎も「農事改良に専ら尽力中」の名士と形容されている（『大社教雑誌』九号）。それは良一郎が二宮尊徳（金次郎）四大門人の一人として著名だったからだ。相模出身の尊徳は没落した自家を再興後、小田原藩から任された藩領の立て直しに成功、その後も諸藩・諸村の復興に尽くし、幕臣となった農政家だ。道徳と経済活動を合わせ説く、その報徳思想が、財政難の藩や困窮した農村を立て直した報徳仕法と共に各地へ広がる。九年に遠江国報徳社の社長に就いた良一郎は、一一年には農事改良と報徳の普及を図る掛川農学社も設立していた。

報徳運動も推進した草山貞胤（出雲大社相模分祠提供）

いっぽう貞胤も、兼務する片岡神社（平塚市）の氏子で、良一郎の兄弟子にあたる尊徳四大門人の一人、福住正兄《まさえ》から報徳思

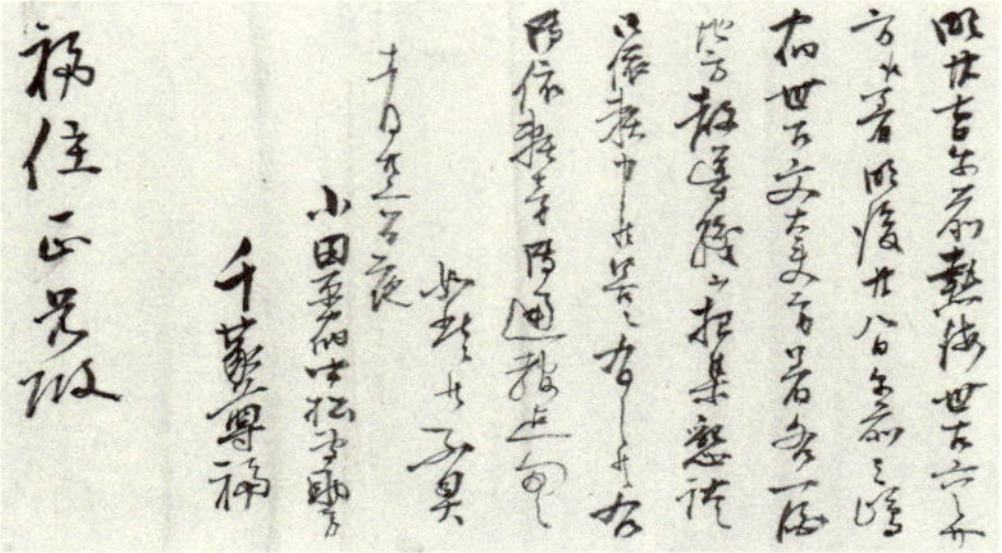

千家尊福が小田原から福住正兄に送った書簡（熱海、三島での懇談会設定を依頼する後段部分、明治19年11月26日付）（報徳博物館所蔵）

想を学んでいた。教えと農事改良を結び付ける報徳運動は、尊福の大社教と親和性が高かったとみられる。出雲でも二五年に、農家の道徳を振起し、農民の品位を高め、農業の改良進歩をはかるべく、出雲大社宮司（尊福の弟尊紀《たかのり》）を会長とする出雲農会（三〇年、出雲大社農会と改称）が創立され、大社神苑に置いた農林館で農産物などを展示、種苗交換会を催したりしている。

　小田原市の報徳博物館に、尊福が明治一九年一一月末、東京から出雲への帰途、小田原から福住正兄に送った二六日付書状が保管されている。「その後いよいよ無音《ぶいん》（ご無沙汰）に打ち過ぎ、失礼の段」云々と始まる手紙で、尊福は同月二七日に熱海、二八日に三島に着く予定なので、それぞれ地方教導職を招集し、懇談の場を設けてほしいと依頼している。尊福と正兄の交流が従前からあり、また大社教のための現地教導職の招集と懇談会の設定を頼み、正兄がそれに応える間柄だったことが分かる。二四年に正兄や貞胤らが尊徳を祀る神社の創建に乗り出した際、賛同して元小田原

尊福が元小田原藩主の大久保家から城内の一角を譲り受けて創建されたという報徳二宮神社（神奈川県小田原市城内）

藩主の大久保家から城内の一角を用地として譲り受けたのが尊福だったという（『幽顕』八七五号）。志半ばで没した正兄の遺言に従い、報徳二宮神社の初代宮司には貞胤が就いた。

貞胤や良一郎らを介し、農事改良の最先端に精通し得た尊福は、前述したように、埼玉県知事になると率先して農事改良に取り組んだ。埼玉で特産品の蚕業・織物業の振興を図った尊福は、静岡でも製茶・製紙業の発展を促す。三一年に静岡の小笠茶業組合が埼玉県から導入した高林式製茶機は、静岡製茶業の発展に大きく寄与した。

「よく務めよくものつくる御民こそ真に国の宝なりけり」。静岡県各郡で開いた農事講習会の修業証書授与式に、知事として臨んだ尊福が詠んだ歌である。

第9章 政財界の重鎮へ——東京府知事・司法大臣・東京鉄道社長として

尊福は明治三一(一八九八)年一一月、第一七代東京府知事となる。前一六代の在任期間が平均二年弱、最長四年二ヵ月という中、尊福は一〇年近く府知事を務め、東京勧業博覧会も成功に導いた。貴族院では男爵議員の院内会派・木曜会を束ね、子爵中心で山県有朋派が多い最大会派・研究会に迫る勢いとなる。伊藤博文の後を継いだ立憲政友会の西園寺公望《きんもち》や原敬と連携する尊福は四一年三月、西園寺内閣の司法相に就任した。だが山県派の逆襲にあい、西園寺内閣と木曜会は崩壊。再起を期する原の計らいで尊福は四二年三月、東京鉄道株式会社の社長に就き、「府民の足」市営化への橋渡しを行うのだった。

†十年にわたる東京府知事——水源確保百年の計

明治二九(一八九六)年秋に始まる松方正義内閣は、薩摩派と進歩党の衝突が発端となり、一年四ヵ月で瓦解した。三〇年一一月大隈重信が外相を辞任し、年末の第一一議会で松方が増税法案を出すと、進歩・自由両党が内閣不信任案を出して反対。松方は衆議院を解散後、三一年一月一二日に内閣総辞職した。天皇に後任を任された伊藤博文は進歩党、次いで自由党との連携を図るが、大隈と板垣退助の双方が求める閣僚ポストで折り合えず断念。三一年三月の衆院選で三〇〇議席中三分の二を獲得した両党は、五月開始の第一二特別議会で、伊藤の地租増徴法案に賛同せず、否決する。伊藤は再び衆議院を解散した。これを機に自由・進歩両党は政党内閣の樹立を掲げて合体し、六月半ば憲政党を結成する。伊藤は新党結成で対抗しようとしたが、政党政治を嫌い、「政党に拠りて内閣を組織せんとするは明治政府の歴史を破壊」するものだと断固反対する山県有朋らに阻まれ、総辞職した。天皇は大隈と板垣に組閣を命じ、六月末に大隈を首相、板垣を内相とする日本初の政党内閣が誕生する。

この大隈内閣発足から半月後の七月一六日、尊福は静岡県知事を辞職した。尊福本人が胸中を明かした記録はないが、『静岡県政史話』や『東海三州の人物』は、自分を政界に招き入れた伊藤への義理立てや、政党人の（官職を得ようとする）猟官運動に応じる板垣内相の地方官選考への不満を挙げている。大隈は早稲田の自邸に尊福を招き慰留したが、尊福は辞意を覆さなかった。

翌八月の第六回総選挙で憲政党が二六〇議席を得たのは、政党政治への期待の表れだろう。だが長年対立してきた二党が、十分な協議もへず合体した憲政党は、人事をめぐる内紛で早々に不和を生じた。それに乗じた藩閥勢力側の破壊工作もあり、一〇月末に板垣が内相を辞任、残る大隈も辞職に追い込まれ、大隈内閣は四カ月で崩壊する。

その後一一月八日に発足した山県内閣の任命で、尊福は同月一二日、五〇歳にして東京府知事に就いた。それまでの一六代府知事の在任期間が平均一年一一カ月、最長の第一〇代高崎五六《ごろく》でも四年二カ月という中、尊福は九年四カ月にわたり府知事を務める。尊福の府政が支持され続けた証といえよう。

府知事就任後、乱盗伐や開墾などによる府民水源地の山林荒廃を知った尊福は三三年、東京帝国大学の本多静六教授に多摩川水源地の森林調査を依頼した。本多は水源林経営を怠れば、東京市の飲料水は欠乏し、府下の灌漑用水も不足、土砂流出などで国土保全上も重大な影響が生じる危機的状況で、利害関係が深い東京市か府による水源林の直接管理が急務と答申した。尊福は関係がより深い市による経営を打診したが、松田秀雄市長は時期尚早と動かない。水源地荒廃を看過できないと判断した尊福は三四年八月、西多摩郡氷川村（現奥多摩町）に東京府林業事務所を設けるなどして、水源涵養林の経営を始めたのである。二〇〇一年五月、都民ホールで開かれた水道水源林百周年記念式典で、厚生労働省水道課長は、近代水道創設の僅か三年後に水源地の森林管理を始めた先見性を称え、そのお蔭で東京の水道は百年以上にわたり安定給水を実現し得たと、尊福らに感謝した。

†日露戦争前後――野見宿禰神社の創建と東京勧業博覧会の主宰

尊福は東京府知事になっても、第八〇代出雲国造《こくそう》としての存在感は示し続けた。明治三六（一九〇三）年四月には、兵庫県揖保《いぼ》郡で有志が修築した「野見宿禰《のみのすくね》墳墓」に参拝し、尽力者五〇名を慰労している。日本書紀に出雲国の勇士で相撲の開祖、埴輪の考案者（土師《はじ》氏の始祖）として登場する野見宿禰を、続日本紀は出雲国造が祖神とする天穂日命《あめのほひのみこと》の一四世の孫と記す。播磨《はりま》国風土記は、その宿禰が出雲と大和を往来中、揖保郡日下部《くさかべ》の里立野《たつの》で病に倒れて没し、出雲国人が大勢来て墓山を作ったと伝える。

尊福は大社教管長となった一五年に、その墓所を探し出すべく、教職の竹崎嘉通を揖西《いっさい》郡に派遣した。その際郡長の紹介で案内を引き受けた粒坐《いいぼにます》神社宮司が、台山中腹の小古墳を野見宿禰の墓とみて地元の名士に協力を要請。竹崎の報告を受けた尊福も、墓の整備と遠祖を祭る神社の創建を図ることにした。それが実際動き出すのが三三年で、尊福は墳墓修築が成った三六年、野見宿禰末裔の名で、崇敬人総代と共に兵庫県知事に神社創立願を出した。

その翌三七年二月に日露戦争が勃発。尊福は一年半に及ぶ戦中、府知事として戦死者の

野見宿禰神社（兵庫県たつの市龍野町）に参拝する人たち

会葬や遺族の救護などにあたり、早朝から深夜まで寸暇のない日々を送る。以前、埼玉県知事時代の二九年、県庁内に日本赤十字社の支部を設けていた尊福は、同社救護班の送迎も行った。妻の俊子、娘の信子も赤十字篤志看護婦人会や軍隊慰問の懐炉、慰問袋づくりなどで尽力し、予備病院では看護婦同様の勤務をこなしたという。

　こうして日露戦争への対応に尊福が忙殺される中、龍野《たつの》で別の宿禰の墓候補地が浮上するなどして、公的な神社創立の試みは立ち消えた。台山中腹の古墳上に建つ祠と鳥居に刻まれた出雲国造家の紋章が、尊福の思いを今に伝える。尊福は、たつの市揖西町の土師《はぜ》神社にも祭神「野見宿禰大神」「正三位尊福謹書」と揮毫《きごう》した扁額を残している。尊福は三三年九月に正三位となり、大正五（一九一六）年八月に従二位になっているので、明治三六年四月の野見宿禰墳墓参拝の時か、大正四年一〇月の兵庫県巡講の際、揮毫したものだろう。

『東京都神社名鑑』に、大相撲東京場所が開かれる両国に鎮座する野見宿禰神社（墨田区亀沢）も、尊福が明治一六年に初代高砂にはかり、子爵五条為栄《ためしげ》らの後援を受け、相撲道の祖神として創建された神社だとある。一八年五月に五条為栄を代表とする創建願が、一九年一月に本居豊穎《とよかい》の名で鎮座届が出されている（東京都公文書館所蔵）。千家尊宣《たかのぶ》『神道出雲百話』によれば、菅原道真を祖とする「五条家にあった野見宿禰像に『出雲の神様』の所で御霊入れをし」て御神体とした。初代宮司は大社教東京分祠長の本居豊穎が務め、今も出雲大社東京分祠長が祭祀に当たり、新横綱が誕生すると同社の神前で土俵入りを披露する慣わしが続いている（管理は日本相撲協会）。

東京両国の野見宿禰神社（墨田区亀沢）

　千家府知事の終盤を飾る治績は、戦後の実業発展を目指し、四〇年三月下旬から七月末にかけ、府主催で開いた東京勧業博覧会だろう。六八〇万人余が来場した、この大イベントを指揮した尊福の逸話が四四年刊『名士奇聞録』に載っている。

　博覧会開会の翌日、委員長の尊福は俄かに用事ができ、第一会場の貴賓館へ立ち寄ってから、急いで奏楽堂に入ろ

尊福が府知事として委員長を務めた東京勧業博覧会の第１会場噴水塔（明治40年、東京都立図書館提供）

うとした。その尊福を守衛がとっさに引戻し「入ってはいけません」と拒む。尊福は思わず「俺は千家じゃ、知事じゃ」と大きな声を出すが、守衛は「千家でも知事でも、特別徽章のない者は入れるなとの委員長の命令です」と返す。

尊福はうっかり徽章を着け忘れたのに気づき「いや徽章は着け忘れたが、俺はその委員長じゃから入れてくれ」と嘆願するが、守衛は聴き入れず「たとえ委員長閣下でも規則は破れません」と力んで、とうとう追い返した。詰所に戻った尊福は苦笑しながら「今度の守衛は規律が正しくてよい」と言ったという。権威意識が強い当時の他の知事なら、守衛ごときが知事を追い返すとは何事かと怒り、即刻クビにしそうな場面。逆にその生真面目さを笑って褒める、尊福の大らかさが伝わる逸話だ。

大社教の機関誌『幽顕』に連載された尊福の歌集

「故正二位公御歌」の中に、尊福がこの博覧会中の思いを託した歌が載っている。その一つ「諸《もろ》もちにひきよせざらば口網《くちあみ》のめをもることやあまたあらまし」（たくさんの人の手で持って引き寄せなかったら、網の目を漏れることが数多あっただろう）は、大勢の人が手を差し伸べ、皆で引っ張ってくれたので、博覧会がうまくいったのだという、関係者一同への感謝を表した歌だ。尊福は、委員長の自分には至らぬ点が多々あり、面目ない次第だが、いろいろ補佐してくれる府会議員や実業家、特に昼夜を分かたず務めてくれる委員や事務員たちの心尽くしのお蔭で、思いのほか順調に進んでいるのが嬉しくて、と説明している。尊福の脳裏にはきっと、前述の生真面目な守衛の顔も浮かんでいたことだろう。

そんな思いを抱きながら漕ぎ着けた最終日（七月三一日）、閉会式の後で尊福はふと、今宵限りで終わりかと思うと名残惜しい気がして「灯火《ともしび》のまたたきもせず見し影を消え入るばかり惜しむ夜半《よは》かな」と詠む。博覧会開催中、毎夜、煌々と夜を照らしていた灯火が、尊福の瞼にはまだ映っていたのだろう。この二つの歌は、尊福が博覧会にかけた思いや、尊福の人となりをよく伝えている。多くの人が尊福のため献身的に働き、支える。だが、その人望ある本人は至って謙虚で、至らぬ自分の代わりに皆がよくやってくれたから、と末端の事務員たちにも感謝する。尊福とは、政界の重鎮の座に就いても、そういう人だったのだ。

そんな尊福について、この頃伊藤博文は「自分が政界に引き入れ、今東京府知事をしてもらっているが、政界に入れず、そのまま神主をさせておいたら、あの人は日本の西の方から、天下の神主に号令する人だろうに。東京府知事にさせてしまい、気の毒なことをした」と、岩倉具視の子・具定（四二年、宮内大臣に就任）に話していたという。伊藤がそう感じたように、尊福は政治家として終わるべき人ではなかった。数年後、尊福は大社教総裁に就き、宗教界の泰斗として復活するのである。

†貴族院会派・木曜会の領袖――山県有朋派の牙城で立憲政友会と連携

尊福は明治四一（一九〇八）年三月末に司法大臣となるが、それは貴族院議員としての活動による所が大きい。貴族院は皇族、華族と勅任議員からなるが、皇族と公・侯爵が全員終身に対し、伯・子・男爵は全有爵者の中から互選で一定数が選ばれ、七年任期だった。二三年七月の第一回伯子男爵議員選挙で伯爵一五、子爵七〇、男爵二〇人が選ばれる。この時尊福は男爵議員となり、三〇年に再選、三七年に三選し、その間貴族院議員と知事を兼任していた。

二三年の第一回選挙で当選した議員有志は九月下旬、政務に関する研究会を開き、これを端緒として二四年一一月に院内会派・研究会が創立された。研究会は人数の多い子爵議

明治33年頃の貴族院（国立国会図書館デジタルコレクション）

員が中心で、幹部も子爵五人、伯爵二人、男爵一人の計八人。唯一の男爵幹部が尊福だった。この時尊福は研究会の五人の特務・交渉委員の一人にも就く。同年末、研究会が役員体制を改め、伯・子・男爵と勅撰議員から各一人を出す計四人の常置委員制にした際も、尊福が選ばれるなど、当初から頭角を現していた。決議拘束をもつ研究会は翌二五年春の第三回特別議会から、貴族院の最大会派として威力を発揮し始める。

三〇年七月の第二回有爵議員選挙の後、尊福らは上位の子爵中心の研究会から脱し、男爵議員主体の独自会派・木曜会を発足させた。創立メンバーには、大社教副管長だった金子有卿《ありのり》も名を連ねている。男爵議員の一半は神職・僧侶で、十数名でスタートした木曜会は尊福を中心によくまとまり、四一年には五三名に拡大、貴族院で無視し得ない会派に成長していた。

その成長を支えたのが、尊福ら木曜会が三四年二月七日に設立した男爵議員の選挙母体、二七会だ。同年六月の男爵補欠選挙で、日清戦争の軍功で男爵となり、中央で知名度の高かった野田陸軍主計総監を、二七会が立てた小野尊光・日御碕《ひのみさき》神社宮司が破って当選、選挙母体としての力を示した。その二七会発展の中心にも尊福がいた（『貴族院と華族』）。

いっぽう三〇年代を通じ、政権中枢では明治維新の元勲に代わる新世代の指導者が台頭し始めていた。三一年一〇月、大隈内閣の崩壊を前に、憲政党は旧自由党系の憲政党と旧進歩党系の憲政本党に分裂する。板垣退助に代わり前者を率いた星亨《ほしとおる》（一八五〇～一九〇一年）は、一一月成立の山県有朋内閣と提携し、前三代の内閣が通せなかった地租増徴法案の修正採択を導く。だが軍閥の祖と呼ばれる山県が三三年五月、文官が陸海軍相に就けないよう官制を改定。これに反発した星らが憲政党員の入閣を求めると、政党嫌いの山県は即座に拒否して決裂する。対する星は伊藤博文の念願だった新党結成を助け、それに憲政党が加わるという離れ業を行い、三三年九月に伊藤を総裁とする立憲政友会が誕生した。

三六年七月、山県軍閥直系の桂太郎首相は、政友会の力を削ごうと、伊藤を枢密院議長に任ずる勅書を得て、同会総裁を辞任させた。だが同会内では既に西園寺公望、原敬、松田正久への世代交代が進んでおり、伊藤に従い旧自由党の名士が多く脱けたことで、逆に西園寺・原・松田体制の結束が高まった。同会では伊藤の推薦で、西園寺が第二代総裁に就任。三九年一月に、その西園寺を首相とし、内相の原、司法相の松田が脇を固める内閣が誕生する。山県派の牙城とされた貴族院にあって、この準政党内閣に会派を率いて協力したのが、尊福であった。

†西園寺公望内閣の司法相――尊福を強く推した原敬

一九三二年刊『華族物語』は生え抜きの華族中、貴族院を代表し得る人物はわずかに三人で、うち組閣の際しばしば閣僚候補者に挙がり、実際入閣したのは千家尊福と岡部長職《ながもと》の二人だという。木曜会のリーダー尊福は、男爵議員の選挙で常に少壮者の当選に努め、恩を感じる者が多かったともある。

明治三七(一九〇四)年七月の第三回伯子男爵議員選挙では伯爵一七人、子爵七〇人に対し、男爵五六人が当選した。二三年の第一回選挙から男爵議員が三六人増え、横ばいの子爵に迫る勢いとなったのだ。貴族院令が三爵の議員数を各有爵者総数の五分の一以内と定める中、戦争などの論功行賞による新授爵者がほぼ男爵で、その数が増大した結果による。これに伴い、三一年尊福を筆頭に一六人で発足した木曜会は、三七年末に四六人へ勢力を拡大。子爵中心で山県有朋系の議員が多い研究会の、院内最大会派(七九人)の地位を脅かす存在となった。

そこで三八年二月、山県系の桂太郎内閣は研究会の優位を保つべく、三爵の議員数を第三回選挙の当選者数以内に限定する貴族院令改正案を議会に出す。男爵議員の増加を阻止する同法案に研究会は賛成、木曜会は反対して鋭く対立。特別委員会で政府原案が七対六の一票差で可決される攻防の中、尊福らは議員総数を原案の一四三人以内としつつ、三爵の議員数は各有爵者総数に比して定めるという修正案を出す。本会議では、それが一二九票対一二八票の一票差で可決された。

子爵の優位を保つため出した法案が、男爵に有利な法律に転じたのだ。実際四一年に男爵の総数は三七七人となり、子爵の三七六人を超える。『華族物語』は「白皙《はくせき》にして柔和な顔と、房々として胸まで垂れる白髯とを見ると、さながら神の権化」とも思われた尊福は、一方で「何事かを企て、それを仕遂げんとするに当り、運動の巧妙なことは、確かに活神力があると噂された」とも記す。その力は山県派にとって屈辱的な結果をもたらし、木曜会と研究会は対立を深めた。

翌三九年一月に成立した第一次西園寺公望内閣で、内務大臣となった原敬は、東京府知事でもあった木曜会領袖、尊福との連携を図る。西園寺内閣は同年と翌四〇年の春に、かつて山県の主導で定めた郡制を廃止する法案を提出。府県と町村の中間にあって郡長や郡役所を伴う郡制は、行政組織を煩雑化させるとして、世論は廃止に傾いていた。だが大地主特権と絡む山県派官僚勢力の地方拠点ゆえに、衆議院を通過した第一次法案は、貴族院で審議もせず廃案となる。

原は第二次法案にあたり、研究会創立以来の幹部で子爵の堀田正養《まさやす》と談判し、賛同を取り付けた。しかし山県派必死の巻き返しで、研究会は総会で否決の方針を固め、堀田は断念。貴族院の大勢が決まる中、木曜会を率い、世論が支持する郡制廃止法案への賛成を貫いたのが尊福だった。

尊福を高く評価し、負債を承知で入閣させた原敬（国立国会図書館所蔵）。

翌四一年三月末、西園寺内閣は、鉄道予算をめぐる対立で阪谷芳郎大蔵大臣と山県伊三郎逓信大臣が辞任したのを受けて、内閣改造を行う。司法大臣の松田正久が蔵相に転じ、その後任に尊福を、逓信相に堀田を迎えた。貴族院で郡制廃止法案に協力した二人の会派リーダーだ。尊福六二歳の春。その入閣は「貴族院木曜会の首領千家尊福を入閣せしむることは、余の兼ての意見なり」と前月二一日の日記に書く原が、強く推したものだった。

†山県官僚派の逆襲――〝兵糧攻め〟で崩壊する木曜会

尊福入閣から二ヵ月後、明治四一（一九〇八）年五月の第一〇回総選挙で政友会は過半数を獲得、西園寺公望内閣は順風満帆に見えた。ところが同年七月初め、首相は突然総辞職を公表する。原敬は六月下旬、その辞意を知る四日前に、西園寺の兄・徳大寺《とくだいじ》実則《さねつね》侍従長から、山県が現内閣の社会党取締りが不十分だと上奏し、天皇が不安を抱いたと告げられていた。同月二二日、路上で「無政府共産」と記した赤旗を振り回す社会主義者と警官隊が衝突し、大杉栄ら一三人が検挙される赤旗事件が起こる。二年後の桂内閣で大逆事件を捏造し、全国で数百名の社会主義者を検挙、非公開裁判で幸徳秋水ら一二人を処刑する山県派は、赤旗事件を大事件と言い立て、西園寺内閣が不敬罪に甘いのは忠君の念が乏しいからだと攻撃。西園寺は「四面より辞職を促がされたる如く見ゆ」と、同月二九日の原の日記にある。

後継の桂太郎内閣は、尊福の後任に研究会幹部で反政党派の岡部長職をあて、主要大臣を山県派で固めて逆襲に出た。四二年春の議会では、尊福らが三八年に成立させた貴族院改正令を改定。三八年令に従えば、四一年末で男爵議員が六四人で子爵の六三人を上回る状況になっていた。四四年の伯子男爵議員選挙でそれが現実となる前に子爵七〇人、男爵

尊福を司法大臣に迎えた西園寺公望首相（国立国会図書館所蔵）

六三人以内に固定する改定案を強引に通したのだ。

この時、反対した木曜会の敗北を決定付けたのは、「国家に勲労又は学識ある者」から勅任された終身の勅撰議員たちだった。二三年の第一回議会の六一人から、三八年で一二五人に増大した官僚主体の彼らは、伊藤博文内閣の政党への接近に反発する中で、茶話会と無所属派の二会派に結集。二派は幸倶楽部という合同体をつくり、貴族院内で研究会をも上回る勢力へと拡大していく。三〇年代に長く政権を担った山県と桂は、彼らを掌握し、一〇人足らずの伊藤派と大差をつけていた。

子爵に有利な貴族院令改定で、研究会も桂内閣支持へ傾き、孤立した堀田正養は四二年四月半ば、同会から除名されて失脚した。いっぽう山県官僚派は、木曜会については会自体の壊滅を図る。すでに尊福入閣の翌月、幸倶楽部の主導下で、二七会に対抗する男爵議員選挙母体・協同会を作っていた。木曜会員に対しては、桂内閣の農商務大臣、大浦兼武《かねたけ》（幸倶楽部）が警察官僚時代に民党員を苦しめた「兵糧攻め」と呼ばれる、借金取立てと収賄を組み合わせた策略で切り崩しにかかった。

木曜会員には生活を議員歳費に依存する財力のない宮司や公家、大名分家などが多く、彼らの面倒を見つつ、大社教へも支援していた尊福は、多額の負債を蓄積していた。四一年三月下旬、原に入閣を打診された時、尊福は自分の負債が原因で内閣が足をすくわれる危険性を憂慮し、二度にわたり就任を固辞している。西園寺と原が負債処理を助けると申し出、尊福がその厚情に応えて入閣した経緯を、原敬日記は記す。その弱点を、山県派は突いたのだ。

山県派は尊福の借金問題を暴露して、その動きを封じつつ、動揺する会員の離反を促した。尊福の連帯保証人になっていた杉溪言長《すぎたにときなが》に目をつけ、返済を強く迫らせる一方、仲間を率いて木曜会を脱ければ、杉渓の負債は取り消し、多額の資金も渡すと持ちかける。杉渓は四三年二月半ば、一五人を伴って木曜会を離れ、清交会を新設した。これを機に四一年末に五三人を擁した木曜会の結束は崩れ、四三年末で二五人へ減少。選挙母体・二七会も協同会に競り負け、翌四四年七月の第四回伯子男爵議員選挙で惨敗する。木曜会は一〇人となり、大正二（一九一三）年一月末に解散、最後まで残った尊福と尚順《しょうじゅん》（琉球尚泰王の子で琉球新報の創立者）は純無所属となった。

山県派が木曜会の切り崩しのため、様々な手を使ったことは、大浦兼武が桂太郎宛四二年一二月三一日付の書簡で、尊福の借金問題を報告した後、それについては「色々秘話も之有り候」と記していることからも窺える（『桂太郎関係文書』）。尊福は「千家尊福負債のため、到底政界に立つこと能はざるに到れる」と、原が日記で嘆く苦境に陥ったのだ。

東京鉄道の社長に就任——市営化への橋渡し役を果たす

明治四二（一九〇九）年春、尊福は東京鉄道会社の社長に就任する。同年四月一日の日記で「尊福が東京電車社長となるまでは多少八方に気兼を要する」と記す原敬が、借財を突く山県有朋派の攻撃をかわすべく推したとみられる。その日記に尊福が初めて出てくるのは三九年三月一七日、東京市内電車の値上げ問題で、府知事の尊福ら関係当局者を官邸に招き協議した時だ。

当時の東京では東京電車鉄道、東京市街鉄道、東京電気鉄道の三社が乱立・競合していた。収益本位で繁華街に路線が集中、乗り継ぎも不便など、市民の不満が募る。三九年三月、三社による乗車賃の三銭から五銭への値上げ申請で、その不満が爆発。値上げ反対の市民大会は、電車や交番を焼き打ちする暴動に至った。事態を受け尊福らと協議した内務大臣の原は、値上げ申請を却下する。その後三社は合併を条件に料金を四銭にする申請を行い、八月一日尊福が認可を告げた。前日の日記で原は、この時尊福を介し、労働者と学

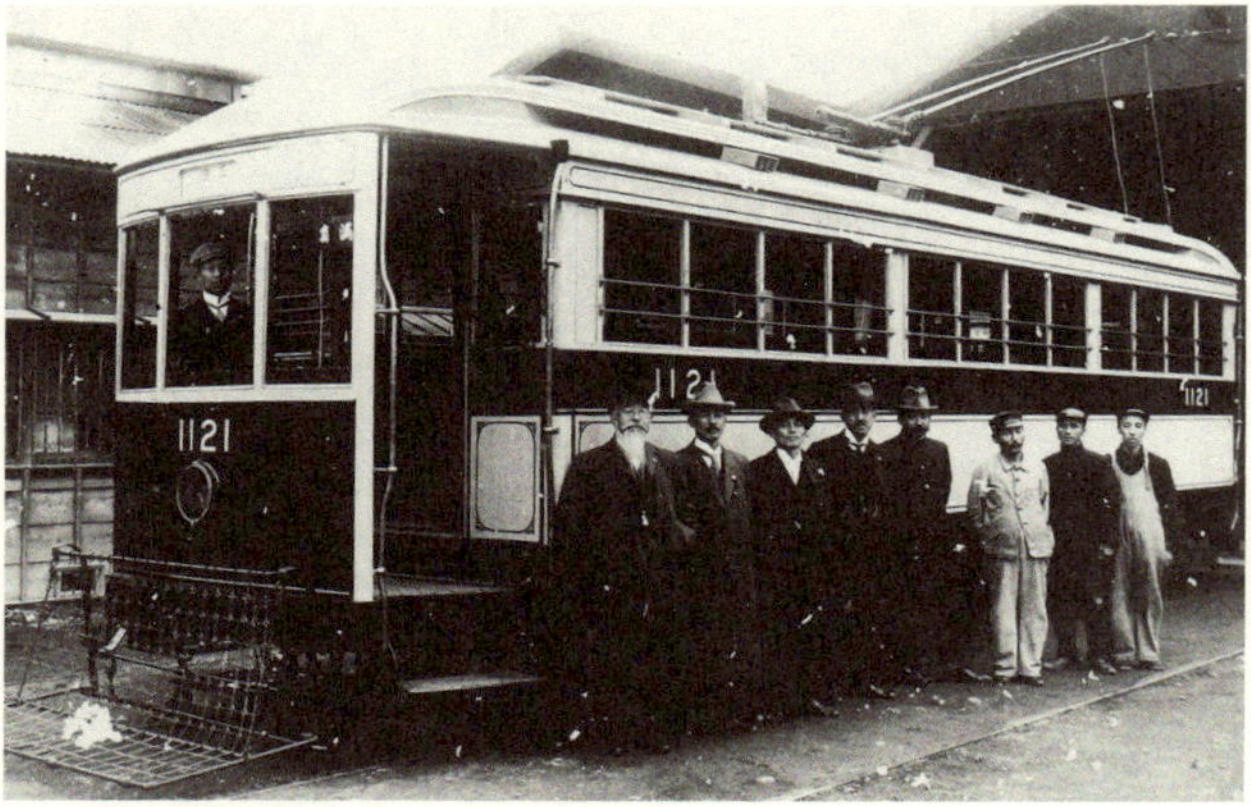

東京鉄道会社の社長期とみられる尊福（出雲大社提供）

生は二銭に据え置くよう諭したと記す。こうして九月一一日、東鉄が誕生。尊福の東鉄社長就任は、この問題に府知事として関与した経験も買われてのことだろう。

三社合併で誕生した東鉄だが、利益本位の体質は変わらず、市営化を求める声が拡大する。その中で四二年一月に東鉄が運賃値上げを打ち出すと、東京市民は五団体連合による大会を開き運賃値上げ反対を決議し、当局は東鉄の申請を却下、重役一同が引責辞職した。当時の経済誌『実業之世界』は、東鉄重役には真面目に事業を経営する意思がなく、専ら株式市場の駆引きに努め、停電や断線が頻出する憂うべき事態だったと批判する。新重役の選定には、大株主会が設けた渋沢栄一ら五人の選考委員があたる。その動向に注目が集まる二月半ば、尊福に白羽

路面電車が走る明治44年の銀座通り（国立国会図書館デジタルコレクション）

の矢が立った。同月一五日付読売新聞は、社長は「円満の人物にして、政府及び市民に重望ある人」がよく、尊福は最適任者だと報じている。三月末、東鉄臨時株主総会で社長就任が決まった。

それから半年後の一〇月、桂太郎内閣が東京市内電車の市有化を内諾し、市は東電の買収にとり掛かる。一一月半ばに始まった交渉で、五八〇〇万円と切り出した尾崎行雄市長に、尊福は六五〇〇万円なら応じると回答。一年半余りの交渉の末、四四年七月五日に両者が仮契約した買収金額は六四五〇万円だった。七月下旬、東鉄は総会を開いてこの契約を承認し、解散した。

この交渉の最中、四三年五月半ばに尊福は久しぶりに原と会う。将来の政界を見通しつつ

第81代出雲国造千家尊紀（1860～1911年）

「二七会も政友会も冷静の態度にて時機を待つ」のが得策だと述べる原に、尊福も賛同。堀田は「小智あれども大局を通観するの力乏しく……千家に及ばざること遠きに似たり」（四二年四月一一日付日記）と尊福を高く評価する原は、男爵から勅撰議員への鞍替えを含め（四四年四月一五日付日記）、尊福再起の術を考えていたのだった。

尊福は四四年七月の貴族院議員選挙で四選を果たすが、同年一一月大社教を揺るがす事態が生じる。一五年尊福に代わって第八一代国造となり、出雲大社宮司も務めてきた弟の尊紀《たかのり》が薨去《こうきょ》したのだ。尊福は大社教の指導者に復帰する。彼の政界入りは「教法家は世の先導者となるべき」という信念によるものだったから、その教法の根幹たる大社教の危機にあたり、宗教家に戻ってこれを支えていくことに、全く迷いはなかったであろう。

Ⅳ　尊福が遺したもの
——晩年の巡教と後継者たち

大社教に総裁として復帰した晩年の尊福（出雲大社提供）

第10章　生涯にわたる巡教

明治四四（一九一一）年末、第八一代出雲国造尊紀《こくそうたかのり》の薨去《こうきょ》に伴い、尊福は大社教総裁に就き、再び教会のトップとして、また政財界の要職を歴任した名士として、列島各地への巡教に赴く。そして大正七年一月に薨去する前月まで、随行員が「常人では考えられない」と驚くほど精力的な旅を敢行し、現役のまま、その生涯を閉じた。福岡巡教で知り合った実業家、小林徳一郎が奉納した日本一の大鳥居は、尊福が名付けた「神門《しんもん》通り」のシンボルとなっている。その建立時に尊福が大筆を背に負って書いた「出雲大社」の扁額が、今も神門通りを通る多くの参拝者を迎える。

†国造家と大社教を次代に託し、再び列島各地へ

尊福の弟、千家尊紀は万延元（一八六〇）年六月一六日、第七九代国造・尊澄《たかすみ》の三男として生まれ、明治一五（一八八二）年三月、出雲大社宮司となった。ラフカディオ・ハー

ンが世界に紹介した第八一代出雲国造である。神官教導職分離令を受け、大社教管長となった尊福に代わって約三〇年間、その職を守った。尊紀がいたから、尊福は安心して列島各地を巡教したり、政界入りしたりできたのだろう。その一五歳年下の弟が四四年一一月二四日、五一歳で先立ったことは、尊福に大きな衝撃を与えたと思われる。

翌一二月、尊福は六六歳で大社教の総裁に就任した。第八二代出雲国造には、後（大正三＝一九一四年一二月）に尊統《たかむね》と改名する尊紀の子・福麿（明治一八年六月一五日生まれ）が襲職。同月杵築に帰った尊福は、古式に則った火継の神事を自ら伝授した。明治初期の神社改革の中で、自身は火継式を行えなかった尊福には、その復活にかける強い思いがあったとみえる。尊福は、先祖伝来の火継式の次第を、大正二年末刊行の大著『出雲大神』に書き記し、後世に伝えた。

明治44年12月、第82代出雲国造となった千家福磨（尊統）（『風調』第18号、明治45年7月）

この時、東京から共に帰った息子の英麿（明治二三年一〇月二九日生）は尊有《たかもち》と改名し、大正七年四月一〇日、大社教の第三代管長に就く。明治二三年六月以来、尊福の後を受け、第二代管長を続けてきた尊愛《たかあき》にも早晩、後継者問題が生じる。その際、スムーズな引継ぎができるよう、尊福が道付けしたのだ

大正5（1916）年、島根県大田市内の小学校講堂における尊福の講演風景（出雲大社提供）

ろう。尊福は四五年四月半ばまで出雲に滞在し、大社教の運営や発展についても指導した。こうして千家国造家と大社教の行く末を次代に託した尊福は、四五年七月の新潟を皮切りに、再び列島各地へ巡教に赴くのであった。

歌集『越の道ゆきぶり』を綴った一七年の新潟巡教から二八年ぶりの来越で、尊福は旧交を温め、沼河比売《ぬなかわひめ》と巡り合った大国主神が越後を第二の根拠地としたほどに、越後と出雲は古代から密接な関係にあると述べながら「ともすれば忘れがちなる世の中に昔を捨てぬ人ぞ嬉しき」と詠む。その新潟から帰京して一〇日後の七月三〇日、明治天皇が崩御し、時代は大正へと変わった。この変動の中、尊福は大正七年一月に薨去するまで、中国、四国、九州、近畿、中部、関東、北陸を巡る教えの旅を、命の限り続けたのである。

当時の大社教機関誌『風調』は、その尊福の旅を巡講（巡回講話）と称し、出雲大社教会大教主・大社教管長時

大正２年９月の山口県内巡講中の尊福。大社教山口分院で撮影。尊福（中央）の右に大正３年 12 月に尊有と改名する英磨、その右に佐々木幸見、その右に大谷豊太郎が立つ（出雲大社周防分院所蔵、筆者複写）

代の巡教と区別している。確かに晩年の講話は、明治一〇年代の布教とは趣が違った。大正二年一二月半ば、岐阜市内の県議会議事堂で行った講演「国民道徳の根源」では、政府の行財政整理で生じた巨額の剰余金を生かすのなら、日露戦争中に人民に課し始めた非常税をやめ、負担を軽減し、民力を養うべきだと説く。世情に合わせて相応しい制度を作り、何度でも変えていくことを厭わず、良い方へ進めていくことが、政治上最も必要だというのは、まぎれもなく四半世紀にわたり政界で要職を歴任した、ベテラン政治家の言葉である。

だが同時に尊福は、出雲大神の神徳を説く講演も各地で行っている。大正五

（一九一六）年五月、大阪府西成郡の郡会議事堂における講演「神徳に就て」では、出雲大社の神は、日本が発展していく根本を造り固めた神で、農事発展の基を立て、医薬や災いを祓う禁厭《まじない》の法を定め、それが今日まで伝わっていると語っている。巡講の調整・段取りは大社教の職員が担い、大社教東京分祠幹事の佐々木幸見や周防《すおう》分院長の大谷豊太郎など上級の教職が随行して前講を務めた。新潟で尊福を迎えた高田市在住の出雲人、徳谷竹堂は「越後における千家男爵」（『風調』一九号）で、世が世なら、容易に庶民が拝し得ない生神様を目の当たりに拝し、その謦咳《けいがい》に接し神道の福音を聴けるのは何と幸せだろうとし、尊福の天職は大臣の椅子を得るような政治活動ではなく、出雲神道の普及発展にあるのだと綴っている。尊福は時代のニーズに合わせた、新たな大社教布教の試みを実践していたのだ。

†各地に残る巡講の〝筆跡〟

尊福は大正元（一九一二）年一一月、弟尊紀の一周祭で出雲に帰るのに合わせ、半年前に京都から出雲まで全通した山陰道の鉄道を使い、沿線の兵庫・鳥取県内を巡講した。兵庫では大社教の朝来《あさご》、日高教会を訪れ、小学校や公会堂で講演。鳥取でも分院や教会がある鳥取、倉吉、米子《よなご》などに立ち寄って講演した。同月一七日、鳥取県会議事堂で行った講演では、この鉄道開通に触れ、自分たちは諸国を廻り、多くの旅客を山陰道に導くから、山陰道の各地が手を繋いで土地の繁栄を図る――それこそが山陰を基盤に国土を経営し、繁栄を築いた出雲大神の御心に適う、と満場の聴衆五〇〇名を鼓舞した。

二年は五月上旬に広島県内を約二週間、九月の山口と一一月下旬からの岐阜では、それぞれ約一カ月の巡講を敢行した。広島では毎席の聴衆が千人を下らず、県下の神道家が千載一遇の機会と待ち望んだ山口県内では、各地で万単位の聴衆が集まり、会場に入りきれない人々が道路にあふれ出たという。

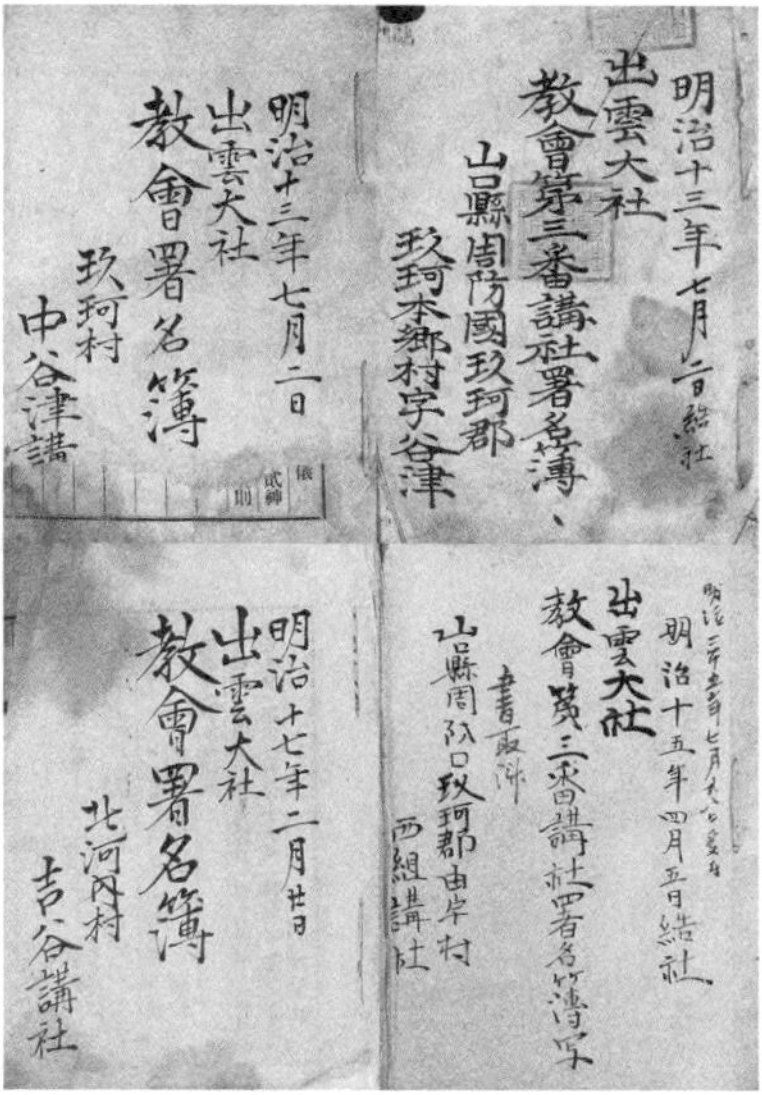

明治 10 年代の出雲大社玖珂教会（講社）諸名簿

旧周防・長門二国（山口県）では出雲御師が活発に布教し、千家俊信《としざね》の高弟、岩政信比古《いわまささねひこ》がいたことなどから近世以来、出雲信仰が広がっていた。その山口県下で最も早く設立された出雲大社教会は、岩政信比古の長男・隣徳に師事した原田高毘《たかび》が明治一一年に創立し

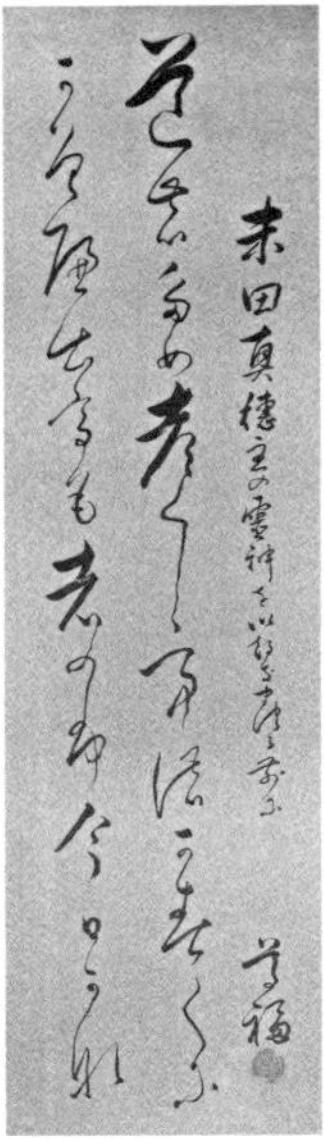

尊福が大正２年秋、吉敷教会で「末田真穂主の霊神をいつき祭る前に」として詠んだ歌（出雲大社山口分院所蔵）

た玖珂《くが》教会だ。同八年に一八歳で大社教に入ったという高毘は明治一〇年代、玖珂郡内から隣の熊毛郡にも及ぶ町村で次々に講社を結成していった。大正二年一〇月下旬、尊福がその玖珂教会で二日にわたって講演した際は、早朝から夜の一〇時頃まで参拝人が引きも切らず、延べ数万人という未曾有の人出となったという。尊福を宮島まで見送った高毘は、岩政信比古が生まれた新庄村を訪れ、その御霊に玉串を捧げた尊福にも同行。尊福が訪問する先々で必ず現地の産土《うぶすな》社に参拝するなど、きめ細かな配慮をしていたことも、書き留めている。

いっぽう大正時代、山口県下で最も広範に布教活動をしていたのが、大正五年、山口分院に昇格・改称する吉敷《よしき》教会だ。その創立者・末田真穂（明治二四年、五六歳で没）は下関赤間宮の神官だった明治一三年、祭神論争で長文の意見書を書き、神道会議が大国主神合祀を否決したら、議決に背いてでも素志を遂げると主張した、尊福の熱烈な支持者であった。息子の三枝（一九六五年、九〇歳で没）は『幽顕』五二〇号に、その真穂の要請に応えて一四年一〇月に来訪した尊福から金平糖をもらい、「大人になったら父上の後を継いで、神様にお仕えするのだぞ」と言われたという、六歳の頃の思い出を綴っている。大社教総裁として尊福が訪れた大正期は、その三枝が教会を受け継ぎ、盛り立てていた。大社教機関誌『風調』の「分院教会所通信」などに頻繁に登場する吉敷教会・山口分院の様子から、その精力的な布教活動が窺える。尊福は大正二年秋に吉敷教会を訪れた際、講演に先だち、祭神論争時代からの盟友・真穂の慰霊の式を挙げ、「道のため尽くしし事の数々に数へ出でても偲ぶ今日かな」という歌を書いて、その霊前に供えた。

「大社教島地教会所」時代の石柱が残る出雲大社周防分院

　山口県内には明治一〇年代後半に大社教教導職となり、長門分院の前身・田万教会所や吉部教会の開設で優れた組織力を発揮し、同三四年創立の島地教会所を任されていた大谷豊太郎（一八六三〜一九二九年）もいた。大谷は大正期における尊福の列島各地への巡講で先発使・随行員を務め、尊福の信任も厚かった。尊福が二年九月半ば、二日間講演した島地教会所は、大谷の働きにより大正五年、周防分院に昇格・改称する。

　これら尊福の列島各地における巡講を伝える当時の大社教機関紙『風調』

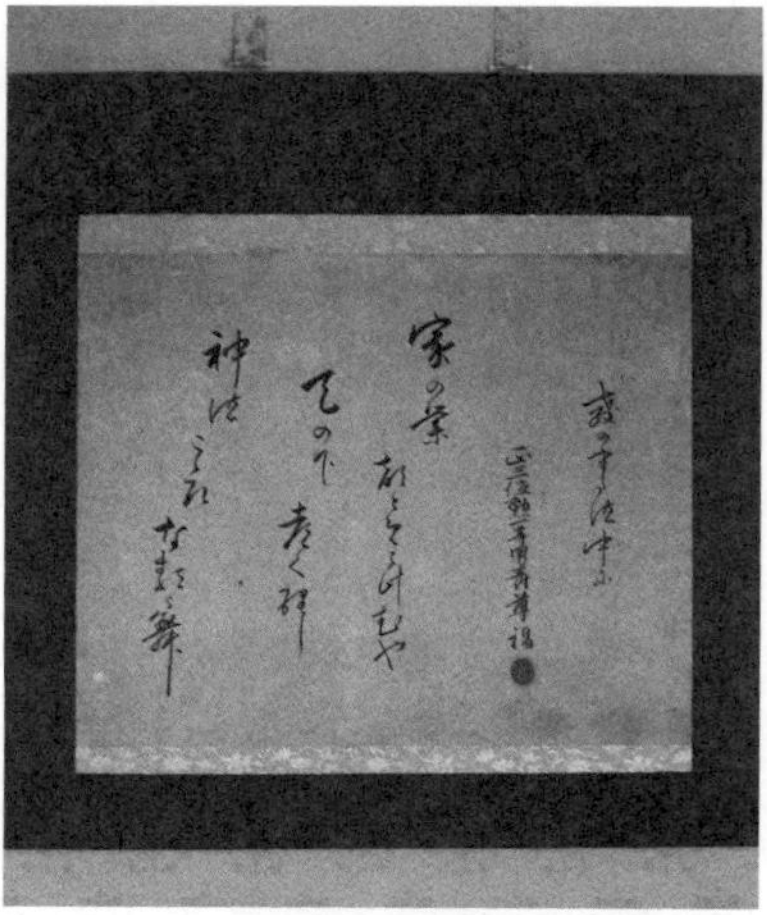

讃岐分院が所蔵する尊福直筆の教歌「家の業つとめ励むや天の下造りし神の心なるらむ」

には「揮《き》毫《ごう》懇請者多数にして……東伯郡東郷村に至る」（元年一一月二二日鳥取）、「揮毫を懇請するもの頗る多く、終日執筆」（同月二七日杵築）、「御疲労にも拘らず、宿主始め信者の乞いに任せ御揮毫」（二年一〇月二日神戸）などの記述がみられる。

尊福の司法大臣時代に秘書官を務め、晩年の巡講にも随行した立花増美（贈大教正、一八九五～一九六四年）は後年「御巡教の揮毫」や「御巡教余話」で、講演後に御巡教記念として御神号、額字、和歌などの揮毫を願い出る者が多く、尊福は夜遅くまで筆を運んでいたと回想している。特に和歌は堪能で、出願者の職業に応じて様々な歌を詠み、また姓名や干支の詠込み、春夏秋冬や雪月花に寄せた歌を頼まれても、愛用の煙草「あさひ」一本が燻《くすぶ》る間にさっと詠みあげて、居並ぶ人々を驚嘆させたという。

二年六月四日付立花宛て尊福の書簡にも「出張中の残物は屏風の外一切終了、本日夫々発送せり。四百八十余枚に及べり」とある。五年一〇月の岐阜・滋賀二県の巡教は二週間だったが、それでも揮毫の依頼が七五七件あった（五年一〇月一七日付書簡）。留守中には依頼がたまり「（長き旅行より）帰りくれば、ここかしこより歌また額など書きてよと請へるもの、山なしてあり……筆さしおく間もあらず」（五年四月二五日付書簡）という有様で、朝から晩まで一日中墨をする日もよくあったという。

尊福が揮毫した「経国治幽」（出雲大社土佐分祠所蔵）。国土を経営し、幽冥を治めた出雲大神の神徳を表す。

　二年に一四歳で大社教教務本庁に奉職した今西憲大教正（一九〇〇～九一年）も、直に触れた尊福の姿を現代に伝えた一人だ。家扶の報告を「それから」「うん」と聞きながら揮毫する尊福に、人間業でないと畏れ入ったという。そんな多忙な尊福だが、大社に帰ると毎朝、本殿や鎮守社を拝礼し、毎朝日課の庭掃きをする今西たちにも「元気か」「どうだ」と優しく声をかけられたと振り返る（「初代管長千家尊福公の思い出」『幽顕』七七一号）。

　当時三〇歳前後と若かった立花も、数十～百枚に及ぶ揮毫の整理に骨が折れたが、尊福は少しも疲れた素振りを見せず、即興で詠み揮毫した歌にも、それとなく人の道を説くのが常だったという。列島各地に残る尊福の書は、その精力的な巡講と、生き神・

出雲国造の揮毫を求めた人々の思いを今に伝えている。

†福岡巡講の縁で建った大鳥居――大筆を背に負って書いた扁額

尊福は大正三（一九一四）年五月末、福岡県有志の招聘に応じて巡回講話を行うべく、北九州へ向かった。旧豊前《ぶぜん》・筑前・筑後の三国にわたる四〇カ所での開講を終えて帰京したのは七月一六日である。明治一八（一八八五）年以来三〇年ぶりに福岡入りした尊福は、当時と違う非常な発展ぶりに驚いたという。

この福岡巡講で尊福が最初に泊まったのが小倉の実業家、小林徳一郎（一八七〇～一九五六年）の家だった。島根県邑智《おおち》郡高見村（現邑南町）生まれの小林は、一五歳で故郷を離れて福岡県田川郡の炭鉱などで働いた後、小倉で土木業を起こして成功。鉄道施設や学校建設を多数手掛け、一代で巨額の財を築いた。八代干拓や新小倉駅建設でも名を馳せる一方、多くの社会貢献事業を行った篤志家としても知られる。

小林の回想録『聞書小林徳一郎翁伝』によれば、ある日、八坂神社の神主が訪ねてきて、講演会のため小倉に来る尊福の宿所を、島根出身の小林に頼みたいという。小林はそんな偉い方を自分の家にお泊めするのは失礼だと辞退したが、どうしてもと頼まれて引き受けた。真心こめて尊福を歓待した小林は、気さくで高ぶる所がなく、自分の成功を同郷人として心から喜ぶ尊福に触れ、親交を結ぶようになったという。尊福は馬関海峡が見渡せる小林家で「この家に宝を運ぶ家ならし波のよるさへ絶えず行きかふ」と詠み、小林は尊福の人格・識見に心酔したと伝わる。

その尊福が借金で窮地に陥り、連帯保証人の大木遠吉《えんきち》（後の原内閣司法大臣）までもが家財の差し押えにあう事態になったと聞いた小林は、直ちに上京して尊福の借金を引き受け、大木の差し押えも解除させた。小林は自分の家屋や土地を売って、これに充てたという。尊福が利権目当てで立ちまわれる人なら、自分が九州から出向かなくてもよかったろうが、そうでないから一肌ぬいだのだと、小林は述懐している。

大正三年に先祖の故地、出雲横田に帰った小林は、故郷への貢献事業を思い立ち、まず出雲大社に大鳥居を建てることにした。こうして大正四年、勢溜《せいだまり》の鳥居をまっすぐに見通せる宇迦橋《うがばし》のたもとに立ったのが、今に至る大華表だ。当時日本で最大だった靖国神社の五〇尺（約一五メートル）を遥かに超え

小林徳一郎

小林徳一郎の寄付で建てられた出雲大社の大華表の前で記念撮影する尊福ら（出雲大社提供）

る、高さ七五尺（約二三メートル）の巨大な鳥居。その中央に掛かる広さ三坪（約一〇平方メートル）、重さ千貫（約三・七五トン）の扁額には、尊福が大筆を背に負って揮毫したという「出雲大社」の文字が刻まれている。

四年一一月七日の落成式は県知事や衆貴・県会議員も参列し、盛大に行われた。参道に万国旗がはためく中、尊福に続いて県知事が大華表下の通行始めを行う。参道は二万人の人出で溢れ、尊福は竣工の慶びを「類ひなき神のみかげを仰見て立てし御門も世になかりけり」と詠んだ。大社駅から直線で作られた新たな参道の命名を有志らに頼まれていた尊福は、大華表落成の日に「神門《しんもん》通り」と名付ける。

この時参道の両側に二八〇本の松を植えたのも小林だ。こうして尊福と小林の縁によって、今に至る出雲大社の参詣道が完成したのである。

小林はその後、大社と日御碕を結ぶ人車道を作り、郷里横田の産土神、稲田神社も建て替えた。日御碕には今も小林徳一郎頌徳《しょうとく》碑が立っている。

†現役のままに――最後の巡講地高知へ

大正三（一九一四）年夏、約五〇日にわたる福岡巡講を終えた尊福は、秋から冬にかけ山口や京都・兵庫も計五〇日ほど巡った。四年には岡山、愛媛、山形県などへ計四回・約一一五日間、五年には大分、茨城、徳島などへ計六回・約一三五日間と、年々巡講の頻度と日数が増えている。昼は祭典と講演、夜に揮毫、早朝から次の巡講地へ移動という日程が続き、時には人力車から駕籠《かご》へ、駕籠から草履ばきで山間の奥深くへ分け入ることもあったという。三年に古希を迎えた尊福は、二年に一四歳で大社に奉職した神職の今西憲が「常人では考えられない」と驚くほど精力的に、列島を駆け巡っていたのだ。

六年も春から秋にかけ愛知、滋賀、石川へと体を休める間もなく巡教する。初めて巡講した石川県では、出雲大神の平国祭《くにむけ》が行われる邑知《おうち》（潟）地溝帯も巡った。平国祭は毎年三月下旬、羽咋《はくい》に鎮座する能登国一宮・気多《けた》大社の祭神オオナムチが、その元宮と伝わる七尾市所口町の気多本宮まで、六日間かけて邑知地溝帯沿いを一往復する神事だ。この大規模な神幸祭の由緒を、明治三五年の調査書は「上古、大己貴大神《おおなむちのおおかみ》、国土を経営し給ひし時、此国に邪悪、妖賊屯聚《とんしゅう》して庶民を悩害せるを誅除して一国平定し給へる古式を伝ふる祭典なり、故に平国祭と云ふ」と記す。気多本宮の縁起では、オオナムチは始め出雲国から（七尾の）所口に着き、その後、鹿島路の湖水（邑知潟）に棲んで人民を苦しめる毒蛇を退治し、（羽咋の）竹津浦に鎮座したとされる。

出雲国風土記は意宇《おう》郡母里《もり》郷の条で、天の下造らしし大神（オオナムチ）が「越の八口を平《こと》け《む》賜ひて還り」云々と記す。「八口の原義は谷口、即ち谷の入口の集落の意」とみる加藤義成『出雲国風土記参究』に従えば、「越の八口」を邑知潟地溝帯という窪地（凹地）の入り口となる羽咋か七尾と捉えることもできよう。そうすると、能登の平国祭は、この出雲国風土記の神話に対応する祭りということになる。羽咋と七尾を結ぶ邑知地溝帯は太古の海峡あとで、その名残の邑知潟は近世も水深があった。大型の船が航行でき、最奥部の金丸村に藩御用船の波止場があったという。

この地溝帯沿いには出雲大神と結ばれた現地の姫神、その姫神らとの間に生まれた御子神たちを祭る神社が並ぶ。その地を大正六年、尊福は七尾の気多本宮、鹿島郡金丸の宿那《すくな》彦神像石《ひこかむかたいし》神社などをへて最後に羽咋郡一宮気多神社へと、出雲大神と同じように巡った。

現地の人々の目には、出雲大神の神霊を宿した、本家本元による平国祭と映ったのではないか。宿那彦神像石神社に隣接する能登生国玉比古《いくくにたまひこ》神社には、この時尊福が書いたとみられる扁額が掛かっている。

九月上旬に石川県内を巡り終えた尊福は、翌一〇月に再び愛知・滋賀両県内で巡講し、一一月下旬、最後の巡講地となる高知へ向かう。二〇日に大教正の竹崎嘉通と共に夜行列車で東京を出て岡山へ、大阪駅で家従の立花増美と合流後、汽船で高松へ渡り、琴平をへて昼間教会所のある阿波《あわ》国三好郡（徳島県）へ入った。高知市に着いたのは二四日である。

第7章で述べたように、出雲信仰で土佐といえば、長岡郡本山の志和九郎左衛門が流した願開舟《がんびらきぶね》が天明三（一七八三）年、出雲に漂着した逸話が有名だ。それを機に大社の社家矢田八種が来国し、幅広く布教を行い、明治以前から出雲信仰が根付いていた。戦後、土佐分祠に昇格した高知教会所は明治九年に開教し、大社の社家、平岡可美《うまし》が初代教会長を務めた。数多ある大社教会の中でも尊福と縁の深い教会の一つである。今も分祠に残る『大社教土佐分院来歴記』は、第五代教会長の早田満郷《みつさと》が尊福の高知県下巡教に合わせ、尊福に見てもらうべく大正六年九月一八日に始めた記録で、巻頭には六年一一月、尊福が訪れた時に記した題字がある。

『風調』八三号掲載の「高知県巡講日誌」には、大社教高知分院で開講した翌二五日「新

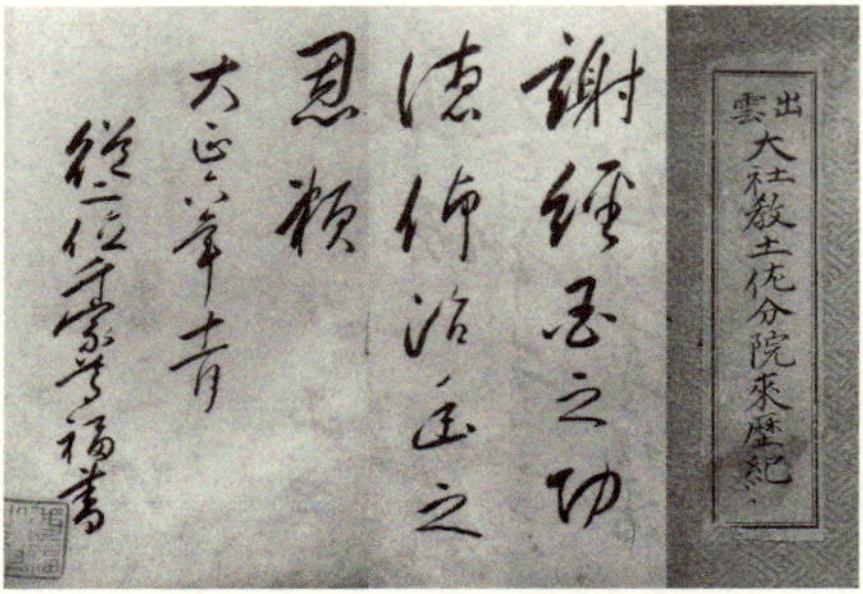

『大社教土佐分院来歴記』：巻頭に尊福の揮毫で「経国の功徳を謝し、治幽の恩頼を仰ぐ　大正六年十一月　従二位千家尊福書」とある（出雲大社土佐分祠所蔵）

聞社員、来訪多し」とあり、尊福の談話が載っている。全国を二六県くらい巡ってきた目的は、第一に教育や産業、風俗や人情を自分の目でよく見ることだと、尊福は切り出す。視察といえば、大概の人が都会を表面的に見て、自分の言いたいことだけ話して帰るが、自分は「地方へ行かねば承知ができない」「田舎へ行って地方の真相を見、百姓とも親しく談じてみたい」と、社会への強い関心を示し続けた。

政治については山県、伊藤、西園寺、桂内閣の下で知事や大臣を務めた経験を振り返り「近頃は揚足取りが多い」「議論倒れはイヤだ」と嘆き、記者たちに土佐の政党界の事や、教育・交通・鉄道問題などを逆に尋ねる。話が宗教に及ぶと、信仰は各自の自由だから強いるべきではないが「神職、牧師、僧侶が互いに排斥し合うなど、もってのほか」と語り、「昔は道を説くのに、信者が気に入るまいが、信ずる所を述べたが、近頃の宗教家は信者・檀家の気に入る様、その意に仰合せんとしており、それが気に入らぬ」と力説。記者は「尊ぶべき人格の権化」と感嘆した。

この時、記者は「矍鑠《かくしゃく》たる身体を儼然《げんぜん》たる羽織袴に包み、桜色の童顔で白髯鬖鬖《さんさん》と垂れた男は、旅館奥座敷に記者を迎へて慇懃《いんぎん》に語る」と尊福の健在ぶりを伝えている。尊福も「人間は働くべく生まれたもので、死ぬまで何かしているべき」だと自分は思っているから「隠居は大嫌い」と語った。来がけに寒くて少し風邪をひいたが「旅行していると具合がいい」ので「身体はこの通り至極健康」と語る尊福に、場も和んだだろう。その尊福が一月後に薨去するなど、誰一人思いもよらなかったはずだ。

†突然の帰幽——別れを惜しむ人の波

出雲大社周防分院に、晩年の尊福の書簡一八通が残る。巡講に度々随行した初代分院長の大谷豊太郎に宛てたものだ。大正六（一九一七）年六月末の書簡には、石川県に先発後、体調を崩した大谷を気遣う言葉が綴られている。列島各地への巡講は、準備にあたる先発・随行員にとっても、身を削る仕事だったのだろう。尊福に随行し各地で巡回講演を行った大教正佐々木幸見は五年一一月、滋賀県巡講中に心臓麻痺で斃れた。だが尊福は怯むことなく、六年一〇月末の書簡では、翌七年四月半ばに尊有《たかもち》の大社教管長就任祝祭を行い、その前か後に石川県巡講を行う意向を伝えている。大谷は尊福初の富山県下巡講に向け、現地に入って調整も行っていた。尊福は、まだまだ巡講の旅を続けるつもりだったのだ。

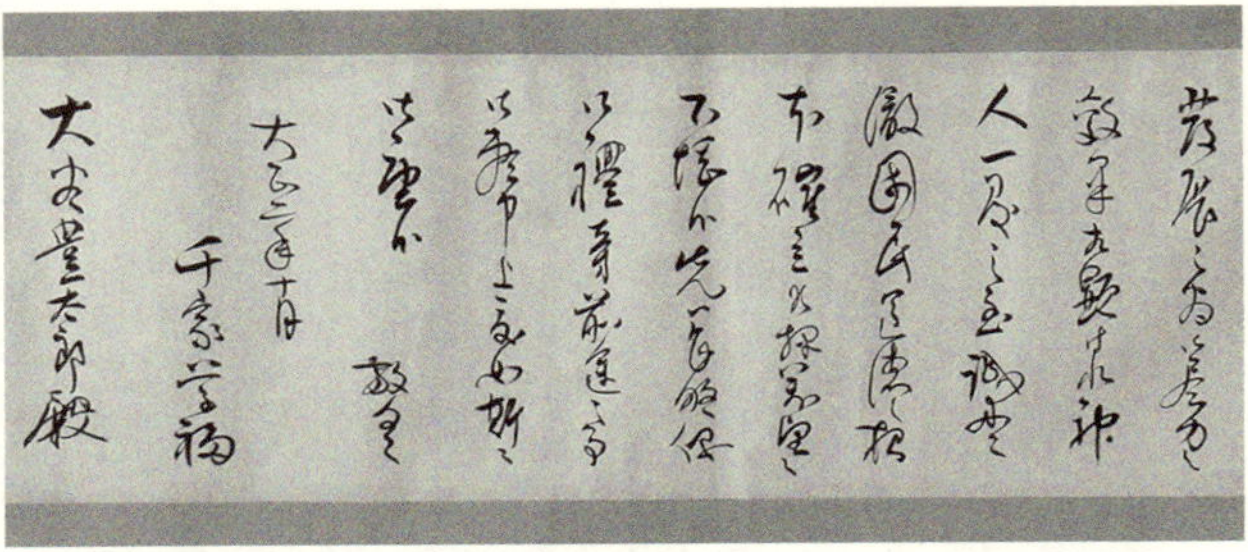

晩年の尊福が大社教島地教会（初代周防分院）長の大谷豊太郎に宛てた書簡の一部（大正２年10月、出雲大社周防分院所蔵）

六年一二月の高知県巡講中、風邪をひき体調を崩した尊福は、往復八〇里で路面が悪く、旅館もない南西部の高岡・幡多《はた》への巡講を断念・中止し、一一日に帰京する。それでも高知巡講は二三日間に及んだ。七月半ばの滋賀から石川、愛知、高知へと続く巡教は五カ月で延べ八五日。七二歳の身体には相当の負担だったろう。だが周囲に弱音を漏らさず、九月半ばの書簡では、自分も「巡回講演の事は一番必要」と心得て「足腰の続く間は大に活動し、神徳拡張の精神」でいるので「老いたりという念之なく、道のためには益々若返り御活動」するようにと、一八歳年下の大谷を励ます尊福であった。

帰京後一〇日ほど加養した尊福は七年の元日を、東京渋谷の自宅で元気に迎える。朝から吉例による年頭の儀式を挙げ、家族と楽しく語らいながら過ごした。午後になり少し風邪気味だと横になって休んだが、隣の部屋で歌がるたなどに興じる家族の声を、楽しそうに聞いていたという。薬も飲まず、夕食も普段より少し多い位にとったが、就寝する頃になって突如、心臓麻痺に陥った。驚く家族が右往左往する中、尊福は静かに口を開き「もうだめだ」と一言発し、眠るように息を引き取ったという。元日深夜、電報で尊福危篤を知った出雲の千家家では、妻の俊子と尊統が翌二日朝の一番列車で、尊愛らが同日の夜行列車で東京へ急行。翌三日、尊福の薨去が公表された。

六日午後青山斎場で行われた告別式には、貴族院議長の徳川家達《いえさと》や内務大臣の後藤新平など政財界の要人を含む、千名を超える人々が参集した。翌七日尊福の柩を載せた汽車が、多くの人々に見送られながら東京駅を発つ。県知事を務めた静岡、巡講で訪れた愛知、大阪、京都では大社教関係者ほか官民が停車駅に押し寄せた。山陰線に入り福知山、和田山、城崎《きのさき》へと進むと、積雪で汽車がだんだん遅れる。寒風凜烈《りんれつ》たる中、多数の教師や信徒が数里の道を厭わず停車駅に来て、その汽車の到着を数時間も待ったという。鳥取、米子、松江、出雲今市と駅に詰めかける人々がますます増える中、八日午後尊福の柩は大社駅に着いた。同駅から千家邸に至る沿道には、万を超える人々が両側に立ち並んだという。

一一日、千家邸で葬祭が行われた後、尊福は歴代国造が眠る墓所へ向かう。その柩を担ぐ者四〇人、小林徳一郎寄贈の大墓標を掲げた一行は、千家邸から五町（約五五〇メートル）の道のりを粛々と進む。『風調』八四号はその情景を「蜒々たる行列は千家邸より墓所に至る間引きも切らず、先頭墓所に達するも後部未だ邸内に滞る」長さで「葬列の通過する道路の両側には……人山を築きたる」と伝えている。

古代から連綿と続く国造家に生まれ、幕末から明治、大正に至る時代、近代国家に合わせて出雲信仰を大社教に発展させながら教育、政治、産業にも多大な貢献をした尊福。「天の下つくりし神のあと求め人は道こそゆくへかりけれ」と詠った教えを、自らの一生で示した、出雲が誇る近代の偉人であった。

国造館裏門（現表門）を出る尊福の柩（上）と葬列を見送る人々（下）（出雲大社提供）

終章　受け継ぐ人たち

†人道主義の詩人・千家元麿と出雲歌壇の継承者・経麿、照子

幕末に生まれ、青年期に近代日本宗教界の最前線に躍り出た千家尊福。その素養や遺志は、親族や大社教関係者に受け継がれていった。文人尊福を受け継いだ親族の中で、広く知られているのは、息子で詩人の元麿《もとまろ》だろう。武者小路実篤ら白樺派の作家と親しく交わった人道主義の詩人として知られる。

元麿は明治二一（一八八八）年六月に東京で生まれた。尊福が元老院議官となった翌（八）日で、かつ初めての男子だったので元麿と名付けられたという。元麿の母、小川豊（梅崖）は成島柳北《なるしまりゅうほく》の『柳橋新誌《りゅうきょうしんし》』にも出てくる両国の料亭、青柳の長女。著名な日本画家、滝和亭《かてい》に学び、一八歳にして美術協会で一等を受賞した才媛だった。祭神論争をへて、政界との交わりを深めていた尊福は、政界人が多く出入りする青柳で豊と出会った。一流

千家元麿。出雲大社鏡の池のほとりで弟の千家尊有（大社教管長）が撮影したもの（出雲大社提供）

の歌人でもあった尊福と閨秀《けいしゅう》画家は互いに惹かれ合い、尊福は恋文で豊を「貴嬢」と呼んで尊敬し、和歌に託して熱情を打ち明けたという。

出雲には一二年に尊福と結婚した伏原宣《ふしはらのぶ》諭《さと》の次女、俊子（貴族院子爵議員、伏原宣足《のぶたる》の妹）と二人の娘がいた。俊子の上京で初めてそれを知った豊は驚いて里へ帰るが、尊福と元麿への愛情から、尊福の詫びを受け入れ戻ったという。元麿には二人の母と、異母姉妹を含む一二人の兄弟姉妹がいたと、元麿の年譜にはある。

元麿が一〇歳になった三一年、尊福は東京府知事に就任し、それから一〇年間、芝の府知事官邸に住んだ。元麿は長編叙事詩『昔の家』で、ここで暮らした少年時代の思い出を綴っている。そこには尊福が東京で暮らした家の様子が、少年時代の元麿の視線で描かれ、父としての尊福の姿が随所に現れる。

『昔の家』は『千家元麿全集』下巻の三分の一を占める大作で、長詩二四編と続編八編からなる。「森の家」や「舞踏会」では、東京府に払い下げられ、府知事の官邸となった閑《かん》院宮《いんのみや》旧宅の様子が詩情豊かに描かれる。庭園の中に煉瓦の洋館と平屋造の日本館があり、そこで尊福は家族と共に暮らした。来客用の洋館では月に一度、姉たちの交友だった政治家や資産家の子女が集う舞踏会が開かれ、尊福は妻を伴い、挨拶に出たりしたという。「家庭の夜」では、父・尊福から会計を任された姉や、書生部屋で学習する弟たちの日常が窺える。豊の生い立ちや尊福との馴れ初めなどを描いた「母と従弟」は一六八行にわたる長詩で、尊福がフランス語を学んでいたり、豊に宛てた尊福の恋文が残っていたことなど、尊福の意外な一面も窺わせる。

三七年、一六歳の元麿は友達と南洋の無人島へ行く計画を立て、家出をする。途中で追手に捕まり、連れ戻された元麿らを、新聞は「冒険少年」と書き立てた。尊福は帰京した元麿に会わず、まず叔父の家に預ける。叔父の仲介で謝りに来た元麿を、尊福は、その軽率な行いが、母や祖母をどれだけ心配させたか、と叱りつけ、元麿は大声で泣き出したという。尊福は出雲出身の高等学校教授がいる仙台へ、元麿を送るのであった。思春期を迎えた血気盛んな息子に向き合う、一父親としての尊福の姿が、そこには描かれている。

元麿は大正二年、千家邸に女中で来ていた武州の彫刻師の娘、赤沢千代子を愛し、結婚した。この結婚が双方の父の反対にあったため、元麿は家を出る。元麿が見る父尊福は「謹厳で近寄り難かった」という。愛した女性との結婚に反対した父・尊福には反発もあったろう。だが元麿は尊福を慕っていた。大正七年五月に出した初の詩集『自分は見た』を、元麿は同年一月に薨去した父に捧げている。

元麿は東京で生まれ育ったが、一〇歳の時、父尊福に連れられ初めて訪れた出雲を郷里と呼び、この上なく愛した。昭和二〇（一九四五）年春、戦死した長男宏の葬祭も杵築で行い、その墓を先祖累代墓地の一隅に建てている。元麿は「彼（息子）は故郷で暮らした事はなかったが、そこは彼にも気に適《い》る場所に思えた」と記している。この時元麿は、晩年の生活を助けてくれた弟、尊有《たかもち》（大社教第三代管長）宅に約一カ月滞在した。長詩「吾が子を故郷に葬って」で、故郷に着くと懇ろに迎えた弟夫婦が共に悲しんでくれ、町や浜を散歩し「我国最古の町で神代を想い、懐古の情を抱いた」ことなどを綴っている。

結婚に反対され家を出てから、庶民と共に暮らした元麿は市民の生活を礼賛し、大正期の民衆派詩人に大きな影響を与えた。稿料が入ると困っている人にみなあげて、いつも貧しかったという。一九四八年に五九歳で亡くなると、杵築の千家家代々の墓所に妻千代子の分骨とともに埋葬された。墓標を揮毫《きごう》した武者小路実篤は『千家元麿顕彰展記念誌』に寄せた詩「元麿の死」で、世界的詩人として尊敬されるべき元麿は、貧しき者の友であり、自然と美と天才の賛美者であったと綴っている。

詩人となった元麿に対し、出雲歌壇の流れをくむ尊福を受け継ぎ、歌人として名を馳せたのが経麿《みちまろ》や照子だ。明治三九（一九〇六）年二月に尊福の子、元麿の弟として生まれた経麿は、大正一三（一九二四）年春に国学院大学へ入学し折口信夫《おりくちしのぶ》（釈迢空《しゃくちょうくう》）に師事し、折口が指導する予科学生の短歌会「鳥船社」で活躍した。昭和三（一九二八）年夏、出雲風土記をテーマとする卒業論文「宮廷伝承の根底となった出雲人の叙事詩・説話」を書くため出雲へ帰省中、二二歳の若さで病没。同年一〇月、鳥船社同人が出した経麿の遺構集『青ふし垣』の巻頭で、折口は「ひとかどの人間として世間に送り出す豊かな予期を目の前に控えていた」と経麿の急死を悼んでいる。原青波『出雲歌道史』も、経麿の歌には鋭い歌心が閃いており、大成を見ず病没したのは惜しいと記す。北原白秋や斎藤茂吉らが審査員となった短歌選集『新万葉集』に「我が国造《こくそう》家の祖を憶ふ」として詠んだ「皇国《すめくに》の遠《とほ》荒国のそのかみを、わが大国主はをさめ給へり」など経麿の歌が、一六首採用されている。

千家照子（『朱桜』口絵写真、出雲大社提供）

明治二九（一八九六）年五月生れの照子は尊福の姪（弟尊紀の次女・第八二代国造尊統《たかむね》の妹）で、杵築の小学校を出て学習院女子部へ進学した。卒業後帰郷し、歌誌『潮音《ちようおん》』を主宰する太田《おおた》水穂《みずほ》に師事。昭和五(一九三〇)年、出雲詩社から百余首の小歌集『朱桜《ははか》』を上梓して注目されたが、元来病弱で二〇歳頃に大病を患ってから闘病生活が続き、昭和七(一九三二)年一月三日に三五歳で病死した。

没後一年目に読売新聞社から再発行された『朱桜』には、照子全生涯の短歌、随筆、日記などが収録されている。照子と交流のあった与謝野晶子は、同書の序歌で「出雲なる神のすゑにて歌を詠むみやびし君の見がたくなりぬ」と詠んでいる。尊福の知遇を得た縁でと、同書に序文を寄せた佐々木信綱も、照子の才は「歌の国出雲の名門」にふさわしく「其の名長く世に朽ちざるべし」と書いている。原青波は『出雲歌道史』で、照子の早世は「出雲歌壇にとって大きな損失」で「照子に代わる女性はない」と嘆いた。

病魔に苦しみながらも、照子は心健やかに生きようとした。「おほらかにつくれる山よ海よ野よ、うまし出雲の国人われも」と、出雲の自然と共にある喜びを詠んだ歌には、力強ささえ感じる。宗教者ではなく、病床から離れられなかった照子だが、亡くなる一月前の日記に「日本的な大きな仕事に携わりたい。日本のために、父母のために、兄弟姉妹のために、自分自身のために」と書き残している。偉大な叔父、尊福の背を、きっと追っていたのであろう。

福岡図書館本館に使われていた鬼瓦（左）と軒先丸瓦（右）。福岡県立図書館所蔵。筆者撮影。

†福岡における近代図書館の礎を築いた大社教分院

二〇一八年春に開館一〇〇周年を迎えた福岡県立図書館の館長室に、「書」の文字を刻んだ軒丸瓦と鬼瓦、軒先瓦が飾られている。福岡市総合図書館の郷土・特別資料室の入り口にも、これと同じ軒丸瓦が展示されている。明治三五年一〇月に出雲大社福岡分院の初代分院長、廣瀬玄鋹《はるなが》（一八五五～一九一六年）が境内で開館した福岡図書館の瓦だ。同館を語る諸文献は「県立図書館に先行し、前身図書館の役割を担った」「福岡に図書館の灯を点じ、県立図書館の建設を導いた尊い礎」などと、その貢献を称えている。

明治四三年の『福岡県案内』は「県下各郡市に於て、既に図書館の設置せられたるもの五館あり、其図書は九万一一二二冊に達し、公衆閲覧の便に供ふ」として、私立の福岡、久留米、八女ほか二館を挙げるが、うち七万二四四二冊が福岡図書館の蔵書だった。福岡県内初の図書館は明治三四年一月設立の久留

出雲大社福岡分院境内の福岡図書館本館と明治40年に増築した洋館。左下に初代福岡分院長で図書館主の廣瀬玄鋹が映る。明治43年『福岡県案内』より

米図書館だが、『福岡県教育百年史』は、前記三館中、福岡図書館の施設・設備・活動が最も充実し、図書館に対する認識が一般に乏しく、県内でも図書館の設置が遅々として進まなかった時代に、その出現は図書館の何たるかを示し、設置気運を促進する上で大きく貢献したと評している。大正七年春に竣工した県立図書館の蔵書数が大正一四年で五万四千冊というから、頷ける話だ。蔵書も和漢洋書を揃え、丸善を通じて購入したエンサイクロペディア・ブリタニカやウェブスター大辞典も並ぶ全国的にも最高峰の水準だったとされる(西日本新聞社刊『博多学二〇〇〇』)。

その福岡図書館が、なぜ大社教福岡分院の境内で設立されたのか。それを理解するためには、まず福岡分院の創立経緯に目を向けねばなるまい。同分院は千家国造付の社家、廣瀬家の第一七代玄鋹が明治三〇年五月、福岡市荒戸町(現中央区大手門)に開いたものである。第3章でみたように、廣瀬家は筑前国を檀所(布教担当地域)とする御師でもあり、福

福岡市荒戸町時代の大社教福岡分院。向かって左が本殿、右が図書館。1945年の福岡大空襲で全焼（『風調』23号、大正元年12月）

岡藩の吉田家との縁を通じて近世、筑前で幅広く出雲信仰を広めていた。両家の関係は明治維新で一旦途絶えるが、廣瀬は明治一〇年代に入ると再び福岡で神符《しんぷ》の頒布を始める。

安政二年生まれの玄鋹は明治一〇年代末、大社教の九州出張所を設けるべく、吉田家の誘いもあり、単身下関から干鰒《ほしふぐ》船に便乗して博多港に着いたという。そして明治二〇（一八八七）年、荒戸町の旧吉田家屋敷三〇〇余坪を縁故払下げしてもらうなど、吉田一畝の協力を得て活動を始める。旧秋月藩士で神官の江藤正澄《まさずみ》（後に大社教大教正）が主導した荒津山（現福岡市西）公園の整備に協力などした後、明治二六年二月に分院新築を発起。大社教の千家尊愛《たかあき》管長を迎えて開院式を行ったのは三〇年五月二五日だった。翌明治三一年発行の『大日本名所図録』は敷地七〇〇坪という分院の広い境内を今に伝える（七四頁）。

福岡図書館の創設は明治二九年春、福岡分院長となった玄鋹と旧福岡藩士で国学者の海妻甘蔵《かいづまかんぞう》、平田派国学者で「博多新聞」創業者の松田敏足《としたる》（一八三七〜一九一三年、大社教教導職）、そして江藤正澄の四人が発起した。明治三二年一一月の図書館令で私立図書館の設置が法制化されると、玄鋹はかねてからの計画を一気に推し進めるべく翌三三年一月に東京へ赴き、東京府知事と貴族院議員を兼任していた尊福や在京の黒田家、福岡出身の有力者らに協力を求めた。この時玄鋹は文部省から百余冊の寄贈を得ている。以前、文部省普通学務局長の座にもあった尊福の計らいであろう。

玄鋹が神社の境内に図書館を建てた発想の源は、その尊福が明治零年代後半、大社境内で行った文化活動にある。明治五（一八七二）年六月、政府が国民教化のため設けた教導職の最高位である大教正と神道西部管長を兼任する地位に就いた尊福は、教導職の教化活動を展開すべく、翌六年五月、大社境内で二〇日間にわたる博覧会を開いた。その催しの祭典を執り行い、出雲大神に開催を奏上したのが、当事権禰宜だった玄鋹の父、第一六代廣瀬綱鋹である。同年一一月大社内に仮中教院を置いた尊福は、その文化活動の一環として翌七年春、境内で書籍縦覧所を開設。神社や社家が所蔵する多量の書物を集めて神職・教導職の勉学や一般民衆の啓発に当てた（第5章）。玄鋹は一八、九歳の頃、尊福が教化の一環として行った、これら先進的な文化活動を間近に見ていたのである。
玄錶が開館式で公表した「福岡図書館来歴書」には

一　本館は文学・法律・実業・医学・教育・理化学・其他百般の学術技芸に関する普通有益の図書は勿論、内外の図書新聞雑誌等を網羅し広く公衆の閲覧に供す。

一　本館は年令一五歳以上のものは何人と雖も来りて閲覧することを得。

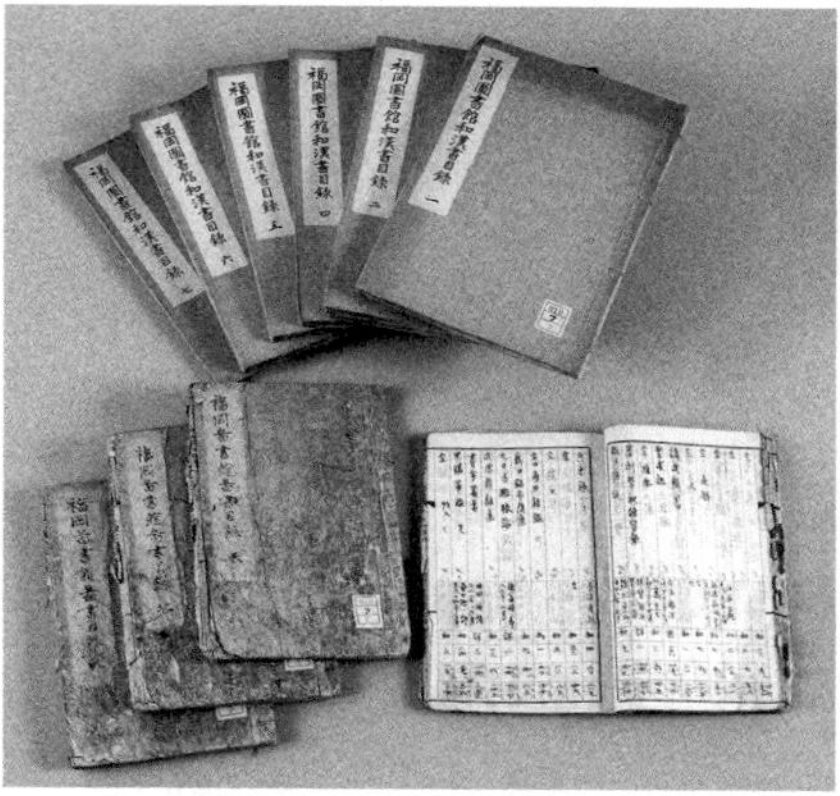
福岡図書館和漢書目録（九州大学附属図書館所蔵）

一　図書閲覧室には婦人席の設あり

などとあり、幅広い民衆の文化向上を目指した館主としての気概が窺える。

備え付けの図書目録は廣瀬が明治三三年、一カ月滞在した東京で、帝国図書館の視察や資金・図書調達に奔走する傍ら、当時の代表的図書館学者、和田萬吉東大図書館長から直に学んだ最新式の分類法だった。尊福の後を継ぎ第八一代出雲国造となった千家尊紀《たかのり》は、福岡図書館開館式の祝辞で「大社教に在り教義を弘布する者は常に進取の気象を奮起し社会の進運を幇助

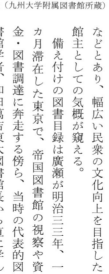

するの覚悟なかるべからず」と述べた。私財を投じ自ら奔走し、福岡に近代図書館を築いた玄鋹は、生涯それを貫いたのだ。玄鋹はこの図書館事業を通じて、旧福岡藩や大社教関係者をはじめ多くの賛助者を得た。図書館報に並ぶ二五〇〇人近い同館会員名簿が、その広がりを物語る。その特別会員の中に、尊福が明治一八年の福岡巡教で大社教会副取締に任命した早良《さわら》郡の石橋善次郎や、近世は黒田藩の藩医で、明治三五年に九州初の私立病院を開いた原三信《さんしん》(代々の襲名)、博多湾鉄道や第一徴兵保険の社長を歴任し、博多随一の富豪とも呼ばれた太田清蔵の名もある。

玄鋹は明治三五年『福岡図書館報』第一号の巻頭に、尊福が開館を喜んで詠んだ歌「千《ち》萬《よろず》の書《ふみ》見る窓の明くれに国の光もさしやそふらむ」を載せた。図書館内に和歌の「八雲会」を作って会主も務めた玄鋹の胸中には、大社御師であった先祖伝来の経験を活かしながら出雲歌壇をこの地で、という思いもあったことだろう。

列島各地の檀所と出雲をつなぐ御師たちは、諸国の動向を把握し、時代の変化に素早く対応できた。第一二代廣瀬信睦が懇意だったという長崎の高木作右衛門は、長崎開港以来の頭人《とうにん》・町年寄で、朱印船貿易で財をなした豪商にして、江戸中期からは長崎代官も兼務し、舶来の書籍など世界文化の輸入も一手に引き受けていた。玄鋹は『福岡図書館報』第三号の「図書館」で、英仏の国立図書館の蔵書を賞賛しつつ、最先端は米国だと詳しく分析している。近世から出雲と筑前の間を往来し、長崎で海外の情報にも触れていた御師の家系ならではの視野の広さだろう。

廣瀬家と吉田家の縁は、玄銀が一畝の次女花子を後妻に迎えるなど、明治期一層深まった。博多の櫛田、十日恵比須神社なども兼務する玄銀に代わり、図書館の実務は司書役の一畝が担う。いっぽう玄銀は吉田家の旧家臣で職がない者がいると、賃金を出して「福岡県地理全書」など書物を筆写させ、蔵書に加えるなど、先祖伝来の吉田家への心配りを忘れなかった。長年にわたる出雲の廣瀬家と筑前の吉田家の縁が、福岡における近代図書館の礎を固めたともいえよう。

現在の出雲大社福岡分院。1973年に福岡市西区今宿町で再建。現在は玄銀の曽孫、廣瀬正彦氏が司る。

福岡図書館の木造二階建ての本館は、一階が受付と古器物の展示場、二階が閲覧室で、横長の大机と椅子で四〇人が一度に閲覧できた。出雲大神が農業とも関係が深いため、明治四〇年に農業参考館を附設すべく二階建ての洋館を増築、書庫をその二階に移して図書館の拡充も図った。一五年間で延べ三万人余が利用したが、一回三銭の閲覧料では経費の一割も賄えず、負債が嵩む。大正四年の県議会で設置が決まった県立図書館が大正七年春に竣工する中、大正五（一九一六）年末の玄鋹死去後、その使命を終えるかの如く、大正六年に閉館。蔵書の大半は県立図書館の基幹図書になったという（福岡市広報課『ふくおか歴史散歩』他）。残った蔵書のうち一万八〇四冊は大正一四年末の玄鋹十年祭にあわせ、九州大学に寄託され、廣瀬文庫となった。九大図書館は福岡県初の大学図書館として大正一四（一九二五）年六月に竣工したが、本館の書庫は当初がら空きだった。廣瀬文庫は、その新しい書庫に大量に収蔵された最初の図書で、九大図書館の基盤ともなったのである。

玄鋹没後、福岡図書館の本館は一畝と親しかった古賀得四郎が買い取って移築し、福岡市千代町（現博多区千代）の古賀胃腸病院の病棟として使われ、一九九一年まで残っていた。福岡市総合図書館展示の瓦は、一九八六年一月、古賀元晁氏寄贈とある。

†四国の出雲さん――道後温泉を守る国造の揮毫とえんむすび祭

四国には今、出雲大社教の三分祠（松山、土佐、高松）、三分院（讃岐、今治、丹原）、九教会、一講社がある。そのほとんど（三分祠、二分院、七教会）は尊福が出雲国造または大社教管長であった期間（明治五～二一年）に創立された古参の教会だ。それも近代的教会としての創立で、安永六（一七七七）年に大社の御分霊を宇摩郡土居村に勧請した小祠・出雲鎮守社に始まるという土居教会（愛媛県四国中央市）など、発端は近世御師の時代に遡る。

松山分祠も、近世に名士が建てた大社遥拝所が始まりだという。それをもとに、尊福らが出雲大社敬神講を組織した明治六（一八七三）年、出雲大社松山敬神講が結成された。一〇年に尊福が松山教会所の開教式を行い、代々伊予国を檀所としてきた大社の社家、加藤家の七代目当主・加藤昌純が初代所長に就く。二四年、分院に昇格するが、戦災で社殿が焼失。戦後、西嶋定分院長が復興して一九七五年、分祠に昇格した。現在の西嶋三《みつ》卓《たか》分祠長で五代目となる。松山の随所で、尊福や二代後の第八二代国造・尊統の書や詠んだ歌がみられるのは、この分祠（教会）に集った人たちが結んだ縁によるものだろう。

現在の出雲大社松山分祠（愛媛県松山市本町）

かつて毎年、旧暦正月の一六日に必ず花を咲かせたという龍穏寺《りゅうおんじ》の十六日桜。その由緒を記した明治一一年建立の石碑には、尊福揮毫の篆額《てんがく》が刻まれている。桜の咲く頃になると、龍穏寺に至る道筋に露店が並び、非常に賑やかだったという。その十六日桜はもうないが、日本三古湯の一

第82代出雲国造千家尊統の名と和歌を刻む道後温泉本館神の湯男西浴室湯釜（道後温泉事務所提供）

つといわれ、年間一一〇万人の入浴客で賑わう道後温泉には、今も多くの人の目に触れる形で、尊福・尊統《たかむね》の揮毫が受け継がれている。

同温泉本館・神の湯男湯（西側浴槽）で使われている一九三五年製造の湯釜には、尊統の和歌「ちはやぶる神代《かみよ》ながらの出《いで》湯にはあやに畏《かしこ》き御霊《みたま》さきはふ」が万葉仮名で刻まれている。この浴室は、一九五四年の改築移転で、女湯が男湯に変わったもので、この時に新造した女湯の湯釜には、養生湯の湯釜と同じ尊福の和歌が刻まれている（第1章）。

神の湯の湯上り後に休憩できる本館二階の大広間（神の湯二階席）には、長押《なげし》上の欄間に、湯釜に刻まれた尊福・尊統両国造の和歌が拓本にして飾られ、床の間に大正四（一九一五）年の尊福直筆の書が掛けられている。その筆頭にある「憫民夭折始製温泉之術」は、伊豆国風土記逸文「温泉」の「玄古《むかし》……大己貴《おおなむち》と少彦名《すくなひこな》……民の夭折《ようせつ》（早世）を憫《あはれ》み、始めて禁薬《くすり》と湯泉《ゆあみ》の術《みち》を制《さだ》む」の一部だ。松山市内の出版社が刊行した『湯の町道後隅々案内』

神の湯二階席の欄間に掛けられた尊福と尊統の和歌の拓本。奥の床の間には尊福国造直筆の掛け軸

に「出雲の二神ゆかりの温泉をこの世に注ぐ湯釜は、神の世界と現世をつなぐ神聖なものだ」とある。尊福・尊統の揮毫が湯釜に求められた所以だ。大正四年五月末から七月初めにかけて愛媛県内各地で行われた尊福の講演には、多い時で一度に三〇〇〇人の県民が集まり、その延べ人数は記録されているだけで四万七千人にのぼる。その当時、神の湯二階席に掛けられた尊福直筆の書は、多くの人々の目を惹きつけたであろう。

二〇一四〜一五年に公刊された『伊佐庭如矢道後湯之町役場日誌』を見ると、明治二四年一二月三〇日の日誌に「東京より、千家尊福氏へ依頼候ふ当場湯釜之銘題出来、同家従竹崎嘉通より送付之来る」とある。その長さ二三〇センチにわたる「新設する石槽に銘刻せる出雲国千家尊福の道後温泉誌」は、道後温泉事務所で大切に保管されている。

この原著「道後温泉誌」で、尊福は伊佐庭らの尽力・功

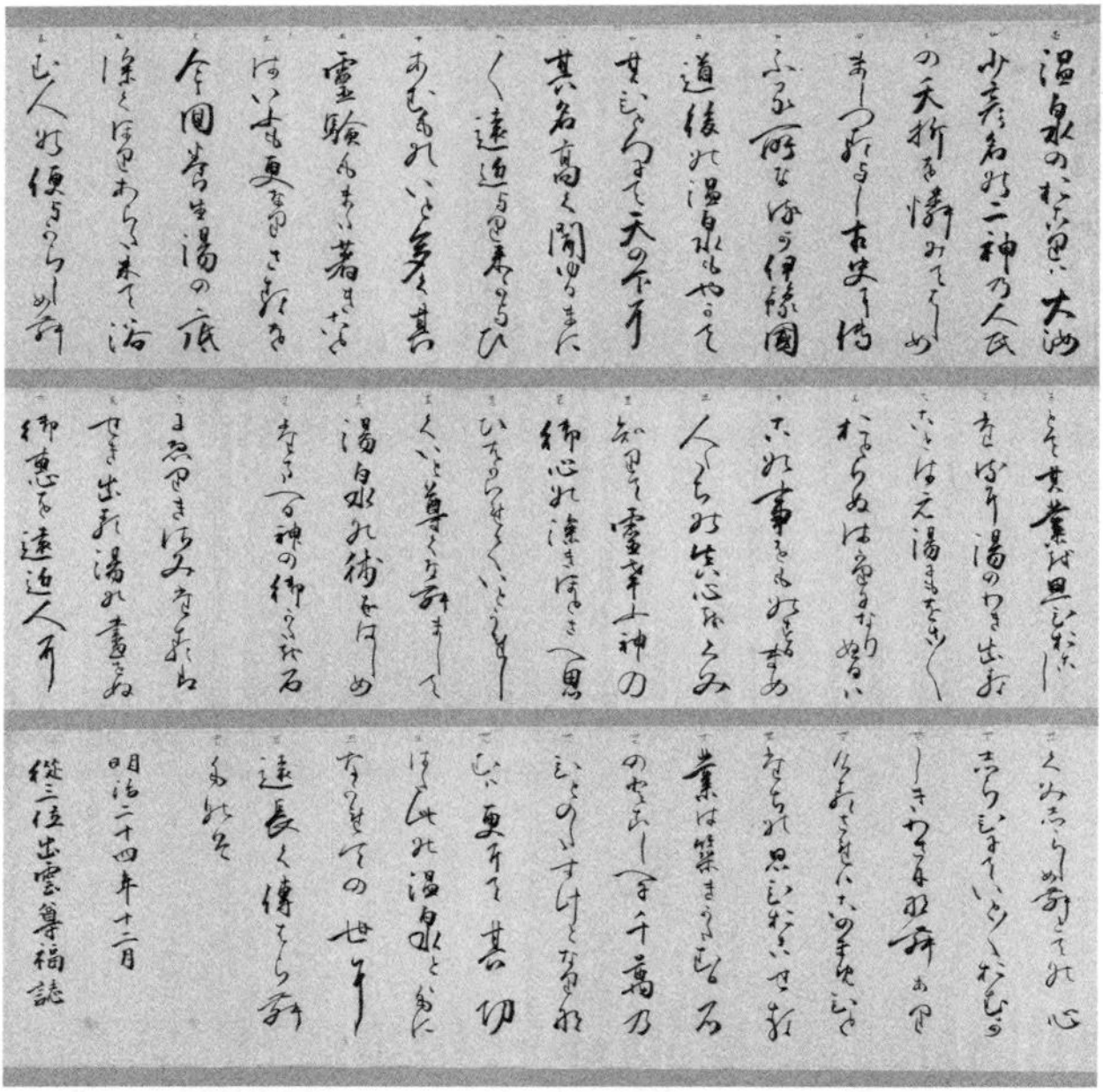

道後湯之町長の依頼で尊福が明治 24 年 12 月に書いた「道後温泉誌」原文（道後温泉事務所提供）。新設の養生湯湯釜の中層円柱部に銘刻された（31 頁写真）。

績を称えてこう記す。「温泉の起こりは大汝《おおなむち》・少彦名の二神が人民の夭折を憐れんで始めたと古典が伝えるが、伊予国の道後温泉もその一つで、天下に名高く、遠近を問わず多くの人が湯浴みに来て、霊験もあらたかなことは、言うまでもない。この度、養生湯の底を深く掘り下げ、入浴者の便を図る事業が発起され、元湯に全く劣らない湯が沸き出たのは、この事業に携わる尽力者たちの真心を汲み取った神のご加護であり、その御心の深さも思い量られ、非常に嬉しく、尊い。湯浴みの術を始められた二神のお姿を石に彫り刻んだのは、滾々と湧き出す湯の尽きることなき恵みを多くの人に伝えようとの心遣いで、たいへん喜ばしい。この尽力者たちが発起した事業は、築き固めた石とともに、永久に数多の人々を助けるのはもちろん、その功績は、この温泉とともに世に流れ、広く長く伝わるものだ」と。

いっぽう道後温泉近くの湯神社と伊佐爾波《いさにわ》神社には、いずれも尊統の揮毫を刻んだ神名石が立つ。両神社の神名石と尊福の書を刻んだ放生園の湯釜は、東西一直線上に、ほぼ等間隔で並ぶ。さらに三式内社（出雲崗《おか》神社・湯神社・伊佐爾波神社）の元の鎮座地を結んだ南北の線と（湯神社の神名石で）垂直に交差する。出雲国造の筆を刻んだ石が鎮め石となり、道後の町を守っているかのようだ。

尊福が自ら伝授した火継の神事で第八二代国造となった尊統は、民俗学や歴史学に精通していた。数々の著書を著した尊福の学問的素養を受け継いだ国造といえよう。尊統は代表作『出雲大社』の冒頭で、国造襲職後、歴史を知れば知るほど、出雲国造の職にあることの重圧がのしかかり、それが在職四〇余年の間、少しも変わらなかったという。そして歴代の国造

「千家尊統謹書」と刻まれた湯神社の神名石

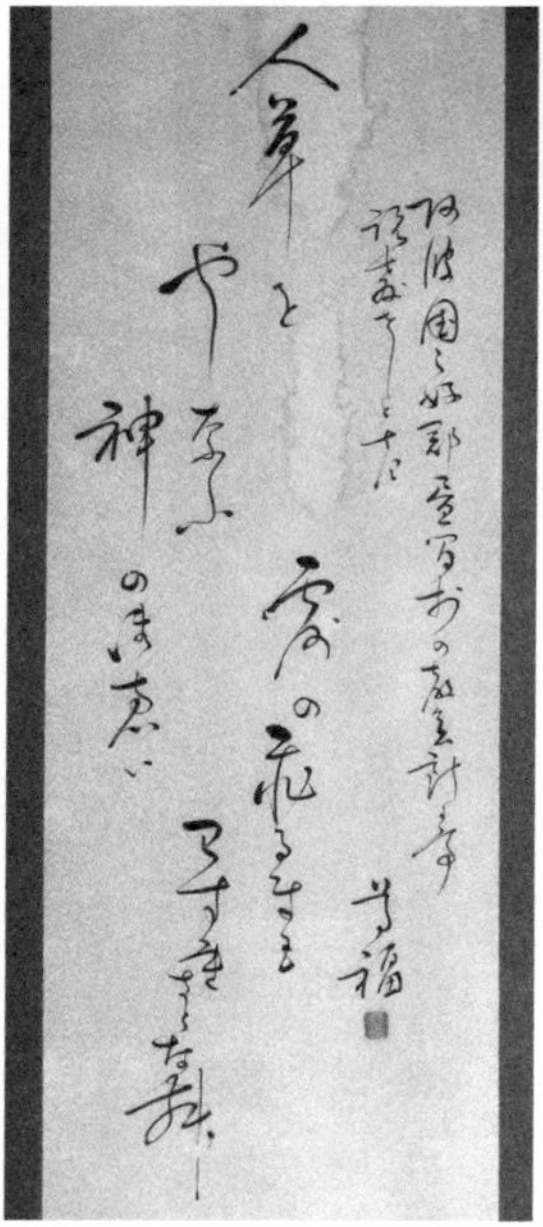

尊福が昼間教会で詠んだ「人草を養ふ神の御恵は……」の歌

もこの苦しみを同様に経験しながら超克し、国造家の伝統を維持・発展させてきたのであり、後を継ぐ息子たちにも超克していってほしいとの願いを述べている。それはかつて、尊福が抱いた思いでもあっただろう。

松山以外の分祠・分院・教会にも、尊福や、尊福と共に歩んだ人たちの思いは、息づいている。徳島県三好郡には江戸時代、阿波《あわ》国を檀所にしていた大社の社家、西村勝男が明治一三年に設立した昼間教会がある。同教会の床の間には尊福が訪れた時に詠んだ歌「人草を養ふ神の御恵は露のひるまも忘れさらなん」「吉野川流れて尽きせぬ水よりも深き誠をくむぞ楽しき」の二幅が掛かる。後者には、昼間教会で三日間講話した時、西村敦男教会長が非常に骨折り・尽力してくれて、有志の人々も同様に支えてくれたのを喜んで、との説明書きがある。尊福と教会の絆の深さが窺われる歌だ。五代続いた西村家の後を継ぎ、今は森邦央さんが教会長を務めている。明治二二年開教の高知県安芸市の安芸教会（当初

出雲願開舟記念碑遥拝所（高知県長岡郡本山町助藤）

は井ノ口教会）には大正六年一一月末、高知巡講の折、尊福が三泊した部屋が、当時尊福が書いた神号（大国主神・須勢理毘売命）とともに、今も大切に残されている。

これら四国の出雲大社教会は、年に一度、教職・信徒が一同に会する「四国えんむすび祭」を二〇一五年に始めた。持ち回り式によるその三回目は、二〇一七年に願開舟ゆかりの地、高知県長岡郡本山町助藤で開かれた。吉野川沿いの国道四三九号のバス停・助藤まで近の見晴らしのよい丘の上に、出雲願開舟記念碑遥拝所がある。二〇〇七年の建立以来、願開舟が稲佐の浜に漂着した四月二七日を縁日として大祭を行い、二〇一三年には出雲願開講も発足させた。

四回目の四国えんむすび祭りは二〇一九年四月二〇日、香川県三豊市の出雲大社讃岐分院で開かれ、島根県雲南市大東町の出雲大社教神代神楽本部が招かれ、出雲神楽を奉納した。讃岐分院は近世、讃岐を檀所とした大社御師の西村家が、明治初めに杵築から移住して創設し、今の西村忠臣分院長で五代目に至る。大社から御分霊を遷し、尊福による鎮祭で正式に比地大教会が設立されたのは、明治一四(一八八一)年五月一日と記録されている。教会では創立二〇周年の祝祭を皮切りに、二〇年ごとに出雲から神楽団を招いて記念大祭を行ってきたが、一九五四年四月の八〇周年祝祭の後、途絶えていた。四国えんむすび祭を香川で行う番になった時、出雲神楽の復活が真っ先に浮かんだと、西村分院長は語る。多くの人に見てもらおうと、分院が所蔵する尊福直筆の教歌「家の業《わざ》つとめ励むや天の下造りし神の心なるらむ」も軸装し直して臨んだ(二五〇頁)。

招かれた大東の神楽団は寛延年間(一七四八〜五一年)の結成で、明治三四(一九〇一)年、第八一代国造・千家尊紀に認められ、大社直属の神代神楽本部となり、以来一二〇年近く、毎年五月の大社例祭に三日三晩、神楽を奉納し続けている。六五年前の讃岐教会八〇周年祝祭では、三島茂三郎《もさぶろう》さん率いる神楽本部が讃岐入りして二日にわたって神楽を演じ、参拝者は七千人を超えたという(『幽顕』昭和二九年五月号)。この時二〇歳過ぎで参加した、茂三郎さんの孫、英男さんは今も現役で、先代の西村教会長らの歓待ぶりや、境内を埋め尽くした参詣者の熱気を、よく覚えていた。今回は小田治利さん率いる出雲大社教神代神楽本部の総勢一〇名が香川入りし、二演目を披露した。

2019年4月、出雲大社讃岐分院で開かれた第4回四国えんむすび祭り。65年ぶりに（出雲大社教神代神楽本部の）出雲神楽が上演された。

当日、境内には島根県飯南町の大しめなわ創作館の展示・販売コーナーも設けられ、石橋真治棟梁ほか二人が応対した。飯南町は大社神楽殿に架かる日本一の大しめ縄を、毎回奉製してきた。その長さ一三・六メートル、重さ五・二トン、胴回り最大八メートルの大しめ縄が二〇一八年夏、六年ぶりに架け替えられた。前年に始まったその奉製作業の大詰めが、二本の縄をねじって一本のしめ縄にする「より合わせ」で、八〇人がかりで約五時間に及ぶ作業だ。飯南町がその「より合わせ」に、今回は他地域からも参加してもらおうと公募したところ、西村分院長の長男、和彦さんが応募し、一〇人の一人に選ばれて飯南町に赴いた。出雲大社の大しめ縄で、出雲と四国を結ぶ新たな縁が、また一つ結ばれたのだ。

神人共楽の神賑《にぎわい》として山陰では馴染み深い神楽だが、香川ではほとんどなく、「初めて見た」と喜ぶ声が来場者から寄せられたという。椅子を置くため招待者を限るも、人づてに聞くなどして五、六〇〇人が集った。その中には結婚間もない頃、前回の神楽を見たと、往時を懐かしむ八〇代半ばの女性もいた。長年の思いを遂げ、ほっとしたという西村分院長は、今回の縁を大事にし、今後はもっと短期間ごとに神楽をやっていきたいと息子たちと話している。四国では今も、尊福らの遺志を受け継ぐ人たちによって、出雲信仰が元気に息づいている。

†移民に寄り添ったハワイ分院——海外へ至った出雲信仰

尊福の著書『出雲大神』によれば、大正二(一九一三)年の段階で大社教は教師職四一八七人で教徒四三三万六六四九人、出雲の本祠と東京分祠で全国を二分し、分院二〇、教会所一七〇ヵ所という教勢に至っていた。この時すでに尊福が興した大社教は列島各地のみらず、国外へも伝播している。その中で今も健在なのが、明治三九(一九〇六)年開教の出雲大社ハワイ分院（Izumo Taishakyo Mission of Hawaii）だ。

明治一八年に始まったハワイ官約移民は広島県（四〇％）、山口県（三六％）出身者で八割近くを占める。その他も福岡県など、出雲信仰が広がる西日本の出身者が主だった。大社教時代（一九三二年）の日本国内の信徒数をみても、一位が島根県（四四万人）で次は山口県（四〇万人）、三位が広島県（三二万人）だった。尊福の後継、第二代大社教管長・千家尊愛の命を受け、布教のためハワイに渡った宮王《みやおう》勝良《かつよし》は、広島県比《ひ》婆《ば》郡峯田村（現庄原市）出身だった。比婆郡は広島方面と結ぶ出雲街道の途上にあり、古くから出雲御師が、明治以降は尊福や大社教の教職らが往来していた地だ。近くには大社教備後分院もあった。明治一三年創立の三谿《みたに》教会（三谿郡三良坂村＝現三次市三良坂町）が同二六年に旧備後国全域を管轄する分院に昇格した大社教の拠点だ。勝良が大社教の教師になった経緯は不明だが、尊福が興し

出雲大社ハワイ分院（米国ハワイ州）

た大社教の布教に故郷で触れたことが発端であろう。大正一〇（一九二一）年五月にハワイ金刀比羅神社を創立した広田斎《いつき》、同六年八月にマウイ島のマウイ神社を創建した松村正《まさ》穂《ほ》も比婆郡出身で、広田は出雲大社ハワイ分院に、松村はハワイ島のコナ出雲大社教会に務めていた。ハワイにおける神社の礎はかなりの部分、大社教関係者によって築かれたといえよう。

明治七年、比婆郡で神職の家に生れた勝良は庄原英学校で英語を学んだ後、三一年に出雲大社教の教師となり、三九年三月ハワイへ渡った。到着後、病気になった妻の治療費を得るため数カ月間アイエア耕地で働いた勝良は、妻が回復した九月、ホノルルで大社教の教旗を掲げ、日系移民への布教を始める。当初はアアラ公園でランプを片手に説教する日々だったという。四〇年八月にダウンタウンで教会所と神殿を建設。尊福薨去の二カ月後、大正七（一九一八）年三月、教会所はハワイ分院へと昇格した。

官約移民後の私約移民、自由移民、その後も二万数千人といわれる写真花嫁（日本人の移住が家族呼び寄せに限られる中、日本国内にいる女性と在布の日本人男性が写真だけで結婚相手を選び、女性の渡航前に入籍）が渡布し、一九二〇年時点でハワイ在住の日本人は一一万人に増大していた。プランテーションでの過酷な労働、生活環境の中で、人々は故郷の信仰に救いを求めたことだろう。写真花嫁と夫の神前結婚も盛んに行われ、縁結びで知られる出雲大社

1923年、大社教第三代管長・千家尊有がハワイ分院を訪れた時の記念写真（出雲大社ハワイ分院提供）

にハワイの日系人たちが集まる。

尊愛の後を継ぎ、第三代大社教管長となった尊福の子、千家尊有はハワイ教会が分院に昇格して三カ月後の大正七年六月に告諭文「在布哇《はわい》並在米国の信徒に告ぐ」を発し、社会の進運に伴い、大社教が「国家教たると同時に世界教たるの実を挙げん」と欲すると述べている。明治二五年に米国シカゴ開催の世界宗教者会議に招待され、官界に入ってからも各国要人と交わり、諸国の宗教事情に通じていた尊福のグローバルな視野を、受け継いだのだろう。

「元年者」と呼ばれる一八六八年移民に始まるハワイの日系社会では、本国では近代化の中で失われた古い信仰や風習が残り、今でも憑きもの落としなどが行われている。大正一二（一九二三）年五月、尊有が教勢視察と在留邦人の慰問のため、横浜から太洋丸に乗って来布した時、布哇日報は「生神さまの来布」と報じ、四、五〇隻の漁船が港外まで出迎えた。一月以上滞在した尊有は現地で「布哇同胞諸君に望む」と題し、大国主大神の御心は世界的で、自然教から出発した神道は発達して倫理教となり、今日その教義は世界的なものとなりつつあるので、神道の真髄を邦人以外にも説き、ますます大社教の発展を図ってほしいと説いた。

一九三五年の勝良帰幽に伴い、第二代分院長となる息子の重丸《しげまる》（一九〇三年生）は文学士の学識を活かし、ホノルルのラジオ局から三二年六月に「信仰と生活」、一〇月には「神無月と出雲をめぐる伝説、史実」と題して放送などしている。三四年度のハワイ分院での神前結婚式は二五八件。三五年正月の教信徒初参りは一万三千人に及んだ。

その存在感ゆえに、真珠湾攻撃が起こった一九四一年一二月七日、米国FBIはハワイで真っ先に重丸を拘束した。その後、日系社会の指導者や宗教者が次々に拘束される中、重丸の家族や分院の役員たちも、米大陸各地の抑留所へばらばらに収容された。米国政府は分院を解散、その財産をホノルル市郡政府に移管する。教団は完全に機能を停止した。

井上順孝『海を渡った日本宗教』には、宗教者として社会的に尊敬されていた重丸が抑留中、米兵から受けた屈辱的な体験、悔しさが記されている。四五年一二月にハワイへ戻った重丸は、ホノルル市内のホテル倉庫を神殿に改造して布教を再開する一方、分院の不動産返還請願書をホノルル市議会に出した。長期の裁判闘争をへて最終的に財産訴訟に勝ったのは一九六一年である。長期間放置されていた神殿は損傷が激しく、一九六七年一一月に現境内地を購入して神殿を移転修復し、翌六八年一二月に遷座祭を斎行した。

一九九三年、九〇歳で帰幽した重丸は八八年一月二〇日付のハワイ報知新聞で、生涯で一番嬉しかったのが財産返還の勝訴、二番目が米国本土の抑留所から家族と共に帰布したことだと述べている。戦後の再建にかけた苦労が窺える。それが実って分院は名誉を回復し、ハワイ社会で再び存在感を増していった。一九七一年二月にはハワイ州上院・下院が「神殿完成と永年間の社会貢献に対する祝賀決議」を採択し、重丸を表彰している。

一九九〇年六月に赴任した天野大也《だいや》現分院長は、二〇〇〇年代後半、テレビ東京のバラエティ番組でのお笑い芸人との軽妙な掛け合いで人気を呼んだ。二〇一一年には出雲大社教から若手の宮坂純布教師（講義）を加え、神官二人体制へ強化する。二〇一八年春、筆者が五年ぶりに訪れると、日本でも有名になった分院は観光バスの定期ルートになっていた。「今日のハワイ神社界で最も組織が安定し、積極的に活動を展開している」（前田孝和『ハワイの神社史』）と評価される所以だ。

ハワイは米国本土と違い、神道と同じアニミズムが根底のポリネシア文化の社会で、地鎮祭やお祓いは現地文化とうまく融合している。オアフ島の著名な心霊スポット、ヌウアヌ・パリへ肝試しに行った青年が真夜中、真っ青な顔をして社務所の戸をたたき、天野分

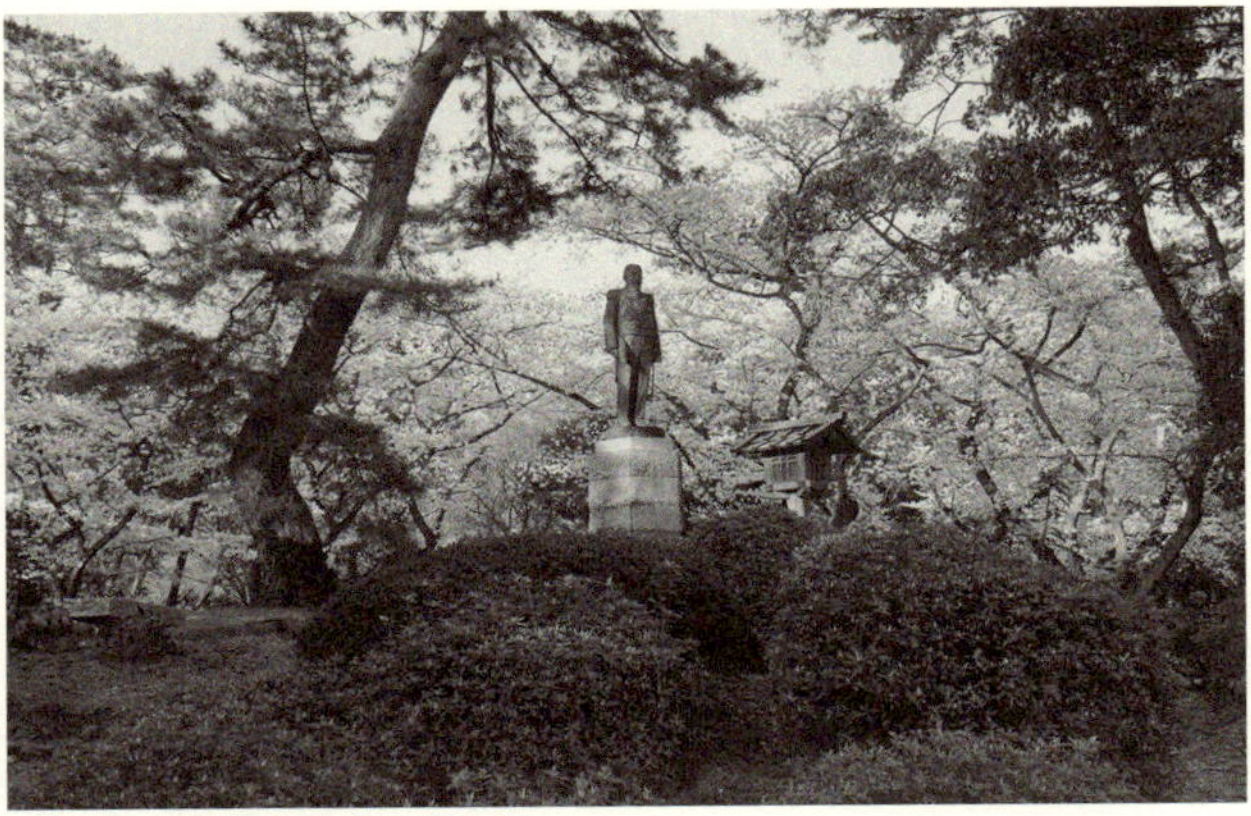

出雲大社勢溜に立つ千家尊福像

院長にお祓いを頼んだという話も聞いた。

翻って日本へ戻ると、ハワイ分院が財産訴訟という長い戦後を終えてから二年後の一九六三年五月、杵築では大社町が同町発展への多大な尽力を顕彰して尊福の像を建立した。大社教によってハワイへも伝播した出雲信仰。その基盤を築いた尊福は、今は出雲大社二ノ鳥居に近い勢溜《せいだまり》の東の丘で銅像となって故郷、杵築の町を見守っている。

あとがき

飛行機や特急列車、レンタカーを駆使して辿り着いた神社の境内に、千家尊福国造の書を刻む石碑が立ち、扁額が掛かる。新潟、愛媛、兵庫、石川——前作『出雲を原郷とする人たち』の取材中、筆者は遠く離れた列島の各地で、そんな光景にくり返し遭遇した。二〇一七年七月、同書をテーマに出雲神話研究の大家・三浦佑之《すけゆき》（千葉大学名誉）教授と松江出身の俳優・佐野史郎さんの三人で登壇した新宿紀伊國屋セミナーは「全国〝出雲〟再発見の旅」と題していた。そこで実はもう一つ発見しながら、テーマ的に含め得なかったのが、近代大社教を広めた尊福国造とそれを支えた人々の活躍だった。そして図らずも尊福没後一〇〇年にあたる二〇一八年一月から、山陰中央新報で「千家尊福国造伝——生涯と近代出雲信仰」を連載することになる。本書は翌二〇一九年三月までの全五八回の連載を基に、大幅に加筆し、構成を組み換え、第二章・第三章など書き下ろしの原稿や数々の図版・資料を加えて、新書にしたものである。

一九六八年の『初代管長公五十年祭——千家尊福公』で、故藤井貞文・国学院大学名誉

教授は、尊福公にはいち早く大冊の伝記があって然るべきなのに、今日に至るまで伝記と称し得るものがなく、自分も未だ果たせていないと記されている。藤井教授は数々の関連論文・著書を残すも、それを果たせず他界された。没後五十年祭からさらに半世紀がたち、今や尊福公を直接知る世代はいない。だがその世代から直接、尊福公の話を聞いた方がご健在だ。一九五六年に二〇歳で出雲大社へ奉職し、本書に登場する立花増美、今西憲氏らの大先輩や、千家尊宣《たかのぶ》・第四代（出雲大社教）管長などから、若い頃直に接した尊福公の話を聞き、その歌や著書を集めてこられた伊藤征男《いくお》さんだ。二〇一二年春の取材で、愛媛県四国中央市の出雲大社土居教会所蔵の尊福国造の和歌（軸）を、同松山分祠の西嶋三卓《みつたか》分祠長経由で解読いただいたのがご縁の始まり。以来、取材先で尊福公の書を見つけると、伊藤さんに写真やコピーをお送りし、伊藤さんが解読下さるようになった。

第八四代千家尊祐《たかまさ》国造、その弟の隆比古《ながひこ》（出雲大社教）管長、和比古《よしひこ》（同）総監には、ご先祖で初代管長でもある尊福公の伝記を書かせていただきたいという筆者の申し出を快く受け入れて下さり、様々なお力添えをいただいた。特に千家和比古総監（大社権宮司）と出雲大社教教務本庁の沖津世育《ときやす》権禰宜には、写真や資料のご提供、大社教に関する様々なご教示をいただいた。お忙しい権宮司に全部お尋ねするのは申し訳ないと、他の方に尋ねても、結局分からずみな和比古氏の所へ行き、たびたび電話でお邪魔して恐縮したが、いつも丁寧にご教示下さった。昨年の春、おくにがえり会館で四日間、明治一九年創刊の『大社教雑誌』から現在も続く『幽顕』に至る（出雲）大社教の機関誌を閲覧させていただけたのは、大社教興隆の様子や各地の分院・教会の活動を知る上で、たいへん有難かった。

尊祐国造からも筆者への協力を依頼されたという伊藤さんは、誠心誠意お力添え下さった。千家照子や経麿《みちまろ》、雨森精翁《あめのもりせいおう》や中村守臣《もりおみ》・守手《もりて》父子など、伊藤さんのご教示と資料のご提供によって、取り入れることができたものは多い。和歌は門外漢の私に、尊福公の和歌を送って下さったり、解説下さったりした。おかげで研究・専門書などでは垣間見ることのできない尊福の思いを、和歌からくみ取ることができた。筆者の力不足を補って余りある伊藤さんのお力添えに、心から感謝している。本書は伊藤さんとの共同作業、二人三脚で作り上げた本だと思っている。伊藤さんのご先祖は、阿波国（現徳島県）を檀所とする大社の社家、西村家に随行して年の半分、阿波国へ布教に出かけていたという。伊藤家の庭には昔、そのご先祖が檀所から持ち帰った苗木が育った、くろがねもちの大木がある。御師《おし》が帰国する春頃に真っ赤な実をぎっしりつける姿から、地元の人が大万両と呼ぶようになった大木は大社町の天然記念物ともなった。それを毎日見上げ、また曾祖父のお供で二度ほど徳島へ行った経験のある祖父から、御師や檀所の話を聞きながら、伊藤さんは育たれた。御師のことも、我が家のこととしてよく知っておられる。五〇年近い勤務をへて二〇〇六年に退職されてからも、出雲大社で神職の養成にあたってこられた伊藤さんは、全国各地の出雲大社分祠・分院・教会長ともご懇意で、取材先の各地で「伊藤先生によろしくと言われたから」と、たいへん良くしていただいた。

お世話になった各分祠・分院・教会長のお名前を一人一人挙げられないが、在京の尊福公のお孫さん三人との面談を設定いただくなどした千家活彦《いくひこ》東京分祠長には、特にお礼を申し上げたい。同分祠長から、筆者より先に尊福の伝記を書き始めた方がいることも教わった。同人季刊誌『まんじ』に「千家尊福伝」を連載された村上邦治さんだ。政治家時代の尊福に重心を置いた同連載は、私より半年早く終わり、本年四月に『千家尊福伝――明治を駆け抜けた出雲国造』として単行本化された。ほぼ首都圏の国公立図書館の資料だけで、よくここまで書かれたと感服し、本書第Ⅲ部を書く際には、たびたび参照した。今年まで一冊もなかった尊福の伝記が、同じ年に二冊刊行されるのは、何とも喜ばしい。

新聞連載時、企画から第三部まで担当下さった似内《にたない》貴幸さん、後任の斎藤敦さんが毎回の編集で拙稿への貴重なコメントを下さったお蔭で、完成度の高い本書のベースができた。古代出雲歴史博物館の岡宏三学芸員には九州大学所蔵の古文書を解読いただき、上越の日本画家・川崎日香浬さんは素敵な挿絵を描いて下さった。筆者の中学時代の担任で杵築ご在住の藤井京子先生は、新任の頃、尊祐国造の担任もされていて、ご縁をいただいた。

本書をちくま新書で刊行いただくことができた背景には、出雲高校の同期生である吉田幸司氏と、その同僚で『〈出雲〉という思想』の著者・原武史放送大学教授と親しい横山建城氏（お二人とも講談社編集者）のご厚情がある。吉田氏の友人としての率直なコメントのお蔭で、新聞連載の構成を思い切って大きく変えることができた。本書「はじめに」で紹介した雑誌『太陽』投票の時代から百年以上たち、今は千家尊福を題名にした本が、たちまち売れる状況ではない。それを横山氏からの紹介を受け、二つ返事で引き受けて下さったちくま新書の松田健編集長のお蔭で、この本は世に出ることができた。当初は読者の目をひく奇抜なタイトル案も出たが、松田さんは筆者の願いを受け入れ、題名も正攻法の『千家尊福と出雲信仰』にして下さった。心から感謝申し上げたい。本書を多くの方に読んでいただける過程そのものが、明治・大正にかけて抜群の知名度を誇った尊福に再び脚光をあて、その生涯を見直すきっかけになるだろう。

尊福が東京勧業博覧会の委員長を務めた時に詠んだ歌「諸《もろ》持ちに引き寄せざらば口網《くちあみ》の目を漏ることや数多あらまし」（二二七頁）をお借りして、至らぬ所が多い筆者を支え、本書のためご協力・ご尽力下さったすべての皆様への感謝を表したい。

二〇一九年九月吉日

岡本雅享

主な引用・参考文献

総合

出雲大社刊行書

大社教本院『大社教雑誌』第一～七〇号、一八八六年五月～一八九二年三月
大社教本院『風調新誌』第一～七四号、一八九三年六月～一九〇〇年七月
大社教本院『風調』第一～一〇五号、一九〇〇年一一月～一九一九年一〇月
大社教本院・出雲大社教教務本庁『幽顕』第一～一二八三号、一九一九年一一月～二〇一九年九月
出雲大社教『故千家正二位公御歌』『幽顕』第一二巻八号～一二巻九号、一九二九～三〇年
出雲大社教『おおやしろ（出雲大社おくにがえり会館竣工記念）』一九六七年
特立百年みかえし委員会『初代管長公五十年祭――千家尊福公』出雲大社教、一九六八年
出雲大社教教務本庁『みかきのしめ』一九八二年
出雲大社教教学文化研究室『御生誕百五十年記念――千家尊福公』出雲大社教教務本庁、一九九四年
出雲大社教教務本庁『千家尊福公御生涯展』一九九四年
出雲大社教教務本庁『出雲国造千家家伝統略』改訂増補版、一九九八年
出雲大社教教務本庁『出雲さん物語』一九九九年
出雲大社社務所『出雲大社由緒略記』二〇〇三年、改訂四一版
出雲大社社務所『出雲大社の本殿』再訂版、二〇〇三年
千家尊福『出雲大神』大社教本院、一九一三年
加藤義成『修訂出雲国風土記参究』松江今井書店、一九五七年

藤井貞文「千家尊福卿伝記資料」『神道学』第三一・三二・六二・八〇号、一九六一・六二・六九・七四年
小口偉一「千家尊福と国家神道問題」『中央公論』一九六五年四月特大号
千家尊統『出雲大社』学生社、一九六八年
千家尊宣『神道出雲百話』日本教文社、一九六八年
藤井貞文「千家尊福公の事績」『神道学』第五七号、一九六八年
村上重良『日本宗教事典』講談社、一九七八年
村上重良「出雲大社教と出雲教――近代の出雲信仰」（上田正昭編『出雲の神々』筑摩書房、一九八七年）
平井直房『出雲国造火継ぎ神事の研究』大明堂、一九八九年
出雲教『北島国造家沿革要録』出雲教総本院、一九九八年改訂版
国学院大学日本文化研究所編『神道人物研究文献目録』弘文堂、二〇〇〇年
原武史『〈出雲〉という思想――近代日本の抹殺された神々』講談社、二〇〇一年
大社町史編集委員会『大社町史』中巻、出雲市、二〇〇八年
岡本雅享『民族の創出』岩波書店、二〇一四年
岡本雅享『出雲を原郷とする人たち』藤原書店、二〇一六年
村上邦治『千家尊福伝――明治を駆け抜けた出雲国造』二〇一九年

I　出雲国造の世界――近世までの大社信仰

千家尊福・秋山光條『福神像辨之概略』出雲大社社務所蔵版、一八七七年
嵯峨正作編『大日本人名辞書』第三巻、一八八六年、経済雑誌社
上田万年監修『国学者伝記集成』第二巻、大日本図書、一九〇四年
本居豊穎監修『歌学文庫』第一巻、法文館書店、一九一〇年
雨森薫編纂『雨森精翁五十年録事』雨森家、一九三二年
原青波『出雲歌道史』風明荘、一九四〇年

藤岡大拙「出雲大社の御師」『茶道雑誌』第三九巻一一号、一九七五年
千家俊信「梅の舎三箇条」『神道学』八五号、一九七五年
千家俊信「出雲風土記」『神道学』一一七号、一九八三年
木野主計「千家尊澄大人とその著作解題」『神道学』一二〇号、一九八四年
次田真幸『古事記（下）全訳注』講談社、一九八四年
埼玉県神職会編『埼玉県の神社』国書刊行会、一九八四年
埼玉県神社庁編『埼玉の神社』（入間・北埼玉・秩父）一九八六年
石塚尊俊編『出雲信仰』雄山閣、一九八六年
森田康之助校訂「千家俊信　出雲国風土記愚考」『神道学』一四九号、一九九一年
石塚尊俊『神去来』慶友社、一九九五年
柳田国男『柳田国男全集』第二一巻、筑摩書房、一九九七年
岩成虎夫遺稿『雨森精翁とその周辺』平田郷土史研究会、一九九八年
中澤伸宏「千家尊澄尊福父子の明治二年の上京」（その一〜その四）『幽顕』一〇三七〜一〇四一号、一九九九年
藤岡大拙総監修『しまね図鑑』島根県広報協会、二〇〇〇年
瀧音能之『古代の出雲事典』新人物往来社、二〇〇一年
西岡和彦『近世出雲大社の基礎的研究』大明堂、二〇〇二年
岡宏三・品川知彦他『出雲大社の御師と神徳弘布』島根県古代文化センター、二〇〇五年
芦田耕一・蒲生倫子『出雲国名所歌集』ワン・ライン、二〇〇六年
中澤伸弘『徳川時代後期出雲歌壇と国学』錦正社、二〇〇七年
島根県文学館推進協議会編『人物しまね文学館』山陰中央新報社、二〇一〇年
芦田耕一『「出雲歌壇」覚書』二〇一一年三月
芦田耕一『江戸時代の出雲歌壇』今井出版、二〇一二年
千家和比古・松本岩雄編『出雲大社——日本の神祭りの源流』柊風舎、二〇一三年

大社史話会『出雲国大社観光史』二〇一四年
いづも財団編『出雲大社の造営遷宮と地域社会（下）』今井出版、二〇一五年
いづも財団編『出雲びとの信仰と祭祀・民俗・芸能』今井出版、二〇一六年
いづも財団編『出雲地域の学問・文芸の興隆と文化活動』今井出版、二〇一八年

Ⅱ　卓越した指導力をもつ生き神

近衛忠房・千家尊福『神教要旨略解』一八七二年
千家尊福『出雲大社御神徳略記』一八七二年
出雲大社『葬祭式』一八八一年（出雲大社教教務本庁編纂発行版）
千家尊福『越の道ゆき布理』戸田忠幸、一八八五年
田中頼庸『鹿児島紀行』一八八八年
Lafcadio Hearn: Glimpses of Unfamiliar Japan, 1894.（DODO Press. 2007）
Lafcadio Hearn: Japan-An Attempt at Interpretation, 1905.（ICG Muse Inc. 2001）
加部厳夫編『於杼呂我中　亀井勤斎伝』第一二巻、一九〇五年
井上頼国・角田忠行監修『平田篤胤全集』法文館書店、一九一三年
千家尊福「筑紫の道ゆきふり」（千家尊福『出雲大神』増補版、大社教本院、一九二一年）
美甘光太郎『旭香美甘政和翁』一九二五年
千家尊宣「神職の教導性発揮に就て」『皇国時報』第七七三号、一九三〇年
藤井貞文「明治神道の教学と大国主神」『出雲』第三号、一九三九年
西田長男「祭神論の結末」『出雲』第八号、一九四三年
小林健三『現代神道の研究』理想社、一九五六年
河野省三「明治初年に於ける幽冥観」『神道学』第三〇号、一九六一年
藤井貞文「千家尊福の祭神論提議」『神道学』第三五号、一九六二年

藤井貞文「祭神論に於ける千家尊福の活動」(一)~(八)『神道学』三九~四八号、一九六三~六六年
能美安男校注『波多野家文書』第八輯、豊山八幡神社、一九六五年
藤井貞文「宣教使に於ける教義確立の問題」『神道学』第五一号、一九六六年
松山能夫『明治維新神道百年史』第一・四・五巻、神道文化会、一九六六・六八年
神宮司庁編『神宮・明治百年史』上巻、神宮司庁文教部、一九六八年
村上重良『国家神道』岩波新書、一九七〇年
中島三千男「大教宣布運動と祭神論争」『日本史研究』一二六号、一九七二年
岡山県真庭郡美甘村役場『村誌美甘』上・下巻、一九七四・九〇年
藤井貞文『明治国学発生史の研究』吉川弘文館、一九七七年
藤井貞文「島根県中教院の活動」『神道学』第一〇二号、一九七九年
平岡松彦「出雲大社博覧会」『大社の史話』第二二号、一九七八年
西田長男『日本神道史研究』第一巻(総論編)、講談社、一九七八年
出雲大社美作分院『出雲大社美作分院百年記念誌』一九八一年
藤井貞文「島根県下に於ける教導職の活動」『神道学』第一一一・一一二号、一九八一年
阪本健一『明治神道史の研究』国書刊行会、一九八三年
鈴木淳「本居豊穎伝」(『維新前後に於ける国学の諸問題』国学院大学日本文化研究所、一九八三年)
秋山知之「美作分院初代分院長・美甘政和」『幽顕』八七六号、一九八五年
藤岡大拙「松江書籍縦覧所について」『島根女子短期大学紀要』二四号、一九八六年
安丸良夫・宮地正人校注『宗教と国家』岩波書店、一九八八年
出雲大社教祖霊社『みたままつり――神葬祭のこころ』一九九二年
西日本文化協会編『福岡県史』通史編・福岡藩文化(上)、福岡県、一九九三年
羽賀祥二『明治維新と宗教』筑摩書房、一九九四年
松長直道「弾き出された伝統的幽世観」『死後の世界がわかる本』新人物往来社、一九九四年

松島弘『藩校養老館』津和野歴史シリーズ刊行会、一九九四年
湊川神社『折田年秀日記』第一・第二、一九九七・二〇〇二年
平田篤胤（子安宣邦校注）『霊の真柱』岩波文庫、一九九八年
小谷善守『出雲街道』第一巻、津山朝日新聞社、二〇〇〇年
松島弘『亀井茲監』津和野歴史シリーズ刊行会、二〇〇〇年
子安宣邦『平田篤胤の世界』ぺりかん社、二〇〇一年
小川原正道『大教院の研究』慶應義塾大学出版会、二〇〇四年
吉田茂樹『日本地名大事典（上）』新人物往来社、二〇〇四年
松島弘編『津和野町史』第四巻、津和野町教育委員会、二〇〇五年
井上順孝編『近代日本の宗教家１０１』新書館、二〇〇七年
山口輝臣『島地黙雷』山川出版社、二〇一三年
出雲大社東京分祠『鎮祭百三十年奉祝祭記念誌』二〇一四年
ジョン・ブリーン『神都物語――伊勢神宮の近現代史』吉川弘文館、二〇一五年
吉田麻子『平田篤胤』平凡社新書、二〇一六年
石井由香里「出雲大社文庫について」『大社の史話』第一九〇号、二〇一七年
原武史『日本政治思想史』放送大学教育振興会、二〇一七年
武田幸也『近代の神宮と教化活動』弘文堂、二〇一八年
信濃毎日新聞社編集局編『明治維新の残響』信濃毎日新聞社、二〇一八年

Ⅲ　政治の世界へ

千家尊福『国の真柱』巻一・二・三、一八八八・九〇年
茶話主人『維新後に於ける名士の逸談』文友館、一九〇九年
東京府『東京勧業博覧会事務報告』上巻、一九〇〇年

鈴木西湖「男爵千家尊福君」『太陽』第一九巻九号、一九〇九年
千家尊福「東京鉄道会社の現況」『財界』第一一巻四号、一九〇九年
嬌溢生『名士奇聞録』実業之日本社、一九一一年
伊藤圭一郎『東海三州の人物』静岡民友新聞社、一九一四年
関口要蔵ほか編『静岡県政史話』静岡県、一九二九年
山口愛川『横から見た華族物語』一心社出版部、一九三二年
静岡県議会編『静岡県議会史』第二巻、一九五四年
珠算事典編集委員会『珠算事典』暁出版、一九五六年
原奎一郎編『原敬日記』第二巻（政界進出）・第三巻（内務大臣）、福村出版、一九六五年
藤井貞文「政治家としての千家尊福」『神道学』第五九号、一九六八年
井上清編『大正期の政治と社会』岩波書店、一九六九年
尚友倶楽部『貴族院の会派――研究会史』一九七一年
静岡県議会編『静岡県議会百年史』資料編、一九七二年
東京百年史編集委員会編『東京百年史』第三巻・第五巻・別巻、東京都、一九七二・七九年
名倉敏克「百日算の普及者――末木千代吉先生と門下生」『珠算研究誌』七号、一九七六年
小川省吾編『日本の歴代知事』第一巻、第二巻（上）、歴代知事編纂会、一九八〇・八一年
草山貞胤「相模分院初代分院長草山貞胤」『幽顕』八七五号、一九八五年
高橋秀直「山県閥貴族院支配の構造」『史学雑誌』第九四編二号、一九八五年
青木平八『埼玉県政と政党史』埼玉県立浦和図書館、一九八六年
東京都神社庁編『東京都神社名鑑』東京都神社庁、一九八六年
霞会館編『貴族院と華族』霞会館、一九八八年
升味準之輔『日本政治史（二）藩閥支配・政党政治』東京大学出版会、一九八八年
埼玉県『埼玉県行政史』第一巻、一九八九年

衆議院・参議院編『議会制度百年史』大蔵省印刷局、一九九〇年
草山貞胤編『草山貞胤翁』出雲大社相模分祠、一九九一年
立命館大学編『西園寺公望伝』第三巻、岩波書店、一九九三年
龍野市教育委員会編『野見宿禰と相撲』龍野市歴史文化資料館、一九九四年
三谷太一郎『増補・日本政党政治の形成』東京大学出版会、一九九五年
小山博也『埼玉県政と知事の歴史的研究』新興出版社、一九九六年
静岡県『静岡県史』通史編5近現代一、一九九六年
三戸岡道夫『冀北の人――岡田良一郎』栄光出版社、一九九九年
小泉智和「水と緑を守って――水道水源林一〇〇周年」(上・下)『都政新報』二〇〇一年四月二〇・二四日
伊豆長岡町教育委員会編『伊豆長岡町史』中巻・下巻、二〇〇〇年・二〇〇五年
小林和幸『明治立憲政治と貴族院』吉川弘文館、二〇〇二年
櫻井良樹『帝都東京の近代政治史』日本経済評論社、二〇〇三年
内藤一成『貴族院と立憲政治』思文閣出版、二〇〇五年
西尾林太郎『大正デモクラシーの時代と貴族院』成文堂、二〇〇五年
埼玉県立文書館『高橋(周)家文書目録』(収蔵文書目録第四七集)二〇〇八年三月
秦野市教育研究所『報徳を広めた功労者――阿居院庄七と草山貞胤』二〇一五年
桜井祥行「萩原正平頌徳碑(伊豆の国市)」『伊豆新聞』二〇一七年四月三〇日
真辺将之『大隈重信』中央公論新社、二〇一七年
山本四郎『原敬――政党政治のあけぼの』清水書院、二〇一七年

Ⅳ 尊福が遺したもの――生涯にわたる巡教と後継者たち

大阪大成館編『大日本名所図録 福岡県之部』一八九八年
廣瀬高嘉編『福岡図書館報』第1~三号、福岡図書館、一九〇二~一九〇三年

江藤正澄『大社教大教正正七位江藤正澄履歴正本』一九〇九年
第一三回九州沖縄八県連合共進会福岡県協賛会編『福岡県案内』一九一〇年
千家経麿（釈迢空選）『青ふし垣』鳥船社、一九二八年
山本三生編『新万葉集』第四巻、改造社、一九三七年
筑紫豊「私立福岡図書館史」『図書館学』第六号、一九五八年
大社町教育委員会『千家元麿顕彰展記念誌』一九五九年
米津三郎筆録『聞書小林徳一郎翁伝』小林徳一郎翁顕彰会、一九六二年
千家元麿全集刊行会『千家元麿全集』上・下巻、弥生書房、一九六四・六五年
男爵千家尊福公講演「神徳に就て」『神道学』第五七号、一九六六年
島根県教育委員会『明治百年島根の百傑』一九六八年
筑紫豊編著『江藤正澄の面影』秋月郷土館、一九六九年
橋詰武生『明治の博多記』福岡地方史談話会、一九七一年
福岡県教育委員会『福岡県教育百年史』第二巻資料編（明治Ⅱ）・第五巻通史編（Ⅰ）一九七八・八〇年
錦織天秋「千家照子氏の餘映」『大社の史話』三二号、一九八〇年
檜垣元吉監修『吉田家伝録』太宰府天満宮、一九八一年
愛媛県史編さん委員会『愛媛県史（民俗下）』愛媛県、一九八四年
井上順孝『海を渡った日本宗教』弘文堂、一九八五年
原田宣昭「魂は出雲の神にまかせて」『幽顕』八七一・八七三号、一九八五年
出雲大社教教学研究室編『朱桜』出雲大社教教務本庁、一九九〇年
西村天囚（菰口治校注）『九州の儒者たち』海鳥社、一九九一年
立花正夫「出雲大社大華表建立記録」『大社の史話』第一〇一号、一九九四年
西日本文化協会編『福岡県史』通史編 福岡藩 文化（下）、福岡県、一九九四年
出雲大社周防分院『出雲大社周防分院（開教百年記念誌）』一九九九年

前田孝和『ハワイの神社史』大明堂、一九九九年
西日本図書館学会編『九州図書館史』千年書房、二〇〇〇年
福岡市市長室広報課編『ふくおか歴史散歩』第六巻、福岡市、二〇〇〇年
原田宣昭編『開教百二十年史』出雲大社玖珂教会、二〇〇四年
伊藤達也「(私立)福岡図書館についての一考察」(一)(二)『図書館学』八六・八八号、二〇〇五・二〇〇六年
Izumo Taishakyo Mission of Hawaii: Centennial Anniversary 1906-2006
九州大学百年の宝物刊行委員会編『九州大学百年の宝物』丸善、二〇一一年
永瀬節治「大社線と神門通りの建設」『大社の史話』一七八号、二〇一四年
西日本新聞トップクリエ編『博多学200』増補改訂版、西日本新聞社、二〇一四年
胡光編『伊佐庭如矢道後湯之町役場日誌』(一・二)伊佐庭如矢顕彰事業実行委員会、二〇一四・一五年
ハワイ報知社『アロハ年鑑』第一六版、二〇一五年
いづも財団編『出雲大社門前町の発展と住人の生活』今井出版、二〇一八年

千家尊福関連年表

和暦	西暦	年齢	月日	尊福事績	関連事件
弘化 二	一八四五	○	八月六日（陰暦）	第七九代出雲国造千家尊澄の嫡男として誕生、幼名国丸	
安政 五	一八五八	一三		尊福の歌（卯花）所収の『戊午出雲国五十歌撰』が公刊	
慶応 三	一八六七	二二	一二月九日		討幕派が王政復古を宣言
慶応 四（明治元）	一八六八	二三	一月三日		鳥羽・伏見の戦いで戊辰戦争勃発
			一月一七日		新政府が神祇事務科を設置
			三月一三日		新政府が神祇官再興を布告
			三月一四日		「五箇条の誓文」発布
			三月二八日		太政官が神仏判然令を布告
			四月一一日		江戸開城
			五月一二日		神祇副知官事亀井茲監、宮中より出雲大社の古典調査を命じられる
			九月八日		明治と改元
明治 二	一八六九	二四	二－三月	明治天皇即位にあたり父尊澄と京へ赴き、約一月滞在（三月四日参内し従五位下となる）	
			五月一八日		箱館の五稜郭開城で戊辰戦争終結
明治 三	一八七〇	二五	一月三日		大教宣布の詔
明治 四	一八七一	二六	一月五日		社寺上知令（太政官布告）で出雲大社三三六一石の神領を失う

			一月	東京へ赴く（三月一六日伊能穎則邸の歌会に参加、四月六日自身の旅邸でも主催し、大国隆正ら神祇官関係者と交流）	
			五月一四日		新政府が神職の世襲制を廃止し、千家尊澄・北島全孝両国造も罷免
			七月一四日		新政府が廃藩置県を実施
			八月五日		福羽美静が神祇大副に就任
			八月八日		神祇官が太政官下の神祇省に降格
			一一月一二日		岩倉使節団出発、欧米諸国を歴訪
明治五	一八七二	二七	一月四日	従五位となる	
			一月一二日	太政官より出雲大社大宮司に任命される	
			一月		島地黙雷ら本願寺海外視察団出発
			三月一四日		神祇省を廃止し、教部省を設置
			四月二五日		教部省が教導職を設置
			四月二八日	教導職の権少教正となる	
			五月二四日		福羽美静が教部大輔を辞任
			六月一二日	教導職最高位の大教正兼（一府三六県を統括する）神道西部管長となる	
			六月	北島脩孝と連名で火の禁忌に関する伺書を教部省に出し、移動の自由を得る	
			八月	出雲大社と皇大神宮の同格を求め、教部省が拒否	
			一一月一九日	父尊澄より国造職を譲り受け第八〇代出雲	

			一一月	国造となる	
			一二月三日	『出雲大社御神徳略記』を刊行	
				(一一月九日の改暦詔書で、この日から明治六年元日となる)	
明治六	一八七三	二八	一月(陽暦)	大社の信徒を結集し出雲大社敬神講を結成	一日、第七八代出雲国造千家尊孫(一七九六年三月一三日生)薨去 大教院開設(東京)
			五月一〇日	大社博覧会を開催(~五月三〇日)	
			六月	落成した大教院神殿に大国主大神合祀を要請	
			七月		島地黙雷帰国、神主仏従の教部省・大教院を批判
			八月二一日	出雲大社教会仮条例を作成(九月認可)	
			八月		本居豊穎、神田神社神官となる
			九月一三日		岩倉使節団帰国、政変起こる
			九月二四日	大社敬神講を改編し出雲大社教会を結成	
			一〇月五日		島地黙雷「大教院分離建白書」を大隈・伊藤参議に提出
			一一月一五日	出雲大社庁舎内に島根県仮中教院を開院	
明治七	一八七四	二九	四月	大社境内に書籍縦覧所(図書館)を開設	
			七月一五日	出雲大社教会規約と条例を定める	
			八月	岡山県美作地域で巡教	
明治八	一八七五	三〇	二月		浄土真宗四派が大教院から離脱
			三月一五日		島根県中教院が松江で開院

			四月八日	庁舎内に出雲大社教会所を開き生徒局を置く	
			五月三日		教部省が大教院廃止、神仏合同布教の差し止めを通達
			一一月二七日		教部省が神仏各管長に信教の自由を口達
			一二月	出雲大社の祖霊社が完成 神道事務局の神道会議開催にあたり、事務局仮神殿に大国主大神を合祀するよう提起、伊勢神宮大宮司の田中頼庸が拒む	
明治九	一八七六	三一	一月一二日	神道部分（三部）の制度により、第一部管長を引受ける	
			三月九日	愛媛県の松山教会所の開教式を執行	
			五月一七日	出雲大社教会規約を改め「教会神徳大意」を公示	
			五月二三日	教会本部を出雲大社教院と改称し、大社内に神道中教院を設置	
明治一〇	一八七七	三二	一月一一日		教部省廃止（同月一九日、内務省社寺局設置）
			五月三日	『神語』を刊行	
			六月一七日	『氏子のこころえ』を刊行	
			一二月一二日	出雲大社の大宮司・少宮司制が廃され、改めて出雲大社宮司に任命される	
明治一一	一八七八	三三	一月一一日	東京の神田神社内に出雲大社教会出張所を	本居豊穎、出雲大社教会東京出張

			五月	開設	所の副教長となる
			七月六日	神道大会議開催、事務局へ大国主大神表名合祀を求める建議書を提出	
			八月二一日	神道部分（三部）制度の廃止により、第一部管長を解かれる（内務省）	第七九代出雲国造千家尊澄（一八一〇年九月二〇日生）薨去
			一一月	神道大会議開催、再び事務局へ大国主神表名合祀を求める建議書を提出	
明治一二	一八七九	三四	四月一三日	神道事務局副管長に選任される	
			六月二〇日	岡山県下巡教開始（真庭郡、苫田郡の一部、津山市の一部）七月一四日まで	
			一〇月	『出雲問答』を刊行	
			一一月一五日	出雲大社教会（教院）を千家国造邸の風調館へ移転し、『開諭文』を告示	
明治一三	一八八〇	三五	一月一七日	神道事務局詰の大教正と権大教正五人に宛て、大国主大神表名合祀を建議	
			二月六日		神道事務局会議で本居豊穎、平山省斎らが大国主神合祀に賛成
			四月一三日	神道事務局神殿落成、田中頼庸と談判、頼庸が大国主神を除く（造化三神と天照大神）四柱の鎮座祭を執行	
			五月一五日	神道事務局の改革を求める意見書を提出	

			五月一八日	従四位となる	
			六月八日		本居豊穎らが全国の教導職・分局等に神道事務局保護之檄を送る
			九月	岡山県美作地域を巡教	
			九月二五日	内務省社寺局長の調停で伊勢派と出雲派の代表が協議・和解し調印	
			一一月四日		田中頼庸が出雲派との協議・和解を取り消し、神道事務局詰の本居豊穎ら出雲派を罷免、神道界紛糾し十三万三千余人が意見書、岩倉右大臣が山田・大隈・副島参議を神道取調委員に任命
			一二月二八日		松方内務卿が田中頼庸に神道教導職会議の開催を命じる
明治一四	一八八一	三六	一月一九日	『葬祭式』を刊行	
			二月三日	神道大会議開催、二三日の勅裁で神道事務局の神殿は宮中三殿の遥拝殿となる	
			一〇月二〇日	『大道要義』を刊行	
			一二月一六日	『道の一草』を刊行	
明治一五	一八八二	三七	一月二四日		内務省が神官教導職分離令を布達
			三月一日	出雲大社宮司を辞す	
			三月一一日		弟の千家尊紀（一八六〇年六月一六日生）が出雲大社宮司に就任、

			四月四日	大社教東京出張所を東京府麹町に移転	第八一代出雲国造となる
			五月一〇日	神道大社派を特立し初代管長に就く	
			一〇月	徳島県下阿波郡香美教会所開設、鎮祭式を執行、徳島県下巡教	
			一一月六日	神道大社派を神道大社教と改称	
			一二月一五日	岡山県津山に美作分院設置、鎮祭式を執行、岡山県下巡教	
明治一六	一八八三	三八	五月一一日	東京出張所に神殿を設け鎮祭、大社教東京分祠を創立	
			九月	神奈川県（現東京都）西多摩郡下巡教	
明治一七	一八八四	三九	二月五日	『教旨大要』を刊行	
			七月八日	男爵を授けられる（宮内省）	
			八月一一日	神仏教導職の廃止（太政官布達）で教導職罷免（内務省）	
			九月	大社教に教導職の職制を取り入れ、本居豊頴と金子有卿を大教正に任命	
			九月二〇日	従三位となる（太政官）	
			一〇－一一月	新潟県下巡教	
明治一八	一八八五	四〇	五月	本居豊頴と金子有卿を大社教副管長に任命、東西日本を分担させる	
			七－一二月	福岡県下巡教	
			七月三〇日	『越の道ゆきふり』刊行	

			一二月		太政官を廃止し内閣制度を創設、初代総理大臣に伊藤博文が就任
明治一九	一八八六	四一	三月一五日	祖霊社を大社教本院新築地内へ移転、通殿と拝殿を増築	
			三–七月	岡山・兵庫県下巡教	
			八月七日	大社教教規を定める	
			一〇月七日	出雲大社保存会を設立し、会長に就く	
			一二月	静岡県下巡教	
明治二〇	一八八七			『筑紫の道ゆきふり』刊行	
明治二一	一八八八	四三	三月七日	内務大臣山県有朋主催の野遊に招かれ諸大臣と面会、伊藤博文と邸宅で面談	
			四月八日	『風教百首講説』を刊行	
			四月一五日	『国の真柱』を刊行	
			六月七日	元老院議官に任じられる	
			六月八日	神道大社教管長を辞任、管長選定まで金子・本居副管長が教務を統括	千家元麿誕生
明治二二	一八八九	四四	二月一一日		大日本帝国憲法発布
明治二三	一八九〇	四五	六月二八日		千家尊愛（一八六六年二月二〇日生）が大社教第二代管長に就任
			七月一〇日	貴族院議員に当選	
			一〇月二〇日	元老院廃止により元老院議官を免ぜられる	
			一一月二九日		第一回帝国議会開会
明治二五	一八九二	四七	一二月七日	文部省普通学務局長となる	

明治二六	一八九三	四八	五月四日	文部省普通学務局長を依願退職	
			八月一二日	「年の始めのためしとて」ではじまる「一月一日」の歌詞を作る（官報で公布）	
明治二七	一八九四	四九	一月二〇日	埼玉県知事に就任	
			八月		日清戦争勃発（〜二八年四月）
明治二九	一八九六		五月六日		千家照子誕生
明治三〇	一八九七	五二	四月七日	静岡県知事に就任	
			七月一〇日	貴族院議員に再選	
			七月二八日	貴族院の男爵議員有志と院内会派・木曜会を創立	
明治三一	一八九八	五三	七月一六日	静岡県知事を依願退職	
			一一月一二日	東京府知事に就任	
明治三三	一九〇〇	五五	九月二一日	正三位となる	
明治三四	一九〇一	五六	二月七日	貴族院男爵議員の選挙母体・二七会を創立	
明治三六	一九〇三	五八	四月二六日	兵庫県揖保郡龍野町有志が修繕した野見宿禰墳墓に参拝	
明治三七	一九〇四	五九	二月		日露戦争勃発（〜三八年九月）
			七月一〇日	貴族院議員に三選	
明治三九	一九〇六	六一	二月二五日		千家経麿誕生
明治四〇	一九〇七	六二	三月二〇日	東京府主催の東京勧業博覧会始まる（尊福が委員長、七月三一日まで）	
			五月二七日		皇太子（大正天皇）出雲大社参拝
明治四一	一九〇八	六三	三月二五日	西園寺公望内閣の司法大臣に就任	

明治四二	一九〇九	六四	七月一四日	西園寺内閣総辞職	
			三月二七日	東京鉄道株式会社の社長に就任	
			一〇月二六日		伊藤博文、ハルビン駅で安重根に銃殺される
明治四四	一九一一	六六	五月一〇日	東京商業会議所特別委員に就任	
			七月一〇日	貴族院議員に四選	
			七月	東京鉄道の市有化交渉が成立し東鉄解散	
			一一月二四日		第八一代出雲国造千家尊紀薨去
			一二月	大社教総裁に就任	
			一二月一九日		千家福麿（尊統、一八八五年六月一五日生）第八二代出雲国造に就任（一三日、大社宮司に任命）
明治四五	一九一二	六七	七月	新潟県下巡講	
			七月三〇日		明治天皇崩御
大正元			一一月	兵庫・鳥取県下巡講	
大正二	一九一三	六八	一月	貴族院内会派・木曜会解散	
大正二			五月	広島県下巡講	
			九月	山口県下巡講、帰途一〇月二日大社教神戸教会所で講演	
			一一－一二月	岐阜県下巡講	
大正三	一九一四	六九	五－七月	福岡県下巡講	
			九月	山口・島根県下巡講	
			一一－一二月	京都府・兵庫県下巡講	

大正四	一九一五	七〇	三-四月	岡山県下巡講	
			五-七月	愛媛県下巡講	
			九月	山形県下巡講	
			一〇月	兵庫県下巡講	
			一一月七日	小林徳一郎寄附の出雲大社大華表の落成式	
大正五	一九一六	七一	三-四月	大分県下巡講	
			五月	大阪府下巡講	
			六-七月	茨城県下巡講	
			八月	島根県下巡講、従二位となる（一〇日）	
			一一月	岐阜県下巡講	
			一一-一二月	徳島県下巡講	
大正六	一九一七	七二	四月	名古屋地方巡講	
			七月六日		皇太子（昭和天皇）出雲大社参拝
			七月	滋賀県下巡講	
			八-九月	石川県下巡講	
			一〇-一一月	愛知・滋賀県下巡講	
			一一-一二月	高知県下巡講	
大正七	一九一八		一月三日	薨去、正二位となる	
			四月一〇日		千家尊有（一八九〇年一〇月二九日生）大社教第三代管長に就任
大正八	一九一九		一一月二四日		千家尊愛帰幽
昭和三	一九二八		九月一三日		千家経麿帰幽
昭和七	一九三二		一月三日		千家照子帰幽

ちくま新書
1452

千家尊福《せんげたかとみ》と出雲《いずも》信仰《しんこう》

二〇一九年一一月一〇日　第一刷発行

著者　岡本雅享（おかもと・まさたか）

発行者　喜入冬子

発行所　株式会社　筑摩書房
東京都台東区蔵前二-五-三　郵便番号一一一-八七五五
電話番号〇三-五六八七-二六〇一（代表）

装幀者　間村俊一

印刷・製本　株式会社　精興社

ISBN978-4-480-07270-2 C0214

ちくま新書

1325
神道・儒教・仏教
——江戸思想史のなかの三教
森和也

江戸の思想を支配していた神道・儒教・仏教にこそ、現代人の思考の原風景がある。これら三教が交錯しつつ形作っていた豊かな思想の世界を丹念に読み解く野心作。

1330
神道入門
——民俗伝承学から日本文化を読む
新谷尚紀

神道とは何か。古代の神祇祭祀に仏教・陰陽道・道教など多様な霊験信仰を混淆しつつ、国家神道を経て今日の形に至るまで。その中核をなす伝承文化と変遷を解く。

1318
明治史講義【テーマ篇】
小林和幸編

信頼できる研究を積み重ねる実証史家の知を結集。20のテーマで明治史研究の論点を整理し、変革と跳躍の時代を最新の観点から描き直す。まったく新しい近代史入門。

936
神も仏も大好きな日本人
島田裕巳

日本人はなぜ、無宗教と思いこんでいるのか？　神道と仏教がどのように融合し、分離されたか、その歴史をたどることで、日本人の隠された宗教観をあぶり出す。

1361
徹底検証 神社本庁
——その起源から内紛、保守運動まで
藤生明

八万もの神社を傘下に置き、日本会議とともに保守運動を牽引してきた巨大宗教法人・神社本庁。徹底取材により、内紛から政治運動までその全貌を明らかにする！

876
古事記を読みなおす
三浦佑之

日本書紀には存在しない出雲神話がなぜ古事記では語られるのか？　序文のいう編纂の経緯は真実か？　この歴史書の謎を解きあかし、神話や伝承の古層を掘りおこす。

1201
入門　近代仏教思想
碧海寿広

近代日本の思想は、西洋哲学と仏教の出会いの中に生まれた。井上円了、清沢満之、近角常観、暁烏敏、倉田百三らの思考を掘り起こし、その深く広い影響を解明する。